A SÍNDROME DA
BOA GAROTA

MARTA MARTÍNEZ NOVOA

TRADUÇÃO NATHÁLIA RONDÁN

A SÍNDROME DA
BOA GAROTA

PARE DE AGRADAR AOS OUTROS E COMECE A PENSAR EM VOCÊ

FARO
Editorial

Diretor editorial **PEDRO ALMEIDA**
Coordenação editorial **RENATA ALVES**
Editora-assistente **LETÍCIA CANEVER**
Tradução **NATHÁLIA RONDÁN**
Preparação **GABRIELA DE ÁVILA**
Revisão **CARLA SACRATO**
Capa e diagramação **VANESSA S. MARINE**
Imagens de capa e miolo **@Alla Liashko | AdobeStock**

DADOS INTERNACIONAIS DE CATALOGAÇÃO NA PUBLICAÇÃO (CIP)
JÉSSICA DE OLIVEIRA MOLINARI CRB-8/9852

Novoa, Marta Martínez

A síndrome da boa garota : pare de agradar aos outros e comece a pensar em você / Marta Martínez Novoa ; tradução de Nathália Rondán. -– São Paulo : Faro Editorial, 2025.

256 p. : il.

ISBN 978-65-5957-837-5

Título original: El síndrome de la chica buena: Deja de complacer a todo el mundo y empieza a pensar en ti

1. Autoajuda 2. Mulheres – Autoestima I. Título II. Rondán, Nathália

25-2077   CDD 158.1

ÍNDICES PARA CATÁLOGO SISTEMÁTICO:
1. FICÇÃO NORTE-AMERICANA

FARO EDITORIAL

1ª edição brasileira: 2025
Direitos de edição em língua portuguesa, para o Brasil, adquiridos por FARO EDITORIAL
Avenida Andrômeda, 885 – Sala 310
Alphaville — Barueri — SP — Brasil
CEP: 06473-000
www.faroeditorial.com.br

Para minha mãe, que acreditou em mim e nos meus sonhos de criança.
Para Rubén, que fez com que eu também acreditasse neles.
Para Yaiza que, do seu jeito, realizará cada um dos seus.

SUMÁRIO

Sempre me disseram que, se eu for boazinha, coisas boas virão até mim, então por que não sou feliz assim?

Olhe para trás e volte a ser a criança que foi no passado, aquela que com toda a certeza era cheia de sonhos, esperanças, energia para brincadeiras e descobertas. Você se lembra se naquela época falaram que você era "muito madura para a sua idade"? Que tinha a cabeça "no lugar"? Ou que era uma criança muito boazinha porque sempre obedecia sem reclamar? *Como sua filha é tranquila! Sempre tão quietinha, não incomoda ninguém.* Talvez você se lembre de ouvir frases assim. E imagino que essas lembranças a façam ter a sensação agradável de orgulho, ternura e alegria que experimentamos quando as pessoas que amamos e valorizamos, que na infância costumam ser nossas referências enquanto adultos, aqueles que estão próximos a nós e que nos ajudam a descobrir o mundo, quem somos e quem "devemos" ser, também nos amam e nos valorizam.

Suponho que você esteja se perguntando o que tem de errado com tudo isso, qual o problema em ser boazinha e por que decidi escrever um livro a esse respeito, será que estou falando um monte de abobrinha e pretendo transformar você em um ser maléfico? *Spoiler*: não. Mas antes de responder a essas perguntas que podem estar começando a rondar sua cabecinha, quero fazer um parênteses para dizer que neste livro vou me dirigir a você no feminino, porque tudo o que vou contar nele acontece muito mais com mulheres do que com homens (mais à frente vou explicar o porquê), então nada mais justo do que me dirigir ao leitor usando o gênero da maioria das pessoas que o lerão. Ainda assim, isso não quer dizer que não darei exemplos que incluam todos os gêneros ou que estou esquecendo os homens que também vivem assim e estão em busca de autoconhecimento, muito pelo contrário, também estou me dirigindo a vocês, só que com mais "as" do que "os" no final das palavras. Sei que vai me entender, assim como sabemos que ao dizer "eles", quando estou me referindo a um grupo de pessoas, tanto homens quanto mulheres estão inclusos. E isso se aplica, é claro, também a pessoas não-binárias. Quem quer que você seja, ficarei feliz em ter você aqui.

Agora que ficou claro que este livro é para todos que quiserem lê-lo, independentemente de gênero: e quanto àquela sensação maravilhosa que tínhamos na infância quando nos diziam que éramos boazinhas? Bem, provavelmente acabamos repetindo de novo e de novo tudo o que nos fazia ser elogiadas por nossa bondade. Porque, quando crianças, só queremos ser amadas. Então, através das frases de que estávamos falando no começo, você provavelmente construiu sua ideia de bondade com base nas qualidades que os adultos associam a ela, por exemplo: fragilidade, doçura, submissão, inocência, compostura, complacência e até mesmo vulnerabilidade. E o desejo de explorar ao máximo essas qualidades pode ter dado origem a uma de suas primeiras crenças de base: *se eu for uma boa garota, os outros vão me amar.* E essa crença pode ter sido reforçada por outras crenças sociais populares, como "pessoas boas atraem coisas boas", "pessoas boas sempre vencem", "se você for boazinha, será feliz" e todas as ideias de carma e justiça cósmica que construímos ao longo da vida (e que, na hora do vamos ver, nem sempre são fáceis de fazer "aterrizar").

A esta altura, deve estar se perguntando: *Se ser boazinha me fará ser amada e que coisas boas aconteçam comigo, por que sempre acabo em relacionamentos nos quais pareço ser a única que se esforça? Por que os outros não tem o mesmo comprometimento comigo? Por que me sinto uma impostora em minha própria vida? Por que sinto que minhas emoções vão me fazer explodir? Por que sempre me sinto culpada por quase tudo se estou sempre tentando acertar? Por que no fim sempre sinto que sou boazinha demais a ponto de me sentir uma trouxa?* E talvez o mais importante: *Por que parece que nunca consigo ser feliz?*

Todas essas perguntas serão respondidas ao longo do livro já que minha intenção com ele é que você refaça sua ideia de bondade. É muito provável que, até agora, você tenha associado essa ideia às qualidades das quais falamos, que estão intimamente ligadas às expectativas que a sociedade nos impõe: de que não incomodemos, não cometamos erros ou levantemos a voz, nem sejamos politicamente incorretas ou priorizemos nossas necessidades, e assim por diante, em vez de sermos quem realmente somos. O que me leva à próxima pergunta: você realmente se conhece? Ou melhor, sabe quem você é por trás de todas as expectativas sociais que aos poucos disseram quem você deveria ser através dessa ideia distorcida de bondade? Também vamos descobrir isso juntas nestas páginas.

E como se chama essa rede de expectativas e características que modulam seu caráter para se adequar a essa ideia de bondade? É claro que, no século XXI, temos um nome para quase tudo e você já leu o nome que se dá para isso no título do livro: é a síndrome da boa garota.

Se você cresceu e se desenvolveu pensando que era boazinha quando priorizava as necessidades dos outros em detrimento das suas e assumia a responsabilidade de cumpri-las o máximo possível, quando se forçava a continuar mantendo relacionamentos que não contribuíam em nada com você a fim de não magoar a outra pessoa, quando se preocupava demais com o que as pessoas diriam e com o que os outros pensariam de você até que isso passasse a quase tomar conta da sua vida, ou quando não dizia o que sentia para não incomodar ou decepcionar alguém, este livro é para você.

Por isso, adoraria fazer uma viagem de volta à sua infância para descobrirmos juntas o que fez você se afastar de si mesma para se aproximar de quem os outros esperavam que fosse, para descobrir como a criança que você era se sentia e o que é necessário para você entender seu passado e começar a abraçar essa criança que continua viva em você e que talvez esteja mais ferida do que pensa. Só depois de entender seu passado é que podemos prosseguir para o presente e saber o que está acontecendo na sua vida agora: Por que tanta insatisfação? Por que nada faz com que você se sinta realizada? Por que sempre acaba em relacionamentos com pessoas que não lhe valorizam? Por que suas emoções a dominam? Por que não se ama? Por que nunca sabe que decisão tomar?

E assim chegaremos à parte mais importante do nosso trabalho juntas: construir um futuro lindo com todas essas respostas. Aprender a se conhecer e a cuidar de si mesma, a impor limites e a identificar que tipo de relacionamentos quer na sua vida, a não permitir que o que as pessoas dizem dite o seu caminho, a se sentir confiante e a confiar no que faz, a encontrar todas as emoções que reprimiu no fundo de seu subconsciente e a aprender a administrá-las, a conversar melhor consigo mesma, a controlar sua ansiedade ou a enfrentar conflitos para crescer ao invés de desmoronar.

A síndrome da boa garota está longe de ser uma doença. Como você viu até agora, é um padrão resultante de ambientes de criação ou referências muito exigentes que, mesmo com as melhores intenções, projetaram expectativas muito altas reforçadas pelo que significa ser "boa" nesta sociedade e que, paradoxalmente, modelaram meninas obcecadas por serem adequadas em todas as situações e com todas as pessoas, que se tornaram mulheres muito inseguras, que duvidam constantemente de seu valor e capacidade e que vivem mais para os outros do que para si mesmas.

Caso se identifique com tudo isso, a primeira coisa que quero que saiba é que não é culpa sua ser como é ou estar como está, porque você só estava tentando sobreviver com as ferramentas que tinha disponíveis. Portanto, minha intenção com este livro é fornecer a você muitas outras, não para poder ser a melhor versão de si mesma, e sim aquela versão que você quer ser. Porque já chega de viver apenas para dar algo aos outros, de não poder cometer erros, de ter de se diminuir para que os outros possam ocupar mais espaço, de ter de ofuscar sua luz como se isso fizesse os outros brilharem mais.

Chega de não poder ser humana.

Portanto, a partir destas linhas que escrevo cheia de expectativa ao saber que você está prestes a se reconciliar com muitas partes de si mesma e a construir um novo contexto de bem-estar, ofereço a minha mão para começarmos juntas um caminho que, talvez pela primeira vez, não leve a uma suposta perfeição ou excelência, e sim à liberdade. Porque aqueles que realmente a amam não querem que você seja perfeita, querem que seja livre. E porque para encontrar a felicidade, seja ela qual for para você, não existe um caminho específico e padronizado, existe aquele que você mesma decide construir.

Seja bem-vinda a esta viagem.

PARTE 1

ATERRIZANDO EM VOCÊ MESMA

Posso ser o que você quiser. O que é a síndrome da boa garota?

Se não se importar, vou começar falando de mim. A Marta de oito anos de idade não gostava nem um pouco de matemática. Odiava com todas as forças e, justamente por isso, em algum momento da minha infância ou adolescência, não me lembro muito bem, pedi aos meus pais para ter aulas particulares dessa matéria. Não pense que foi porque eu estava com medo de ser reprovada, não. Foi por achar que não a dominava tão bem quanto as outras matérias e isso fazia com que me sentisse burra. Me dava um branco. Embora a pergunta que me faço agora, muitos anos depois, seja: me dava um branco porque realmente não sabia como resolver os problemas, porque tinha medo de que os outros vissem que eu não sabia fazer aquilo ou porque uma "boa aluna" como eu não podia "baixar o nível" titubeando diante de uma divisão com decimais? Provavelmente um pouco de cada uma das coisas.

Mas o que mais me lembro da minha pequena provação infantil com a matemática é o número infinito de vezes que, ao comparar meus exercícios com os dos meus colegas de classe e ver que os resultados não coincidiam, decidia mudar os meus. Por quê? Porque eu tinha certeza de que eu quem havia cometido um erro e não queria me expor a isso. A parte irônica é que eu fazia aulas particulares e meu professor tinha corrigido minha lição de casa, então era certeza de que meus resultados estavam certos, mas preferia pensar que meu professor tinha corrigido errado ou que presumira que eu tinha feito certo sem ver direito. Ou seja, na minha cabeça, não tinha como eu ter acertado o resultado. Então, seguindo meu impulso irracional, mudava o resultado para que coincidisse com o dos meus colegas de classe e, assim, não errar; mas errava e, para não chatear meus colegas, ficava chateada comigo mesma quando o professor corrigia a conta e, "ah, surpresa, estava errada". E tudo isso por não confiar em minhas habilidades (nem, pelo visto, nas do meu professor particular, mas essa já é outra questão).

Esse é só um exemplo da síndrome da boa garota da qual eu também sofria, mas que, felizmente e depois de trabalhar muito em mim mesma, consegui me livrar quase completamente (ou até onde a estrutura social me permite, mas falarei disso mais tarde).

No exemplo, tem vários fatores que me fizeram mudar o resultado dos meus exercícios, mas um deles foi a necessidade de me adaptar ao que eu achava que era esperado de mim, que era ter o resultado certo. No geral, sempre é dito que a adaptabilidade é uma característica positiva, e é, mas o que acontece quando essa adaptação é indiscriminada e impensada? Bem, acontece que nos perdemos pelo caminho.

O nome técnico disso é síndrome da superadaptação, um termo cunhado pelo psicólogo David Liberman, que a definiu como a tendência de tentar agradar aos outros e atender às expectativas alheias, vivendo de forma dissociada de sua verdadeira essência. Em outras palavras, você tenta se adaptar tanto aos outros que, no final, acaba se esquecendo de si mesma. Como a água dentro de um recipiente, ela poderia ter qualquer forma, mas se adapta ao espaço disponível e, se nunca sair dele, nunca terá outra forma.

Em geral, as pessoas que desenvolvem essa síndrome de superadaptação têm um medo atroz da rejeição e do abandono (explicarei o motivo mais adiante), de modo que o cérebro elabora um plano perfeito para evitá-lo, que é basicamente: "se eu inibir minha espontaneidade e tudo o que sou, serei o que os outros querem que eu seja e, assim, eles me amarão". Perceba a ironia em "perfeito", porque, é claro, esse raciocínio inconsciente do nosso cérebro sempre vai por água abaixo, mas por quê?

- Porque é impossível ser o que os outros esperam, os "outros" não são uma entidade compacta e homogênea com expectativas estáticas. Cada pessoa espera algo diferente de você, e esse algo é moldado por suas experiências, seus valores e crenças, as feridas emocionais que tenta inconscientemente curar, e muitas outras coisas mais.

- E porque, embora não seja impossível passar a vida toda tentando ser alguém que você não é, o preço a se pagar é alto demais: reprimir emoções desagradáveis que, por exemplo, se transformam em uma diarreia, na melhor das hipóteses, e na pior e a longo prazo em um problema intestinal; estabelecer relações assimétricas em que você é invisível e, acima de tudo, ser infeliz, porque não vai construir uma vida para si mesma, e sim para os outros. Não acho que valha a pena viver desistindo desde a estaca zero da possibilidade de ser feliz.

Mas vamos voltar para a síndrome da boa garota, cujo nome, aliás, não é meu, foi dado pela psicóloga americana Lois P. Frankel em seu livro *Mulheres ousadas chegam mais longe (Nice Girls Don't Get The Corner Office)*, de 2005. O livro, que se mantém dentro do contexto laboral, concentra-se na ideia de que as mulheres que tendem a ser complacentes, submissas, que evitam conflitos etc., muitas vezes não recebem o reconhecimento profissional que desejam e merecem, o que é uma desvantagem quando se trata de conseguir empregos melhores e cargos mais altos.

Entretanto, o termo não se tornou popular até a publicação, em 2008, do livro da psicoterapeuta Beverly Engel, *The Nice Girl Syndrome* (A síndrome da garota legal). Foi ela quem pesquisou e descobriu que havia um padrão comum em muitas mulheres vítimas de abuso e maus-tratos, que ela chamou de síndrome da boa garota. Sua hipótese baseava-se no fato de que as mulheres, em geral, tinham aprendido que, para "estarem seguras", basicamente tinham de ser muito simpáticas, gentis e obedientes. Ou seja, tínhamos que nos limitarmos à definição de "bondade" que já vimos antes. O trabalho de Beverly nos ajuda muito a quebrar os mitos que nós, mulheres, internalizamos e que nos levam a relacionamentos abusivos. Ela concentrou seu trabalho em mulheres e violência de gênero, mas, como eu disse no início, homens também podem desenvolver essa síndrome, embora seja menos comum. Digo isso porque, quando comecei a pesquisar esse assunto, a primeira coisa que me perguntei foi: isso é uma síndrome ou um ensinamento patriarcal? Afinal, todas as características dessa síndrome não são o que a sociedade exige de nós, mulheres? É possível ser mulher de outra forma em nossa sociedade? Que responsabilidade as normas de gênero têm pela maneira como muitas de nós, mulheres, funcionamos e nos sentimos? Discutiremos isso mais tarde e eu lhe darei minha opinião profissional do assunto.

Dito isso e para que saiba qual será minha abordagem ao longo do livro, quero que saiba que não gosto de discursos que possam ser minimamente de culpa, ou seja, a meu ver as narrativas que são integradas por meio da frase "Eu sou a única culpada pelas coisas ruins que acontecem comigo" não ajudam a entender nada e, pelo contrário, prejudicam e bloqueiam o entendimento. Em vez disso, acredito que é importante identificar e assumir nossa própria parcela de responsabilidade pelos eventos negativos que acontecem conosco com frequência, porque nos empodera e nos mobiliza rumo à mudança. Sei que, às vezes, pode ser difícil diferenciar culpa de responsabilidade. A culpa leva à decepção, enquanto a responsabilidade nos diz que somos humanas e, como tal, cometemos erros.

Essa última é muito mais empoderadora, porque não nos leva ao autoflagelo e sim a concentrar nossa energia em descobrir o que podemos fazer para mudar as coisas e distinguir entre o que depende e o que não depende de nós.

Digo tudo isso porque as pessoas que sofrem da síndrome da boa garota se prendem com muita facilidade à culpa (e têm dificuldade de passar da culpa para a responsabilidade) e porque o pouco que foi estudado e divulgado até agora sobre essa síndrome, tenho certeza de que, involuntariamente, tem um certo ar de culpa. Ou seja, pelo que vi, foca muito no "amiga, não tá vendo?" e na "mulher, acorda para vida e pare de cair em relacionamentos abusivos", um discurso que foge um pouco do fato indiscutível de que o único responsável por uma situação abusiva é o abusador, nunca a pessoa abusada. Fora isso, os relacionamentos com os outros não são tudo na vida. Na verdade, o relacionamento mais importante é o que temos com nós mesmas, e é por isso que eu gostaria de focar também nisso, em você ser uma boa companhia para si mesma, porque é com quem você estará para o resto da vida.

Dito isso, entendo a abordagem desta divulgação porque, até quase dois dias atrás, a tradição machista em que todos crescemos nos levava a olhar para as mulheres com muito mais paternalismo e condescendência do que hoje (embora ainda haja um longo caminho a percorrer). É por isso que, mesmo sabendo que se trata de um assunto delicado, gostaria de atualizar um pouco a abordagem dessas questões para que, ao ler este livro, você não pense que até agora fez tudo errado porque quis ou porque foi burra e que tudo de ruim que lhe aconteceu foi causado exclusivamente por você, porque não é nada disso.

Assim, quero dizer que meu objetivo é que este livro lhe forneça um conjunto de ferramentas que você não tinha até agora e cuja ausência facilitou que certas pessoas com más intenções se aproximassem de você. Mas isso nunca foi culpa sua, porque ninguém nasce com todas as ferramentas emocionais necessárias para a vida e, felizmente, sempre há tempo para aprender coisas novas. E o mesmo acontece se falarmos do relacionamento com nós mesmas, que, ironicamente, sempre acabamos deixando de lado.

Então, sem mais delongas, vamos ver quais são as principais características daquela "boazinha" com quem talvez você se identifique muito na medida que lê.

Retrato de uma boa garota

É irônico que um dos principais problemas da síndrome da boa garota seja justamente o fato de ser com tanta frequência reforçada por normas sociais que criam um imaginário coletivo distorcido do que significa ser uma boa pessoa. Se todo mundo gosta de pessoas "boas", por que uma síndrome associada à bondade deveria ser um problema? É por isso que a boazinha se sente mais perdida que cachorro em dia de mudança, porque, por um lado, ela tenta ser tudo o que lhe disseram que deveria ser para alcançar aquela FELICIDADE em letras maiúsculas de que tanto se fala (mesmo que ninguém saiba muito bem o que seja), por outro lado, ela não sabe quem é, nem o que quer ou o que está fazendo da vida. Está perdida.

Se sua cabeça está gritando "estou mesmo" neste momento, recomendo que continue lendo, pois as seis características que vou listar abaixo podem ajudá-la a esboçar seu próprio retrato de boa garota.

Sempre colocar as necessidades dos outros à frente das minhas

Uma de minhas pacientes, Irene, é uma mulher de 35 anos que trabalha há muitos anos em um escritório onde frequentemente tem de realizar projetos em equipe com outros colegas, e ela me disse em uma consulta que isso a tem deixado muito ansiosa ultimamente, algo que ela não entendia, pois até então sempre teve um desempenho muito bom, era muito responsável com seu trabalho e se dava bem com os outros.

À medida que explorávamos o assunto, surgiram detalhes como, por exemplo, que havia dois colegas novos que ainda não tinham pegado a dinâmica da empresa e que Irene passava boa parte do dia de trabalho explicando a eles coisas que já deveriam ter aprendido no treinamento. De acordo com ela, fazia isso por ter empatia com um novo funcionário e acreditava que os veteranos deveriam facilitar um pouco o caminho e, embora falasse no plural, nunca mencionou que qualquer outro veterano ou qualquer uma de suas chefes tivesse dedicado tanto tempo e esforço quanto ela para orientar os novatos. Ela também me disse que, justamente por estar ajudando a esses funcionários, muitas tarefas ficaram pendentes, algumas envolvendo outros colegas, e que, no final, ela decidiu ficar mais tempo no trabalho para terminar tudo porque: "nada mais justo que eu cuide disso já que eu é que atrasei os outros ao ajudar os novatos". Essa última frase, caso não tenha reparado, está cheia de "culpa traiçoeira", um termo de minha própria invenção que usarei em todo o livro por ser muito útil. Entraremos em detalhes mais adiante, mas, por enquanto, basta saber que culpa traiçoeira é aquela que você sente em situações pelas quais não é realmente ou é apenas ligeiramente responsável, mas que acaba assumindo porque isso lhe dá uma sensação de controle e também evita conflitos (uma das coisas que a boazinha mais teme). O mecanismo completo é o seguinte: se eu for a culpada, estou no controle; se eu estiver no controle, posso consertar a situação; se eu consertar a situação, não discutirei com você; e se eu não discutir, não me sinto rejeitada ou abandonada. Como pode ver, é traiçoeira porque essa culpa não é sua e porque, ao assumi-la, também faz com que perda autoestima.

Vamos voltar à Irene e a como seus colegas de trabalho estão indo de vento em popa graças à sua síndrome da boa garota. Aos poucos, vimos que ela estava colocando as necessidades dos colegas à frente das suas, sem sequer questionar se a situação era justa com ela ou levar em conta o quanto era importante para o seu bem-estar poder atender às suas necessidades, por exemplo, fazer o trabalho antes de ajudar os outros ou chegar em casa em um horário decente para aproveitar o tempo livre e a família. No entanto, a resposta de Irene era sempre a mesma: "Marta, se eu fizer o que você me disse, estarei sendo muito egoísta e não quero ser uma pessoa egoísta". Então eu lhe expliquei as diferenças entre egoísmo e autocuidado, que veremos mais adiante, e ela me disse que nunca tinha se dado conta dessa diferença. Em outras palavras, Irene aprendeu, ao longo da vida, que cuidar de si mesma era ser egoísta.

É por isso que a boazinha sempre coloca as necessidades dos outros em primeiro lugar, porque aprendeu que esse é um método supostamente infalível para evitar a rejeição e o abandono (que são seus maiores medos), mesmo que o preço que tenha de pagar seja muito alto: não ouvir a si mesma, não cuidar de si e, em suma, não se importar consigo mesma, às vezes a ponto de ignorar necessidades básicas, como comer, dormir, socializar etc.

Antes só do que malfalada: a preocupação excessiva com o que os outros pensam de mim

Já mencionamos que, se tem uma coisa que a boa garota teme, é ser rejeitada ou abandonada, e imagino que você esteja pensando: *Tá, mas quem é que gosta?* E você está certa. Mas você diria que a vida de todo mundo gira ao redor de evitar essas duas coisas? Por exemplo, você comeria uma aranha só para não ser malvista por uma pessoa aleatória que lhe pedisse isso? Bem, se você está lendo este livro, talvez sim (ou talvez goste de comer aranhas). O que quero dizer é que nem todo mundo faz qualquer coisa só para que os outros não pensem mal deles e que, embora todos nós nos importemos pelo menos um pouco com o que as pessoas pensam de nós, nem todo mundo carrega o mundo nas costas só para não ser criticado (como se isso fosse possível, outra brecha no plano da boazinha).

O relato de minha paciente Nuria é muito relevante para esse caso. Um dia, estávamos conversando sobre como ela tinha a sensação de nunca ser suficiente em seus relacionamentos amorosos. Ela se sentia "defeituosa"; embora não fosse capaz de explicar o que achava que tinha de errado com ela, disse apenas que sempre se sentiu assim. Ela então me contou que no dia em que começou a sair com seu atual parceiro, Adrián, ele a levou a um parque de diversões em Madri. Ela tem muito medo de altura, então imagine como fiquei prestes a arrancar os cabelos quando ela me disse que já havia andado em todos os tipos de montanha-russa. Ela me contou isso para ilustrar as mil coisas desajeitadas que supostamente tinha feito naquele primeiro encontro e sua angústia por se sentir "defeituosa", mas minha pergunta foi em outra direção:

— E como é que você começou a andar de montanha-russa? Você não tem medo?

— Tenho, mas eu tinha mais medo que Adrián achasse ruim se eu não fosse — respondeu ela.

E é assim que funciona a síndrome da boa garota.

Será que estou me esforçando o suficiente: autoexigência, perfeccionismo e hiper-responsabilidade

Quando estava no ensino fundamental ou médio, talvez tenha ouvido dizer que alguém era muito inteligente porque tirava notas muito boas, ou o contrário, que alguém não era muito inteligente porque quase sempre era reprovado. Bem, essas ideias que às vezes temos tão normalizadas geram em nosso cérebro a crença básica de que o que fazemos define quem somos e que algumas coisas que "somos" nos dão valor como pessoas e outras não. E que os outros nos amarão e nos aceitarão de acordo com esse suposto "valor". Complicado viver assim. Vamos ver isso melhor com um gráfico:

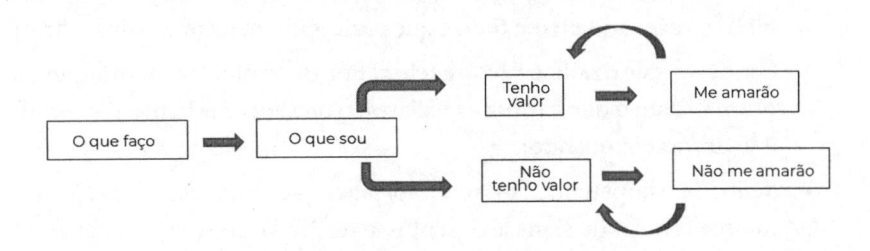

A boazinha passa a vida toda nesta dinâmica e, justamente por isso, uma de suas principais características é a autoexigência, assim como o perfeccionismo e a hiper-responsabilidade (ou talvez seja melhor chamá-la de "hiperculpa", dado o que já explicamos acima a respeito desses dois conceitos).

A boa garota acredita que essas três características formam a ferramenta perfeita para controlar a situação e evitar seu maior medo, que você já sabe qual é: a rejeição e o abandono. A boazinha acredita que seu valor está em sua autoexigência e, por isso, ela exige, não pede, não permite, não flexibiliza e não para nunca, porque quando ela para de fazer, sente que perde seu valor. Está começando a entender por que com tanta frequência se sente tão esgotada na vida? Tudo isso é um esforço cognitivo gigante (e às vezes físico também).

Varrer para debaixo do tapete: repressão de emoções e evasão de conflitos

Como já comentei, a boazinha tende a colocar suas próprias necessidades em segundo plano (ou terceiro, ou quarto…) para dedicar toda a sua energia para atender às dos outros e não se sentir egoísta. Assim, ao ignorar tanto suas necessidades, principalmente as emocionais, ela pode sentir que não as tem, que não existem, ou pode até mesmo as "notar", mas não saber como nomeá-las.

Só para ficar claro, quando falo de necessidades emocionais, quero dizer:

- Sentir-se ouvida, apoiada e cuidada. Por exemplo, uma amiga sua lhe ouvir e ficar com você quando precisar;
- Sentir-se segura com outras pessoas. Por exemplo, ser capaz de ficar calma com seu parceiro sabendo que ele não vai machucá-la intencionalmente;
- Sentir-se amada. Por exemplo, sentir que você é importante para a sua família e que eles demonstram isso, entre outras coisas, através do contato físico;
- Sentir-se parte de um grupo. Por exemplo, sentir que seu parceiro, seus filhos e você formam um todo e que protegem e cuidam uns dos outros;
- Sentir-se valorizada e reconhecida. Por exemplo, fazer com que os outros vejam o que a torna especial ou o que você faz bem e lhe digam isso de vez em quando;
- Sentir-se competente. Por exemplo, saber que pode fazer coisas para si mesma (cuidar de si mesma, sentir-se realizada, crescer pessoalmente etc.) e para os outros, além de saber que é capaz de fazê-las bem feitas.

Essas são as necessidades emocionais mais comuns, embora cada pessoa as sinta em maior ou menor grau e em contextos diferentes. Claro que as boazinhas também têm essas necessidades, o problema é que tentam reprimi-las por achar que, se as expressarem, não estarão apoiando os outros e, portanto, não serão amadas ou valorizadas por eles, o que, ironicamente, é uma de suas necessidades emocionais. De um jeito ou de outro, seres humanos estão sempre tentando atender a essas necessidades, de forma mais ou menos consciente, e quando o cérebro detecta que as estamos ignorando, nos envia sinais na forma de emoções para prestarmos atenção a elas.

Embora algumas pessoas façam essa distinção, para mim, como psicóloga, as emoções não são positivas nem negativas, embora possam ser percebidas como mais ou menos agradáveis e mais ou menos fáceis de sentir e gerenciar. Mas todas elas são muito úteis porque indicam uma necessidade que precisa ser atendida: quando você sente tristeza, talvez seja por precisar de apoio; quando sente inveja, talvez seja porque sente falta de algo importante para você; quando sente satisfação, talvez seja porque precisa se conectar com o reconhecimento de suas conquistas; quando sente culpa, talvez seja por precisar consertar alguma coisa (embora agora você saiba que também existe a culpa traiçoeira), e assim por diante.

Depois de tudo o que lhe disse até agora, o que você acha que uma boazinha costuma fazer com suas emoções? Na verdade, ela tenta reprimi-las, assim como suas necessidades, principalmente algumas específicas, como a raiva ou a fúria. Por que essas e não outras? Porque sua função é justamente detectar que há uma situação de que não gostamos, que nos deixa em desvantagem ou que é injusta, para fazermos algo a respeito: estabelecer limites saudáveis para outra pessoa, proteger-nos, reivindicar nossos direitos etc. E é claro que, muitas vezes, lidar com essa raiva significa lidar com conflitos, que é algo do qual a boazinha foge como se sua vida dependesse disso. Por quê? Porque a boazinha vê o conflito como um risco para seus vínculos.

Em geral, a raiva e o conflito são tão mal compreendidos quanto a bondade. Vejamos:

Como geralmente entendemos a raiva?	Como realmente é?
• Como um sinal de agressividade. • Como algo prejudicial aos outros. • Como algo perigoso que precisa ser eliminado. • Como algo que nos fará perder o controle.	• Um aviso de nosso cérebro para nos proteger de algo. • Uma necessidade de expressar algo que nos incomoda. • O impulso que nos mobiliza e nos dá a energia necessária para estabelecer limites ou sair de onde não estamos bem. • O aviso e prelúdio para resolver um conflito.

Como geralmente entendemos os conflitos?	Como realmente são?
• Como uma briga. • Como um problema que põe em risco nossos laços. • Como algo a ser evitado para se ter um relacionamento de qualidade. • Como uma ameaça à outra pessoa e ao nosso bem-estar geral.	• Um desacordo que exige comunicação para restaurar o equilíbrio. • Uma oportunidade de conhecer melhor a nós mesmos e aos outros. • Uma oportunidade de crescer pessoalmente e no relacionamento. • Uma oportunidade de resolver problemas e fortalecer vínculos.

A essa altura, deve estar se perguntando: *Por que então a raiva e o conflito às vezes geram tantos problemas?* A resposta é simples: porque não sabemos como administrá-los da melhor maneira, nem temos as ferramentas necessárias. Vamos nos aprofundar nisso mais adiante.

E se não for a escolha perfeita: dificuldades na tomada de decisões

Há alguns anos, atendi Roberto, que era a epítome da síndrome da boa garota (nesse caso, da síndrome do bom garoto). Uma de suas maiores preocupações era ter muita dificuldade para tomar decisões. Desde comprar uma calça jeans ou preta ou de mudar de emprego, ambas as situações eram um desafio intransponível para ele. O motivo? Ele acreditava que seu valor, de certa forma, dependia de ele tomar a decisão "certa" ou "errada", seja lá o que isso signifique. E é verdade que, assim como falamos antes sobre como algumas pessoas se avaliam e se valorizam de acordo com o que fazem, aqui o que fazemos é escolher outro fator como medida: nosso trabalho, nosso parceiro, onde moramos, o que comemos, como nos vestimos... Sim, eu sei que pode parecer superficial, mas todos nós inconscientemente filtramos a realidade através desses detalhes, porque eles nos permitem simplificar algo tão complexo quanto estabelecer o valor que damos a alguém ou a opinião que ele merece. É por isso que a boazinha e, neste exemplo, meu paciente Roberto, têm tanta dificuldade para se decidir.

E o que mais bloqueava Roberto? Vou lhe contar:

• Medo de cometer um erro e, portanto, de ser definido pelo erro;

- Perfeccionismo. A ideia de que tudo poderia ser melhor pode provocar paralisia por análise, ou seja, um bloqueio na hora de tomar uma decisão por tentar levar em conta todos os aspectos e pontos de vista até entrar em um ciclo sem fim que a impede de tomar a decisão. Falaremos muito nisso, mas por ora vou lhe dizer uma frase que costumo dizer aos meus pacientes: feito é melhor do que perfeito;

- Procrastinação. Ou seja, deixar suas obrigações para depois porque você está muito confortável no sofá. Bem, às vezes não procrastinamos por preguiça, mas justamente por perfeccionismo, e assim entramos no ciclo que explicamos no ponto anterior. Da próxima vez que estiver procrastinando, pergunte a si mesma: é por preguiça ou porque você acha que não há uma resposta certa o suficiente?

- Dar importância demais à opinião dos outros e muito pouco à sua própria. Como você já sabe, uma das características da boazinha é depender da opinião dos outros. Por esse motivo, Roberto costumava consultar o maior número possível de pessoas a seu redor quando tinha de tomar uma decisão e, de acordo com as opiniões que recebia, modulava as suas próprias, o que lhe causava cada vez mais confusão na hora de fazer uma escolha. Isso acontecia porque ele acreditava que os critérios dos outros eram mais válidos do que os seus, algo intimamente relacionado à necessidade de se encaixar e ser aceito;

- Ele não sabia como tomar decisões sem ajuda. Isso está intimamente relacionado ao ponto anterior. Roberto se sentia totalmente incapaz de tomar decisões sem alguém que o direcionasse para o caminho certo. Quando criança, essa orientação era dada por seus pais e, agora que ele era adulto, esse papel recaía principalmente em seu parceiro, Pablo. Por quê? Uma hipótese que usamos na terapia foi a superproteção exagerada que teve em seu ambiente familiar desde muito pequeno. Porque a superproteção, longe de nos proteger (que é o que aqueles que se relacionam conosco dessa forma tentam fazer), nos faz viver em uma gaiola de vidro da qual estamos convencidas de que não podemos sair sozinhas. Mais adiante explicarei tudo isso com mais calma, pois é um fator muito presente nas pessoas que sofrem da síndrome da boa garota.

Todos esses fatores tornaram a tomada de decisões tão difícil para Roberto que ele se sentia paralisado, outro traço característico da boa garota, que tende a achar que a vida dela é que manda nela, e não o contrário.

Ser coadjuvante em sua própria vida: complacência e superadaptação

A última característica da boazinha nada mais é do que a consequência de tudo o que já foi dito até agora: ela deixa de ser a protagonista da própria vida e se torna uma coadjuvante.

E os fenômenos que reforçam esse deslocamento são a complacência e a superadaptação. A superadaptação você já conhece, já falei dela lá no começo, e a complacência, nesse caso, é o conjunto de atitudes que a fazem tolerar tudo ou quase tudo para agradar, condescender ou ser reconhecida e aceita pelos outros.

Quando se vive para os outros, não é incomum sentir insatisfação na sua vida, que nada a motiva, que está exausta e que não tem ideia do que fazer para sair desse ciclo. O que está por trás disso tudo é que você não está conectada a si mesma e, portanto, os outros também não conseguem estabelecer essa conexão. É o que em psicologia chamamos de profecia autorrealizável: acredito que os outros podem me abandonar → dedico-me exclusivamente a me adaptar aos outros e agradá-los para que não me abandonem → me negligencio → não me conecto comigo mesma → não consigo expressar minhas necessidades porque não as conheço nem as priorizo → os outros não veem minhas necessidades → sofro porque meus vínculos não são como eu gostaria → me sinto abandonada. Em outras palavras, minhas crenças a respeito de mim mesma influenciam minhas ações e minhas ações afetam a forma como os outros constroem suas crenças a meu respeito, o que determina suas ações, que acabam reforçando minhas crenças anteriores. É um paradoxo, e é por isso que é tão importante conhecê-lo e estar consciente de como ele funciona, porque isso nos dá alguma margem de manobra para romper o círculo vicioso.

Por outro lado, todas as dinâmicas relacionadas à complacência e à superadaptação prejudicam muito, muito mesmo a nossa autoestima, pois é muito difícil aceitar e amar a si mesma quando isso depende do olhar do outro, do que você faz para os demais, do quanto você é boa na opinião deles etc. Outra consequência é que os relacionamentos que você estabelece geralmente não são muito saudáveis, pois costumam ser baseados em codependência, idealização do outro, falta de comprometimento da outra parte, manipulação e, às vezes, infelizmente, agressão.

Além de tudo isso, sentir-se como uma coadjuvante na sua vida pode levar ao que as psicólogas clínicas Pauline Clance e Suzanne Imes chamaram em 1978 de "síndrome da impostora". Sei que deve estar pensando que nós, psicólogos, somos um pouco chatos com relação a síndromes, mas, como eu disse, é uma maneira simples de nomear um conjunto de sintomas que acarreta um padrão estável de comportamento ao longo do tempo que não constitui um distúrbio ou uma doença, mas causa desconforto psicológico, interfere negativamente na vida ou é limitante de alguma forma. Como sempre digo, dar nomes ajuda a identificar melhor o que está acontecendo e a remediar.

Voltando à síndrome da impostora, trata-se de uma condição psicológica que faz com que você se sinta uma farsa. Ou seja, você vive com medo de que os outros descubram que, no fundo, você não é tão legal, ou tão inteligente, ou tão empática, ou tão boa, ou seja lá como eles a veem. Isso dificulta muito o reconhecimento e a aceitação de suas conquistas, e você passa a vida pensando que os outros vão lhe abandonar, rejeitar ou criticar assim que descobrirem como você é "de verdade" (uma realidade que se baseia em uma crença distorcida sua, porque não se baseia em um conjunto de características claras, na verdade não passa de uma sensação). Como pode ver, a síndrome de impostora e a síndrome da boa garota têm muitas coisas em comum, e é por isso que muitas vezes andam de mãos dadas, ambas são muito limitantes e são um grande fardo para o desenvolvimento de uma autoestima sólida e saudável.

Como já deve ter entendido a esta altura, é muito importante reconhecer e administrar tudo o que a síndrome da boa garota acarreta, pois ela nos afeta e nos limita em muitos aspectos, muitas vezes sem que tenhamos consciência disso.

Em resumo, a boazinha aprendeu que bondade é:

- Agradar, mesmo que isso signifique deixar de lado as próprias necessidades;
- Nunca se irritar, mesmo que isso signifique reprimir suas emoções e não impor limites àqueles que a machucam;
- Ser extremamente prudente, mesmo que isso signifique não aproveitar a vida;
- Ser certinha e perfeita, mesmo que isso signifique se punir constantemente e não se permitir algo tão humano quanto estar errada;
- Não incomodar, mesmo que isso signifique não ser ela mesma ou não fazer o que quer;
- Desempenhar sempre um papel secundário, mesmo que isso a leve a idealizar os outros e a se sentir obrigada a se submeter para estabelecer vínculos e se sentir vista.

Tudo isso a leva a acreditar que:

- Quando prioriza a si mesma, é egoísta;
- Quando comete um erro, é um fracasso;

- Quando pede algo, está sendo inconveniente;
- Quando se diverte, é desmiolada;
- Quando se destaca, é prepotente.

Em suma, a boazinha acredita que não é boa e que nem mesmo merece coisas boas, ou seja, ser amada, ser considerada válida e ser feliz.

Nas próximas páginas, redefiniremos juntas o conceito de bondade para romper com essa linha de pensamento.

O "boazinhômetro": quanto da síndrome da boa garota você tem?

É muito importante para mim que, ao ler meus livros, você se sinta como a protagonista, ou seja, que saiba onde se encaixa na história que estou contando e que adquira as ferramentas necessárias para enfrentar e melhorar sua realidade. Por isso acho essencial que você estabeleça seu ponto de partida, ou seja, determine quanto da síndrome da boa garota você tem e quais características estão mais arraigadas ou são mais difíceis de administrar. Isso a ajudará a saber quais partes do livro serão mais proveitosas para sua situação.

Para ajudá-la, vou fazer uma série de perguntas que chamei de "boazinhômetro", porque sou uma pessoa muito visual e essa palavra me faz imaginar um termômetro em que as perguntas são graus, de modo que, quanto mais você responde com um sim, mais a temperatura sobe e maior é a sua síndrome da boa garota. Você sabe que no que diz respeito à mente quase nada é preto no branco, portanto, quero que saiba em qual área intermediária você está antes de irmos direto ao assunto e começarmos a nos conectar com a criança que você já foi.

Responda com sim ou não.

1. Tem dificuldade de dizer às pessoas com quem tem intimidade que está chateada com algo que fizeram?

2. Prefere pedir desculpas, mesmo que a culpa não seja sua, para não entrar em conflito com outra pessoa?

3. Quando alguém está chateado com você, não consegue parar de pensar nisso, não importa o que faça?

4. Você sempre dá o benefício da dúvida, mesmo que a outra pessoa já tenha lhe dado provas inequívocas de que ela não é a pessoa certa para você?

5. Você pune seus erros muito mais do que os dos outros?

6. Tem a sensação de que sempre acaba em relacionamentos em que seu papel é "salvar" a outra pessoa?

7. Tende a pensar que os outros são melhores do que você, em geral?

8. Acha que sempre tem de ser justa, mesmo que os outros não sejam com você?

9. Sabe que algumas pessoas em sua vida só fingem gostar de você por interesse, mas você continua a manter o relacionamento porque tem dó de terminar / se afastar?

10. É fácil convencer você a fazer favores, mudar de ideia em relação a algo etc.?

11. Se não ajuda alguém, se sente egoísta?

12. Você se adapta ou muda a maneira como se mostra aos outros de acordo com as expectativas do ambiente em que está?

13. Tende a gastar muita energia justificando o péssimo tratamento que às vezes recebe de pessoas próximas a você?

PARTE 2

ENTENDENDO SEU PASSADO

Olá, esta é a menina que você era

Com muita frequência nas consultas, quando abordamos o tema da infância, minhas pacientes perguntam: "Mas por que a infância é tão importante?" ou "Que diferença faz o que aconteceu quando eu era pequena se estou tendo problemas agora e não naquela época?". Na verdade, entendo perfeitamente por que me perguntam isso, já que a distância temporal e a sabedoria de nosso cérebro quando se trata de nos proteger da dor emocional nos faz pensar que o que é passado é passado, e que o presente só pode ser entendido e trabalhado a partir do presente. É uma verdade que o trabalho psicológico só pode ser feito a partir do presente, mas para entender o que está acontecendo, garanto que, em maior ou menor grau, teremos de olhar para o passado. Não vou pedir que acredite em mim, ao invés disso vou lhe apresentar informações a respeito do seu cérebro retirada das pesquisas mais atuais em neurociência que a ajudarão a entender como certas partes do seu cérebro funcionam em relação a tudo o que você aprendeu sobre si mesma, sobre a vida e sobre os outros na infância, que é uma das coisas que a ajuda a se orientar e a se guiar no mundo. Prometo não ser muito técnica e nem me prolongar muito no assunto para não entediar você, mas acho que será ótimo aprender isso.

A primeira parte do cérebro da qual quero falar é a amígdala, que é uma pequena estrutura cuja principal função é integrar as emoções e, com base nelas, desencadear reações viscerais de defesa através do estímulo elétrico. Em outras palavras, a amígdala dá significado emocional às nossas experiências e gera as respostas que considera adequadas para nos proteger, por exemplo, do perigo físico.

Junto da amígdala trabalha o chamado hipocampo, que desempenha funções associadas à memória e, portanto, também registra a experiência emocional que a amígdala captou e a compara com as anteriores. Em outras palavras, ela avalia se a situação que você está vivenciando já foi vivenciada no passado e reage de acordo. Por exemplo, se foi aversiva, informações serão enviadas à amígdala para criar uma resposta de proteção, evasão, fuga e assim por diante. Como pode ver, ambas as estruturas, que fazem parte do sistema límbico, estão intimamente relacionadas ao aprendizado, já que, basicamente, se passamos por uma situação que desperte emoções agradáveis, nosso cérebro tenderá a repetir as circunstâncias que a cercavam, ao passo que, se vivenciarmos algo que provoque emoções desagradáveis, o cérebro fará todo o possível para evitar situações semelhantes no futuro.

Outra área cerebral importante em todo esse processo é o chamado neocórtex, que abrange todos os lobos do cérebro e é responsável pelas funções cerebrais superiores, ou seja, tudo o que tem a ver com racionalidade. Ele faz isso analisando os detalhes da realidade para criar estratégias que dão origem ao nosso pensamento lógico.

Lembre-se de que estamos falando em linhas gerais porque o cérebro sempre age como um todo, ou seja, não existem partes específicas que sejam responsáveis exclusivamente por uma única função, uma teoria que já chegou a ser considerada, mas acabou sendo descartada pela ciência.

Você deve estar se perguntando por que fui tão neurocientífica. Para explicar, deixe-me dar um exemplo simples: imagine que você ouve um barulho muito alto, assim, de repente, o que aconteceria em seu cérebro? Bem, provavelmente, sua amígdala seria ativada porque pode haver algo de que você precise se "proteger" para sobreviver. Quase ao mesmo tempo, o hipocampo também seria ativado, que responderia à amígdala confirmando a hipótese, e a amígdala faria você gritar ou sair correndo. Por quê? É que quando você era criança, toda vez que ouvia um barulho alto em casa era porque seus pais estavam discutindo, fechando as portas com força e batendo na mesa, o que gerava muita angústia, pânico e desespero (emoções desagradáveis). Alguns milissegundos depois, o neocórtex, que é sempre o último a participar do processamento, entraria na equação, permitindo que você analisasse posteriormente que o barulho era só uma janela fechada pelo vento e não uma situação de perigo.

Entende por que eu digo que a infância é tão importante para entender o que está acontecendo com você hoje? O sistema límbico armazena as emoções associadas às memórias, chamadas de memória emocional, e é assim que você aprende do que deve ou não se proteger. Ainda assim, deve estar se perguntando agora: tudo bem, o sistema límbico armazena as associações entre experiências e emoções, mas você também disse que existe uma parte centrada no racional que permite filtrar tudo isso, não é? Será que o neocórtex não poderia nos ajudar a entender que o que aconteceu na infância já passou e que o que está acontecendo agora é diferente? Esse é o ponto crucial da questão.

Às vezes, o que aconteceu no passado só fica registrado claramente no nosso sistema límbico, especialmente se nos referirmos à infância ou à adolescência. Por quê? Porque na infância e em parte da adolescência ainda não temos recursos cognitivos suficientes para fazer essa análise racional posterior que dá sentido a determinadas situações, então ficamos apenas com a associação feita pelo nosso sistema límbico, que fica registrada na nossa memória emocional.

Essa associação é muito primitiva porque se baseia apenas na emoção. Não existe nenhuma parte do cérebro que seja ativada para lhe dizer que é a janela se fechando com o vento, como no exemplo. E, por essa razão, há momentos em que respostas emocionais muito intensas são ativadas na idade adulta e não entendemos de onde elas vêm ou o que fazer com elas: é o que acontece quando você percebe que fica exageradamente irritado porque alguém o interrompeu, ou não o está ouvindo com atenção, ou corrige você, ou está dando uma resposta vaga sobre algo que é importante para você... É muito provável que por trás de todas essas reações intensas a determinadas situações, que podem ser cotidianas, esteja seu sistema límbico tentando protegê-la de alguma ferida da infância da qual talvez você não tenha plena consciência. A amígdala é muito importante nesse processo, pois o principal fenômeno é o que o psicólogo Daniel Goleman chamou de "sequestro da amígdala ou emocional", ou seja, a amígdala é ativada quando se depara com uma situação que reconhece como muito ameaçadora e "sequestra" ou paralisa todas as áreas envolvidas no processamento racional a fim de nos "proteger" através de respostas viscerais.

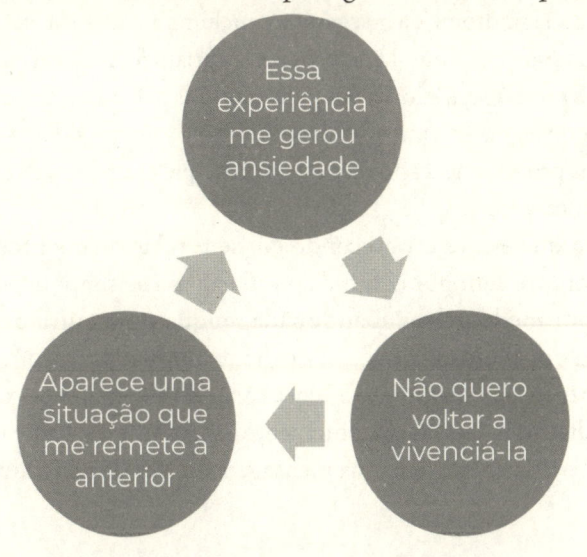

Há algum tempo, tive uma paciente chamada Amália que, na época, tinha 36 anos. Amália passou a infância toda morando com a avó durante a semana, porque os pais trabalhavam muitas horas fora de casa e ela só os via à noite e, às vezes, nem isso, porque já estava dormindo quando chegavam. Ela passava os fins de semana com eles, mas o que mais gostava de fazer nesses dias era brincar sozinha, quietinha no quarto, já que os pais estavam muito cansados por trabalharem a semana inteira e tiravam cochilos demorados, então não podiam brincar com ela que, por sua vez, precisava fazer pouco barulho para deixá-los descansar. Quando Amália veio na consulta, foi por estar angustiada porque seus parceiros sempre seguiam o mesmo padrão: pessoas que nunca se comprometeram ou se envolveram profundamente com ela. Já Amália dava tudo de si no relacionamento, qualquer coisa para que a outra pessoa não saísse de sua vida, ainda que às vezes ela mesma reconhecesse que eles não faziam por merecer tanto envolvimento de sua parte. Esse paradoxo deixava sua cabeça em turbilhão, pois Amália não entendia o que estava acontecendo.

Com o tempo, percebemos juntas que a criança que ela havia sido se sentia muito, muito abandonada e muito, muito solitária. Foi difícil para Amália entender isso. Ela sempre me dizia: *Mas, Marta, se eu entendia perfeitamente que meus pais tinham de trabalhar muitas horas para poder me alimentar, comprar roupas e garantir meu futuro, como eu poderia me sentir abandonada?* Bem, justamente porque toda essa análise racional foi construída por seu neocórtex quando já tinha a capacidade de fazê-lo, quando era mais velha, mas a dor do abandono e da solidão havia sido gravada em seu sistema límbico. A criança Amália sabia apenas que, quando os pais não estavam presentes, ela se sentia sozinha e abandonada, mas não conseguia explicar mais nada. E essa mesma criança Amália, guiada pelas emoções que seu sistema límbico estava associando a outras experiências, estava configurando sua síndrome da boa garota, concluindo que se ela "se comportasse bem", brincasse sozinha e em silêncio, os pais ficariam felizes com ela, porque era disso que eles precisavam. Amália entendia que seus pais a amavam e valorizavam quando ela conseguia se virar sozinha e colocava as necessidades dos adultos acima de suas próprias necessidades de criança, que eram brincar e passar bons momentos com os pais.

E era isso que estava acontecendo em seus relacionamentos amorosos. Ela estava sempre cem por cento disponível, para se sentir aceita e amada, e também por medo de ser abandonada, enquanto a outra pessoa estava apenas trinta por cento envolvida. Esse medo também fazia com que Amália tivesse reações emocionais muito intensas quando as pessoas próximas a ela se mostravam distantes. Coisas aparentemente insignificantes, como o fato de sua amiga Maria escrever "Oi" em uma mensagem em vez do mais amigável "Oie", faziam com que ela se perguntasse se o vínculo com ela tinha sido prejudicado. Será que Maria iria abandoná-la? Esse tipo de pergunta a assolava quando seu sistema límbico ativava a todo vapor emoções desagradáveis muito intensas para "protegê-la" de determinadas situações que, apesar dos esforços do neocórtex para racionalizá-las, eram antes mediadas por emoções muito antigas que o sistema límbico vinha integrando em seu aprendizado há muitos anos.

O exemplo de Amália mostra muito bem como tudo o que é registrado na nossa memória emocional pelo sistema límbico durante a infância reverbera até hoje. É por isso que é tão importante entender qual parte do que você foi e passou na infância ainda se repete hoje, mesmo que você não queira e não entenda racionalmente. E é exatamente isso que acontece com tudo o que a boa garota aprendeu a respeito de si mesma, do que esperar dos outros e do que os outros esperam dela, três grandes crenças básicas que começam a ser construídas na infância e são moduladas (felizmente, em muitos casos) ao longo da vida. O que acha de vermos juntas como foi construída a boazinha que você foi? Vamos lá.

Sou madura para minha idade ou que bom que eu me adaptei às suas expectativas? Causas familiares e sociais da síndrome da boa garota

No meu livro anterior, *Que sea amor del bueno* (Que seja um amor dos bons), falei muito da enorme importância do que aprendemos socialmente e na nossa família para a compreensão do amor romântico, da amizade, do amor familiar etc. Acontece que, realmente, todo o conhecimento que adquirimos na infância sobre como a vida funciona vem principalmente de dois lugares, que são nossas principais fontes de aprendizado: a família e a sociedade. Nesse contexto, poderíamos dizer que a escola está no meio do caminho entre as duas, já que nos proporciona as primeiras experiências de vínculos com nossos iguais, fora da família, mas também tem figuras de referência e de certa autoridade, como professores e colegas de classe.

Por esse motivo, não podemos ignorar tudo o que passamos na família e na sociedade durante a infância, porque é exatamente aí que as primeiras causas da síndrome da boa garota começam a tomar forma.

Em primeiro lugar, vamos analisar as causas familiares, mas antes quero deixar claro que todas as informações que vou lhe dar não devem ser usadas para culpar ou julgar ninguém, e sim para lhe ajudar a conhecer sua realidade e a si mesma. Por que digo isso? Bem, porque sei que, quando psicólogos falam sobre o quanto a família influencia no nosso desenvolvimento, enfatizamos muito o que os pais fizeram ou fazem, e isso sempre deixa um gosto ruim na minha boca quando penso que você, que está lendo, talvez seja mãe ou pai ou tenha muita empatia com seus pais e essas informações possam magoá-la. Eu entendo você. É por isso que quero insistir que nenhuma mãe ou pai tem um manual de instruções para saber como fazer as coisas (nem os filhos) e que, na maioria dos casos, fazem o melhor que podem, e conforme o que sabem, carregando suas próprias bagagens emocionais.

Ainda que a partir de agora nos concentraremos nos aspectos mais marcantes e dolorosos, é muito provável que seus pais também tenham se saído muito bem em vários aspectos. Ou pode ser que não. Talvez você tenha crescido em uma família muito negligente e carregue muita raiva dentro de si e uma grande necessidade de atribuir culpa: entendo perfeitamente e o que você sente é totalmente válido. Seja qual for o caso, guarde apenas as informações relevantes para você e não hesite em pedir ajuda profissional e personalizada caso precise. E lembre-se do que falamos a respeito de responsabilidade: não se trata de apedrejar ninguém, mas de entender por que acontece conosco as coisas que acontecem e assumirmos a responsabilidade de curar nossas feridas.

Também quero salientar que vou me referir aos cuidadores primários como "pais", mas quero que saibam que ao escrever este livro também pensei nas pessoas que cresceram em famílias monoparentais, com duas mães, ou dois pais, com os avós, ou guardiões de qualquer tipo. Seja qual for a sua situação, quero que se sinta representada.

Família em primeiro lugar (e primeira referência): Causas familiares da síndrome da boa garota

Dito isso, vejamos o que aconteceu na família da boa garota para que ela se tornasse quem é. Lembre-se de que cada família é diferente e nem todas as famílias têm todas as características ou as manifestam com a mesma intensidade.

Você vale aquilo que faz: a exigência atribuída ao "valor"

Ao ler o título desta seção, você deve ter pensado naqueles típicos pais que exigem que os filhos tirem nota 10 em todas as provas e, mesmo assim, parece que isso não é suficiente para que se sintam totalmente orgulhosos, ou, pelo menos, não é o suficiente para que o expressem. Mas essa é a ideia, existem muitas outras manifestações dessa dinâmica familiar baseada na valorização das pessoas de acordo com o que elas fazem, e também vale mencionar que as intenções dos pais, muitas vezes inconscientes, podem ser muito diferentes. Além disso, uma família pode ter mais de uma intencionalidade. Vamos dar uma olhada em alguns exemplos.

- **Pais que são exigentes para se definirem pelas conquistas de seus filhos.** Silvia era uma paciente minha de 18 anos, cuja mãe, Marta, não parava de insistir que ela treinasse e competisse no hipismo, um esporte que para ela estava atrelado ao status e que estava associado a traços de personalidade desejáveis, tais como: perseverança, disciplina, inteligência, exigência para consigo mesma etc. Marta achava que a filha Silvia era uma espécie de extensão de si mesma e jogava em cima dela todas as suas aspirações, por isso insistia tanto no hipismo, sem se dar conta de que, por trás disso, existia uma grande necessidade de "fundir" sua identidade com a da filha e, assim, vivenciar as conquistas dela como se fossem suas, a ponto de ficar feliz por ela, ficar orgulhosa, mas também "apropriar-se" um pouco delas. Silvia adorava o hipismo, mas também verbalizava com frequência durante a consulta que nunca saberia se isso era algo que ela teria escolhido ou se teria dedicado tanto tempo e esforço a isso se não fossem as exigências da mãe. Enquanto trabalhávamos nisso juntas, percebemos que é claro que não poderíamos mudar uma decisão passada ou saber como seria a vida dela se tivesse escolhido outro caminho. Era preciso aceitar que, bem ou mal, as pessoas ao nosso redor influenciam a construção da nossa personalidade. O que realmente vale a pena, no geral, é passar por um processo introspectivo, questionando a nós mesmas por que gostamos do que gostamos, que consequências isso tem e quais são nossas necessidades hoje em relação à decisão que tomamos no passado. Esse processo nos dá mais liberdade para nos relacionarmos com essa circunstância de uma maneira diferente, mais consciente e menos influenciada por outras pessoas, e nos permite manter a parte boa, se é que existe, de que nossos pais decidiram certas coisas para nós. No caso de Silvia, sua síndrome da boa garota era muito acentuada. Ela passou boa parte da infância sob a disciplina dos adultos, cumprindo suas obrigações em vez de brincar e aproveitar seu tempo livre, e se relacionando com seus colegas através da competitividade em vez da espontaneidade. Isso deu a Silvia características que ela valorizava muito, como trabalho árduo e tenacidade, mas também significava que ela viveu durante anos com problemas de autoestima e ansiedade que eram muito difíceis de administrar.

- **Pais que exigem aquilo que não tiveram ou não puderam fazer.** O caso de Marta e Silvia também é um exemplo disso. Marta cresceu em um vilarejo em que as famílias viviam do trabalho no campo. A pobreza e a falta de oportunidades a obrigaram a conciliar os estudos com o trabalho no campo durante grande parte da infância e adolescência. Então, quando se tornou mãe, seu único desejo era proporcionar a Silvia uma infância e uma adolescência mais agradáveis do que a sua, e que ela se desenvolvesse em um contexto que lhe proporcionasse melhores oportunidades no futuro. A dor de Marta em relação à própria infância se transformou em pressão sobre Silvia para que ela vivesse tudo o que a mãe não pôde e fosse tudo o que ela não tinha sido (o que também permitiria que Marta se redefinisse por meio da filha). Conscientemente a mãe tinha as melhores intenções, mas o lado inconsciente da situação foi um dos muitos fatores que contribuíram para a síndrome da boa garota de Silvia.

- **Pais que querem que o filho seja uma "cópia" deles.** Tenho certeza de que você conhece uma família em que o avô era advogado, o pai é advogado e espera-se que o filho também o seja. No meu livro anterior, usei esse mesmo exemplo para falar dos preceitos familiares implícitos que integramos e que nos ajudam a entender quem somos para os outros e o que esperam de nós. Bem, a boazinha geralmente começa a ser forjada pelas exigências desmedidas de um ou ambos os pais para que a filha se torne uma extensão deles mesmos, para perpetuar o legado da família etc. Por que isso acontece? Principalmente porque saber que um filho tem um caminho definido dá segurança aos pais. O que quero dizer é que todos sabem que criar filhos, na melhor das hipóteses, é um processo muito incerto. Como já falamos antes, os pais não recebem um manual sobre como fazer as coisas, e essa falta de conhecimento, junto da bagagem emocional de cada pessoa, com suas feridas, medos e esperanças, é terreno propício para a insegurança. Diante disso, o cérebro de alguns pais gera um roteiro do tipo: *Se minha filha for uma cópia de mim, ela se sairá tão bem quanto eu e tudo ficará bem.* Como pode ver, esse fenômeno é o outro lado da moeda do ponto anterior, em que os esforços inconscientes dos pais são direcionados para fazer com que seus filhos sejam o que eles não conseguiram ser. Nesse caso, a ferida do pai não está relacionada ao que ele não teve, e sim ao que acredita que seu filho deveria ter (sim, eu sei, é de fundir a cuca). Isso nos permite intuir que a personalidade dos pais tem traços relacionados à autoexigência, rigidez etc., que são mecanismos de defesa psicológica inconscientes que lhes proporcionam segurança por meio do controle; e que eles passam, sem ter plena consciência, a todos os filhos ou apenas a alguns deles, às vezes àquele com quem mais se identificam, às vezes àquele que se destaca na dinâmica familiar (o "rebelde"), às vezes àquele que parece precisar de mais proteção etc. O problema, como pode imaginar, é que essa atitude não dá às crianças muito espaço para pensarem em quem elas são, o que querem para suas vidas ou do que precisam, forçando-as a construir sua identidade conectando-se com as necessidades de seus referentes e, assim, elas começam a se reprimir, o que acabará se tornando uma das principais características da boa garota.

- **Pais que acreditam demais em seus filhos e em seu potencial.** Às vezes, a origem da boazinha não é uma ferida emocional de seus pais, e sim uma crença muito forte deles em seu valor, além de um grande desejo de que a filha vá longe. Suponho que você esteja pensando que isso é muito positivo para que a filha desenvolva uma forte autoestima: seus pais acreditarem em você é fundamental para que você acredite em si mesma. O problema é que a linha entre acreditar em alguém e esperar coisas dessa pessoa é muito tênue e, às vezes, inexistente, e se as expectativas forem combinadas com certos traços de caráter, o caos se instala. A construção da personalidade é um assunto muito complexo que ainda hoje está sendo estudado, mas se sabe que existe uma parte inata, o temperamento, que pode ser mais ou menos modificado pelo aprendizado da vida ao longo dos diferentes estágios de maturidade, mas que basicamente trazemos "de fábrica". Portanto, o temperamento é nossa reação genérica ao que acontece conosco e é classificado em diferentes tipos. Para não fugir muito do tema, falaremos aqui apenas sobre o chamado temperamento dependente de recompensa. O que isso significa? Quer dizer que as crianças com esse temperamento tendem a reagir a estímulos externos de acordo com os sinais de recompensa que recebem, por exemplo: sinais de aprovação dos pais, apoio emocional e afeto dos membros da família etc. Para dar um exemplo, uma criança com esse temperamento provavelmente repetirá a mesma piada várias vezes se perceber que os pais, tias, tios e avós riem muito com ela, dizem que o jeito que ela conta é ótimo, que a amam por ser tão engraçada etc. Está vendo onde quero chegar, não é? Esse temperamento, aliado ao que a criança aprende que seus pais acreditam a seu respeito (e, portanto, esperam), abre caminho para que ela comece a dar mais importância ao que os outros pensam do que ao que ela pensa. Esse exemplo é perfeito para ilustrar que, muitas vezes, ninguém tem culpa no cartório, trata-se apenas de boas intenções que, sem querer, geram um terreno fértil para a síndrome da boa garota.

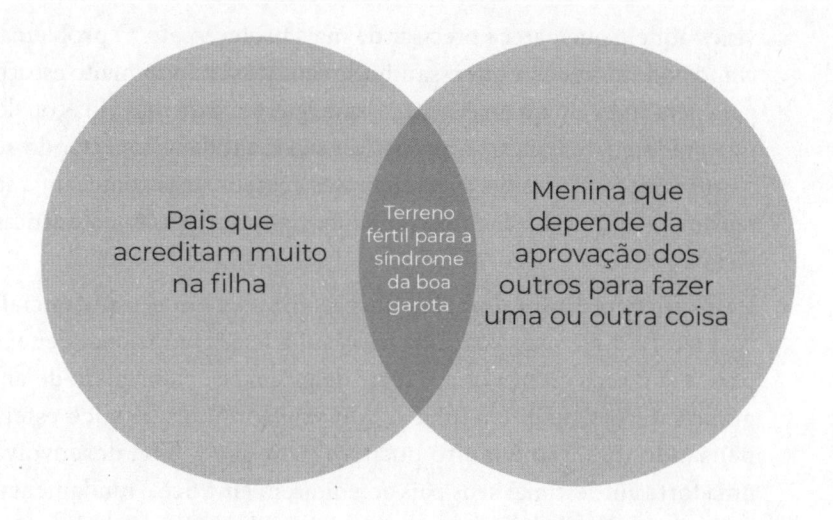

Depois de ver esses exemplos, você pode ter sentimentos contraditórios como: *é uma pena que meus pais tenham exigido tanto de mim, mas graças a essas exigências sou quem sou hoje.* E, sim, é totalmente válido que se sinta grata, irritada ou triste. Por quê? Porque o mais normal é que a educação de seus pais tenha lhe proporcionado coisas boas, ruins e neutras. Já dissemos que, geralmente, em feridas ou desconfortos psicológicos, nem tudo é preto no branco (embora também existam coisas cujas consequências são horríveis e nada além disso). Portanto, quero reconhecer seu direito de estar feliz ou grata por certas coisas e também o direito de não ser grata por nada, mesmo que você tenha empatia com seus pais em certas coisas, porque nos casos em que houve violência, a coisa mais saudável a fazer é reconhecê-la e não se forçar a ser grata por qualquer coisa que a tenha machucado, porque até mesmo a empatia deve ter seus limites para ser saudável.

Mas vamos voltar para a exigência excessiva, agora que sabemos como se manifesta. Quais são as consequências para aquela boazinha em construção?

- **Integração da hipercrítica de seus pais como sua voz interior.** Se seus pais lhe diziam o tempo todo que você era muito desastrada, talvez aquela vozinha interior que todos nós temos e que orienta nossas decisões e nossa maneira de ver o mundo esteja baseada na crença de que você é muito desastrada: "Sou tão desajeitada que é melhor não fazer aulas de tênis, mesmo que tenha vontade, porque tenho certeza de que vou ser péssima", "Sou tão desajeitada que é melhor não levantar para pegar a garrafa de água do outro lado do escritório, porque posso tropeçar e todos vão rir de mim, então é melhor segurar a sede" etc.

Como pode ver, essa voz pode limitar até mesmo os atos mais cotidianos e as necessidades básicas.

- **Viver em estresse constante devido as expectativas.** Exigências demais fazem com que o cérebro da criança (e da futura adulta) esteja sempre em alerta máximo para detectar quem espera algo dela, o que esperam, quando esperam e como esperam... Que é bastante cansativo (impossível) e que gera muito estresse.

- **Insegurança por não saber se corresponderá às expectativas.** Isso significa que a boazinha também não tem certeza se será amada, já que, na sua cabeça, valor e amor andam de mãos dadas. Isso estabelece as bases para uma autoestima frágil que depende exclusivamente do olhar dos outros e que, justamente por isso, pode se "estilhaçar" com qualquer coisinha.

- **Possíveis déficits em habilidades sociais.** Quando as exigências excessivas da família estão no desempenho acadêmico, isso diminui a energia da criança em outras áreas importantes, inclusive nas habilidades sociais. Assim, ela acaba se sentindo insegura nas interações com outras pessoas, o que leva a inibições, a não saber sobre o que falar, a ter vergonha de fazer ou dizer algo errado etc.

- **Possível superproteção.** Excesso de exigência e de proteção são dois extremos da mesma coisa que, às vezes, acabam se encontrando. Como dissemos quando falamos sobre os pais que querem que a filha seja uma "cópia" sua, a paternidade é um processo que gera muita insegurança nos pais que, muitas vezes, combatem essa emoção através do rigor: são rígidos nas expectativas, nas consequências se você não as cumprir, nas "regras da família" etc. No entanto, existem crianças que, devido ao seu temperamento, não se adaptam ou se rebelam contra a rigidez, o que faz com que muitos pais acabem se sentindo culpados, e também existem casos em que os pais querem ser rígidos, mas não sabem como e acabam dando instruções desconexas e erráticas. O que acontece em qualquer um desses casos? Esses pais tendem a passar inconscientemente da rigidez para a superproteção. Em outras palavras, acabam enclausurando a filha para "protegê-la do mundo", o que, sem querer, também envia uma mensagem clara, mas muito prejudicial, à filha: "Sozinha você não é capaz", "Você sempre precisará da ajuda de outras pessoas". E estamos falando de capacidade em geral, não relacionada a algo específico, e é por isso que a mensagem é tão perigosa, pois o sentimento de incapacidade é uma das bases da síndrome de impostora. Depois discutiremos as consequências da superproteção em mais detalhes.

Concluindo, vale a pena explicar que a síndrome da boa garota, construída através do excesso de exigência da família atribuída ao "valor", é muito comum em filhas únicas. Ela acontece porque todas as expectativas dos pais são depositadas em uma única pessoa e, portanto, são mais potentes, a superproteção também é mais provável de aparecer nesses casos. Imagine que você precisasse acertar um alvo bem no meio e só tivesse um dardo, o que você faria? É o que acontece com as filhas únicas. Além disso, como elas não têm "iguais" por perto em sua vida familiar diária, têm menos pessoas com quem compartilhar coisas fora da hierarquia pais-filha, e isso significa que, dependendo de como as emoções são tratadas em casa, acabam lidando com elas sozinhas e abrigando uma grande solidão à qual têm dificuldade de nomear porque, por outro lado, recebem muita atenção como filha única de seus pais. Assim, as meninas que crescem sentindo-se solitárias, mas cercadas por pessoas que esperam algo delas, têm maior probabilidade de desenvolver um padrão de personalidade que atende demais às necessidades dos outros e muito pouco ou nada às próprias.

O que você faz é o que eles veem e o que eles veem é o que você vale: excesso de exigência da família associado à "imagem"

Lembra que falamos que uma das principais características da síndrome da boa garota é o pavor do que as pessoas vão dizer? Pois bem, as pessoas com essa característica tendem a vir de ambientes em que havia muito controle, avaliação e exigência sobre a imagem que era passada aos outros, muito acima de qualquer outro desejo ou necessidade geral. A definição do que constitui essa "imagem" depende da família e dos preceitos sociais predominantes e de fatores tão variados quanto a normatividade física (o que é conhecido como padrões de beleza), inteligência, dinheiro, status social ou ocupacional, educação, bons modos etc.

Vejamos juntas as principais manifestações desse padrão nas famílias.

- **Busca de segurança.** Muitas vezes, exigir e cobrar de si mesmo para parecer bem (seja lá o que isso signifique) é uma forma inconsciente de buscar segurança. Laura, uma de minhas pacientes, costumava mencionar em nossas sessões que seu pai sempre lhe dizia, desde criança: *Se virem que você é forte, nunca machucarão você, portanto, não chore e nunca admita que algo lhe afeta.* Isso fez com que Laura, de tanto reprimir as emoções, não conseguisse reconhecê-las, o que tem consequências psicológicas, mas também físicas (falaremos disso mais à frente). No entanto, ela não associava suas dificuldades de gestão emocional a essa mensagem que havia recebido em casa, porque, como seus pais e irmãos, sempre a entendeu como uma medida de proteção contra os outros. Outra consequência disso foi que Laura aprendeu a reprimir suas emoções e a ser sempre indolente diante de qualquer evento da vida, o que tornou muito difícil para ela pedir ajuda quando precisava e até mesmo construir relacionamentos genuínos nos quais ela se mostrasse como realmente era. Além disso, sua família desconfiava de todos e vivia com a constante sensação de que seriam enganados ou traídos, o que, paradoxalmente, fazia com que se sentissem muito inseguros. Como pode ver, nem todos os fatores que influenciam o desenvolvimento da síndrome da boa garota estão relacionados à bondade; às vezes, têm mais a ver com regras rígidas que aprendemos e que acreditamos que regem o mundo e a vida, às quais devemos nos adaptar para nos proteger e não decepcionar aqueles que as transmitiram a nós. Assim, aprendemos que ser "boa" também é se adaptar ou, melhor dizendo, se superadaptar a determinadas regras, mesmo que não estejam de acordo com nossos desejos ou valores.

- **Definir-se através da validação dos outros.** Existem boazinhas que aprendem que seu valor depende do que os outros dizem a elas. E qual é a melhor maneira de as pessoas próximas a você dizerem como você é maravilhosa? Na verdade, sendo e se comportando da maneira que eles esperam que você se comporte e deixando de lado sua verdadeira identidade, uma das principais características da síndrome da boa garota. Se colocar nessa posição não só faz com que você deixe de lado suas preferências, desejos e necessidades, mas também a obriga a ser hipervigilante para detectar, através de qualquer gesto, palavra ou atitude, as preferências dos outros. Porque se souber que eles preferem X, você fará X, eles a validarão e você ficará nas nuvens. No entanto, o preço é muito alto, porque isso significa perder sua identidade verdadeira, algo cada vez mais difícil de encontrar com o passar dos anos (embora, felizmente, não seja impossível, e é por isso que escrevi este livro). Um exemplo muito claro disso são as crianças que passam mais tempo limpando a casa, cuidando dos irmãos mais novos, fazendo a tarefa etc., do que brincando, rindo ou fazendo qualquer outra coisa que crianças costumam fazer. É claro que, no início, fazem isso para seguir uma ordem de alguém da família, que pode ser implícita ou explícita, e que está ligada à ideia de que as crianças são mais maduras quando se comportam quase tão bem quanto os adultos e assumem suas responsabilidades com a mesma completude. Mas o comportamento geralmente se torna um padrão habitual através da validação que recebem dos outros: "como você é boazinha quando cuida da sua irmã", "como você é boazinha por já saber lavar a louça tão bem", "você é muito obediente e madura para a sua idade".

- **Acreditar que passar uma imagem boa lhe trará boas oportunidades.** Algo que minha paciente Laura também havia internalizado muito bem era a frase: *para ter boas oportunidades, precisa parecer mais do que ser.* Essa crença veio de algo que sua mãe lhe disse quando ela era pequena: para ser sempre muito educada e prestativa com o professor, especialmente nos dias de prova. É claro que, tratar os professores com respeito não é algo negativo; o problema é que Laura também via como sua mãe se comportava com os professores quando ia buscá-la na escola ou quando tinha uma reunião: sempre prestativa, sempre elogiando suas virtudes, mostrando que a filha era muito inteligente, esforçada e que ela era uma mãe muito atenciosa. Seu discurso sempre girava em torno de como Laura era uma boa aluna para um professor tão bom. Assim, Laura havia aprendido e integrado que, para obter bons resultados acadêmicos (e, mais tarde, profissionais), ela precisava agradar e parecer a melhor ao mesmo tempo. Ou seja, a famosa "puxa-saco". E o que isso tem a ver com a síndrome da boa garota? Bem, de acordo com ela, a coisa mais importante para termos a vida que queremos é nos concentrarmos em agradar aos outros, seja com bajulações ou fingindo ser quem não somos para nos adaptar ao que achamos que os outros querem que sejamos. Coisas que, por fim, fazem com que nos concentremos menos em nossos talentos, em nossa capacidade de trabalhar e assim por diante.

Aonde essas formas de exigência excessiva relacionadas à imagem nos levam? Vejamos:

- **Estabelecer os primeiros relacionamentos "falsos" da nossa vida.** Se uma criança aprende que não pode ser autêntica, não pode atender às suas necessidades e desejos, não pode viver de acordo com os próprios valores que está começando a formar, é impossível que ela estabeleça relacionamentos reais e, portanto, satisfatórios. Em geral, não damos muita importância aos vínculos que criamos na infância porque os consideramos aleatórios e "coisas de criança" que mais tarde serão deixados para trás. Só que a verdade é que qualquer relacionamento importante na infância é muito relevante para o desenvolvimento pessoal posterior, seja com outras crianças, professores, parentes ou, é claro, com os pais. Isso acontece porque esses relacionamentos se tornam as primeiras referências que temos do mundo para criar "apegos mentais" que nos permitem simplificar o que achamos que podemos esperar dos outros em geral. Por exemplo, essas primeiras experiências podem nos fazer aprender e integrar crenças como: "Não posso confiar nos outros", "as pessoas geralmente são legais comigo", "as pessoas não costumam dizer o que pensam", "as pessoas geralmente são compreensivas" etc. Portanto, se os primeiros relacionamentos de sua vida não forem verdadeiros, você poderá começar a normalizar, desde criança, coisas como a ideia de que os relacionamentos são estabelecidos apenas para interesses externos ou até mesmo que os relacionamentos são sempre desequilibrados e alguém abusa de seu poder (sim, isso também pode acontecer entre crianças, entendendo a palavra "poder" nesse contexto, onde ela pode significar: maior força física, que os pais de uma criança têm uma situação "privilegiada" em comparação com os pais de outras crianças etc.).

- **Ferida da rejeição.** No livro *Que sea amor del bueno* (Que seja um amor dos bons), explico a fundo as diferentes feridas emocionais que podem ter origem na infância e quais as consequências, na idade adulta, de certas experiências que se repetiam quando éramos crianças e que colocaram em risco nossa autoestima, nossa confiança no mundo e nossa capacidade de nos relacionarmos com os outros, de enfrentar mudanças etc. Os cinco tipos mais comuns de feridas emocionais são: rejeição, humilhação, traição, injustiça e abandono. Se quiser se aprofundar um pouco mais nesse assunto, recomendo que dê uma olhada no meu livro anterior. As feridas emocionais mais comuns da infância na síndrome da boa garota são, como já mencionamos, as de rejeição e abandono (e, às vezes, também de injustiça) e, nas famílias exigentes em relação à imagem, a mais comum é a de rejeição. Por quê? Porque essa ferida surge principalmente em ambientes em que os pais rejeitam sistematicamente o modo de ser de suas filhas, uma rejeição que pode ser explícita ou implícita e que pode se manifestar de várias maneiras, por exemplo, silenciando-as, envergonhando-as por não se comportarem de maneira "válida" (de acordo com os critérios dos pais), comparando-as negativamente com seus irmãos etc. A criança boazinha que é criada em um ambiente assim tende a ter muita vergonha de si mesma e a sentir que nunca é boa o suficiente.

- **Ansiedade.** A ansiedade é um dos problemas de saúde mental mais comuns dentre as boazinhas e, embora só se desenvolva por completo na adolescência e na idade adulta, às vezes começa a se forjar na infância. Falaremos de ansiedade mais a fundo depois, mas, por enquanto, tenha em mente que a boa garota da qual exigem que ela tenha o máximo controle da sua imagem está, infelizmente, apostando alto nas chances de desenvolver ansiedade, principalmente ansiedade social, cujo padrão é definido pelo medo constante de avaliação, observação e julgamento que os outros possam estar fazendo de você, o que limita muito a vida cotidiana e gera grande desconforto psicológico. É por isso que é muito comum que muitas boazinhas sejam extremamente tímidas em certos ambientes e um pouco mais relaxadas e sociáveis em outros, porque às vezes o que a boa garota demonstra é uma "falsa timidez". Ou seja, ela é tímida como um mecanismo de defesa em ambientes que não conhece muito bem e nos quais, portanto, não sabe muito bem o que se espera dela ou como deve agir para ser aceita. Por ser tímida, ela não precisa mostrar muito de si mesma, de modo que ninguém possa rejeitá-la facilmente. No entanto, essas meninas também costumam enfrentar o estigma da timidez, embora isso tenda a surgir no final da infância ou no início da adolescência, quando podem ter a sensação de que não se encaixam e, portanto, começar a usar outros mecanismos de defesa que veremos mais adiante. De qualquer forma, a timidez na infância, principalmente nas meninas, costuma ser considerada uma característica positiva, porque está associada a não incomodar, não correr, não gritar e não fazer perguntas, ou seja, a não fazer tudo o que é considerado irritante na infância, mas que é natural nesse período da vida. Assim, a falsa timidez se torna o disfarce perfeito para introduzir a ideia imposta de bondade.

- **Sentimento de solidão.** Ao internalizar que a coisa mais importante do mundo para supostamente ser feliz e segura é atender às necessidades dos outros, ter boa aparência e nunca cometer erros, a boazinha provavelmente se sentirá muito, muito solitária.

Antes de terminar esta seção, quero mencionar a importância das comparações entre irmãos no desenvolvimento da autoexigência excessiva (que pode ser direcionada ao valor ou à imagem). Também costuma ser uma parte central da síndrome da boa garota, já que, através dessas comparações, papéis muito marcantes são atribuídos a irmãs e irmãos, e aquela que recebe o papel de boa garota, responsável, madura, perfeita etc., geralmente acaba recebendo menos atenção, mesmo que inconscientemente. Além disso, a menina que é considerada "boazinha" acaba sendo o exemplo para os outros irmãos, e é assim que ela aprende que precisa fazer exigências a si mesma para manter seu papel aos olhos dos pais, pois essa é, muitas vezes, sua única maneira de não se sentir "invisível", já que eles geralmente presumem que ela consegue se virar sozinha porque é muito "madura e responsável", ou que não tem problemas porque "é muito boazinha e nunca fica brava, nem reclama de nada".

Não sou exigente com você, mas comigo mesmo: pais autoexigentes como modelo

Quando se fala da síndrome da boa garota, geralmente é dada muita ênfase na influência dos pais nas filhas. Só que existe um fator que tende a passar despercebido, mas que pode ter as mesmas consequências que o excesso de exigência de que acabamos de falar, que é a autoexigência exagerada dos próprios pais em relação a si mesmos. Em outras palavras, o fato de os pais serem muito autoexigentes influencia o comportamento dos filhos.

E como isso pode se tornar uma parte da síndrome da boa garota? Já dissemos que os adultos próximos, principalmente os cuidadores primários, são sempre as principais referências para as crianças entenderem o mundo. Imagine um pintor retratando em sua tela as maçãs verdes que estão à sua frente em uma fruteira: os adultos são as maçãs e a criança é o pintor que tenta copiá-las em detalhes, mas usando sua própria técnica, estilo, experiência etc. (é aqui que o temperamento, por exemplo, entra em cena).

No geral, temos a tendência de pensar que as crianças só "copiam" o que os pais lhes dizem explicitamente, e é por isso que se dá tanta importância às regras e coisas faladas. É verdade que são mesmo, mas mais importante do que o que é dito é o que é feito. Flavita Banana, uma cartunista que adoro, tem uma ilustração de duas mães sentadas cada uma com seu filho em um banco. Uma delas está lendo um livro e seu filho também; a outra está segurando o celular, assim como seu filho, e pergunta à primeira mãe: *Como você conseguiu fazer seu filho ler?* A cena ilustra perfeitamente que, embora seja nosso discurso consciente de que gostaríamos que nossos filhos lessem mais, o que eles acabam copiando são nossos comportamentos habituais. O mesmo se aplica ao padrão de autoexigência: se um pai ou mãe exige demais de si mesmo, mesmo que tenha plena consciência de que não quer fazer essas exigências a seus filhos, é provável que os filhos aprendam por meio de suas ações que a autoexigência é muito importante na vida.

É por isso que nós, psicólogos, sempre enfatizamos muito a importância de curar nosso relacionamento com nós mesmos: primeiro para o nosso próprio bem e depois para nossas filhas, porque elas não só aprendem a se amar pela forma como suas mães ou pais as amam, mas também pela forma como suas mães e pais se amam.

Vamos dar uma olhada nos aspectos em que a autoexigência dos pais pode ter seu preço e se tornar um fator no desenvolvimento da síndrome da boa garota:

- **Autoexigência física.** Noelia sempre me dizia em consulta que não entendia como podia ter uma relação tão ruim com a comida e com sua aparência física. Ela não se lembrava de ninguém em seu ambiente ter criticado sua aparência, não havia sofrido bullying na escola nem tinha um corpo não normativo que a tornasse alvo de ataques gordofóbicos de qualquer tipo. Além disso, ela se achava muito sortuda porque seu intelecto, seu físico, suas emoções etc. sempre foram valorizados em casa. Com o passar do tempo e através da terapia, descobrimos que sua mãe tinha passado a vida toda de dieta, que seu pai costumava desprezar pessoas gordas ou com corpos não normativos e fazia comentários insinuando que não eram saudáveis ou eram desprovidas de força de vontade, e que ela passava duas horas na academia toda segunda-feira para "compensar os excessos" do almoço de família aos domingos, que costumava ter mais comida, mas não tão saudáveis quanto nos outros dias. Esses são apenas alguns exemplos dos muitos que descobrimos e que refletiam a natureza extremamente exigente de seus pais em relação à própria imagem física e aos alimentos que consumiam. Noelia cresceu com esse modelo (que ainda é muito normalizado socialmente), no qual a pressão estética não era direta, mas implícita, o que a fez integrar em seu sistema de crenças a ideia de que: *é importante ter um físico normativo para ser feliz e é válido fazer o que for preciso para alcançá-lo.* Porque foi isso que seus pais fizeram consigo mesmos. A autoexigência em relação à aparência física é uma característica bastante comum em pessoas com a síndrome da boa garota. A pressão estética a que todos estamos sujeitos em nossa sociedade, mas principalmente as mulheres, é muito poderosa e é exercida pela mídia, publicidade de cosméticos e alimentos, indústria da moda e muitos outros meios. Além disso, é claro que, ter um físico normativo está associado a uma ideia de correção, perfeição, adequação etc., e é por esse motivo que a boazinha tende a se apegar muito a isso.
- **Autoexigência acadêmica e profissional**. Assim como acontece com a aparência física, embora as crianças não ouçam seus pais dizerem que precisam tirar boas notas, percebem que eles trabalham até tarde todos os dias sem necessidade, ou que muitas vezes sacrificam seu tempo de lazer e de família porque estão envolvidos em um projeto,

ou que "acham que não trabalharam o suficiente se não chegarem em casa mortos de cansaço", uma frase literalmente repetida pelo pai de uma das minhas pacientes.

- **Tal mãe boazinha, tal filha boazinha.** As crianças também percebem a autoexigência subjacente ao que costuma ser conhecido como a "mãe perfeita". Você sabe, aquela que cuida de todo mundo, mas se negligencia; que defende os filhos com unhas e dentes, mas não a si mesma; que parece tão forte porque aguenta tudo o que ser mãe implica (embora seja um caminho bonito também), mas acaba sendo passiva quando os outros ultrapassam seus limites. Aquela mãe perfeita que também foi a "filha perfeita" de seus pais. Ou aquela mãe perfeita que é "a mãe de todo mundo" em geral, ou seja, que cuida de quase todas as pessoas que encontra. Uma mãe perfeita pode ser reconhecida pelas seguintes características:

  ◊ Ela se encarrega de tudo o que precisa ser feito ou pensado (falaremos de "carga mental" mais tarde), sejam consultas médicas para todos da família ou a lista de compras.

  ◊ Faz o papel de "salvadora" na família: desde buscá-la no fim do mundo se você ficar sem gasolina, mesmo que isso signifique negligenciar suas próprias coisas, até viver com um parceiro problemático que ela acredita que mudará com seu amor.

  ◊ Elas abandonam quase completamente outras áreas de suas vidas que são importantes para seu desenvolvimento e autorrealização, incluindo, em alguns casos, a carreira profissional, apenas para cuidar de outras pessoas.

  ◊ Não pratica o autocuidado: nunca tem tempo para ir ao médico, mas acompanha outras pessoas; nunca pode ir ao cabeleireiro, mas pode levar outras pessoas, ou sempre dá viagens de presente, mas nunca usa o dinheiro para ela viajar.

  ◊ É muito comum que sua profissão esteja relacionada a cuidar de outras pessoas: enfermeira, professora, psicóloga etc. É claro que ter uma dessas profissões não significa nada por si só, mas às vezes é o complemento ideal para os outros pontos. No final das contas, a profissão que escolhemos está intimamente relacionada a quem somos.

Às vezes, a síndrome da boa garota é herdada, e não estou falando de genética, e sim de ser uma boazinha e agir como modelo para suas filhas, mesmo que inconscientemente.

E quais são as consequências da autoexigência paterna ou materna que serve de modelo? Bem, mais ou menos as mesmas que os dois padrões anteriores de excesso de exigência: a boazinha percebe que a exigência sobre ela é excessiva e, ao mesmo tempo, aprende a exigir demais de si mesma.

A culpa é minha, a culpa é toda minha: ambiente muito tradicional e dogmatismo

Às vezes, supõe-se que atitudes como a tendência de assumir a culpa por tudo ou a misoginia são características individuais relacionadas a nossos traumas, feridas emocionais ou experiências anteriores. Em alguns casos, isso é verdade, mas, na maior parte, essas atitudes são fruto da filtragem da realidade através de certos dogmas ou verdades absolutas que não podem ser questionados, que governam todas as áreas de nossa vida e que estão intimamente relacionados ao que nosso ambiente imediato relaciona com o bem e o mal. Esses dogmas mudam dependendo do fato de nosso ambiente ser mais ou menos tradicional, mais ou menos dogmático, ou até mesmo de termos crescido em uma comunidade com uma ideologia sectária ou fanática.

É claro que aqui não vamos questionar as crenças ou a ideologia política de ninguém, de jeito nenhum, afinal cada um tem o direito de acreditar e pensar o que quiser, desde que não violemos os direitos humanos de ninguém. O importante aqui não é o que pensamos ou no que acreditamos, e sim como o fazemos.

Em famílias muito tradicionais ou conservadoras, que vivenciam suas crenças de forma rígida ou inquestionável, é muito difícil que alguém se desenvolva de forma totalmente livre porque, embora os valores que incutem possam ser muito respeitáveis, a rigidez com que são transmitidos não dá à pessoa que os recebe espaço para se perguntar se é isso que ela realmente quer. E essa pergunta é de fato essencial para o bem-estar psicológico. Porque só podemos estar satisfeitos com nossa vida se formos livres, o que não significa fazer tudo e qualquer coisa que nos dê na telha, e sim saber que podemos escolher nosso próprio caminho, mesmo que às vezes cometamos erros ou mudemos de ideia a qualquer momento.

Não podemos ignorar nada disso ao falarmos da síndrome da boa garota, porque a ideia de bondade é muito influenciada pela moralidade. Assim, a religião católica, por exemplo, que é a religião da maioria no Brasil e a mais influente em nossa sociedade, quer a sigamos ou não, tem ideias muito tradicionais e conservadoras em relação às mulheres, atribui grande importância à ideia de sacrifício e nos conecta muito com a culpa através da ideia de pecado.

Como já foi dito, o problema não são as crenças em si, qualquer um tem todo o direito do mundo de acreditar no que quiser. Mas acho que é importante adaptar as crenças ou ideologias a cada pessoa, levando em conta sua maneira de ser e de entender a vida, sua situação, necessidades etc., porque, caso contrário, infelizmente, podemos acabar assumindo certas crenças sobre nós mesmos e sobre o mundo que podem nos levar a negligenciar a nós mesmos, ser exigentes demais conosco, a nos culpar, a nos sacrificar e a nos desvalorizar a ponto de deixarmos de ser senhoras de nossas vidas.

Quais são as ideias tradicionalistas que são transmitidas nas famílias e que mais influenciam o desenvolvimento da síndrome da boa garota? Vejamos.

- **A ideia de culpa.** A culpa em si é uma emoção e, portanto, não é boa nem ruim, tudo depende de como é administrada, o que discutiremos mais adiante. O problema surge quando a culpa se torna quase central na forma como percebemo-nos como seres humanos e, acima de tudo, como mulheres. Há algum tempo, logo após o Natal, minha paciente Natália veio à clínica sentindo-se péssima consigo mesma depois de uma discussão com seu irmão mais velho, Sérgio. O motivo da briga foi o fato de ela não ter comprado um presente para ele dar ao seu parceiro. Sim, é isso mesmo que você leu: o irmão dela, Sérgio, ficou bravo com ela por não ter feito algo que era claramente de sua responsabilidade. Sérgio alegou que foi sempre assim: Natália sempre foi a responsável por comprar presentes para toda a família em nome dos dois. Como ela poderia se esquecer do parceiro dele e deixá-lo triste? Natália se sentiu superculpada por sua própria negligência. Na sua opinião, ela tinha sido uma péssima irmã e membro da família; uma pessoa ruim. Então, eu lhe fiz a seguinte pergunta: *Quem foi que disse que essa responsabilidade era sua e vitalícia?* Em toda a vida, Natália nunca questionou se era justo ter de cuidar de coisas que não eram de sua responsabilidade e nunca se deu conta do enorme fardo que estava carregando. Ela não pôde fazer isso porque não lhe foi permitido. E, no entanto, ela sempre viveu com muita culpa, porque tinha dificuldade para fazer tudo, e sua família às vezes até fingia que ela era capaz de adivinhar as necessidades de todos e atendê-las sem que eles precisassem expressá-las. Por exemplo, todos presumiam que ela é que levava a avó ao médico, embora fossem quatro irmãos; quem limpava a cozinha todos os dias depois do almoço; a que ouvia os problemas de todos sempre que precisava... E, é claro, quando algo acontecia com ela ou ela não conseguia fazer tudo, ela se sentia culpada. Uma culpa que também era muito confortável para sua família, que se sentia aliviada da responsabilidade. Natália se conectava muito facilmente com a culpa e com a certeza de que sempre tinha de se sacrificar pela família, porque todos compartilhavam uma crença muito rígida de que as mulheres da casa é que tinham de cuidar de tudo em todas as áreas. Essa rigidez fez com que fosse muito difícil para Natália se livrar de responsabilidades e culpas que não eram suas e começar a assumir um papel em sua família que fosse mais gentil com ela e lhe permitisse ser mais livre. Mas, no final, conseguimos.

- **O machismo.** O termo machismo significa conjunto de atitudes, ideias, práticas e crenças aprendidas como sociedade que defendem e promovem a ideia de que os homens são superiores às mulheres e perpetuam a submissão e a opressão das mulheres em muitas esferas socioculturais. Infelizmente, somos todos um pouco sexistas, porque nascemos em uma sociedade cisheteropatriarcal, ou seja, em um sistema sociopolítico que prioriza o gênero masculino e tudo o que está associado à masculinidade e à heterossexualidade. Não vou focar muito nisso, nem pretendo me aprofundar em um assunto tão amplo e complexo, porque não é o objetivo deste livro, mas não podemos deixar de mencionar que, se viver em uma sociedade cisheteropatriarcal já nos impõe certos papéis que podem ser muito limitadores ou diretamente opressivos tanto para mulheres quanto para homens, então crescer e conviver em uma família onde o machismo impera é ter muitas chances de desenvolver a síndrome da boa garota, porque as expectativas depositadas nas meninas são filtradas pela hipercorreção a que as mulheres são submetidas nesses ambientes. E os meninos também não são poupados, acredite ou não. Vamos nos aprofundar nesse assunto quando falarmos sobre as causas sociais da síndrome da boa garota.

- **O sacrifício.** Em famílias muito tradicionais, a culpa geralmente anda de mãos dadas com o sacrifício. Para evitar confusão, vamos começar diferenciando esforço e sacrifício.

Sacrifício	Esforço
Deixar quem você realmente é de lado para conseguir algo.	Dar o máximo de si para alcançar algo.
Impor algo a si mesma para conseguir outra coisa, mesmo que o custo seja maior do que o benefício.	Motivação para obter algo a longo prazo, sabendo que o benefício será maior do que o custo para alcançá-lo.
Implica sofrimento. Não precisa estar vinculado a necessidades pessoais.	Não implica sofrimento, mesmo que seja disciplina, e sempre está vinculado às exigências do momento.

Há muitos ambientes em que o sacrifício é reverenciado, o que, como acabamos de ver, envolve a autoimposição de uma realidade independente de nossos desejos e necessidades, sem levar em conta o custo para nossa saúde física ou mental e, em geral, para o benefício dos outros, o que se alinha com uma das características centrais da síndrome da boa garota: colocar as necessidades dos outros acima das próprias. E aqui quero fazer um parêntesis para salientar que nem sempre é prejudicial à saúde colocar as necessidades dos outros acima das próprias. É natural que, às vezes, um pai prefira não comer para que os filhos possam comer, ou que uma pessoa não vá a um evento que realmente gostaria de ir para acompanhar um amigo que está passando por um momento difícil. Todos nós fazemos concessões em determinados momentos porque isso é natural para nós, e isso não é de todo errado, pois um relacionamento saudável também se baseia em ceder de vez em quando e fazer concessões para atender às necessidades de ambas as partes. O problema surge quando essas concessões se tornam o padrão habitual, quando fazemos sacrifícios automaticamente sem considerar sinceramente se vale a pena em todas as situações. É por isso que repito que o problema não é tanto o fato de certas famílias valorizarem o sacrifício, e sim o de transformá-lo em dogma, em um padrão imutável que deve reger a vida e a conduta de todos os membros da família, porque é nesse momento que deixamos de ser livres e colocamos de lado a possibilidade de priorizar a nós mesmos quando necessário. Por isso prefiro falar de esforço em vez de sacrifício, porque entendo o primeiro como algo necessário na vida para nos aprimorar, ajudar e cuidar dos outros ou para melhorar a nós mesmos, mas sempre cuidando de nossas necessidades, com flexibilidade e com certos limites que nos permitem não perder a nós mesmos ou nossa saúde no caminho para alcançar algo.

- **A ausência de pensamento crítico.** Presumimos que, em uma família ou ambiente dogmático, regido por verdades absolutas, que supostamente simplificam a vida e constroem um código de conduta rígido e fechado, é menos provável que o pensamento crítico esteja presente. Mas o que exatamente queremos dizer com pensamento crítico? Bem, basicamente, a capacidade de questionar as informações que recebemos, seja da mídia ou dos comentários do nosso cunhado na ceia de Natal, não com a intenção de chegar a uma verdade absoluta, mas para refletir sobre possíveis vieses, ideias preconcebidas etc. que podem ser filtrados para chegarmos às nossas próprias conclusões ou, pelo menos, não levar ao pé da letra tudo o que é dito ou incentivado, mas que pode não ser apropriado ou benéfico para você e seu contexto. Por que é tão importante incentivar e nutrir o pensamento crítico desde a infância? Entre outras coisas, para evitar a síndrome da boa garota:

◊ Porque isso nos protege da manipulação, que, como veremos a seguir, é um dos comportamentos abusivos aos quais a criança boazinha e, principalmente, a boazinha adulta estão mais expostas. Ao aprender a questionar as informações que recebe, é mais difícil para outra pessoa convencê-la de algo que seja prejudicial a você.

◊ Porque fomenta a curiosidade e a criatividade, o que permite que se tenha uma vida melhor. Muitas vezes, a boazinha tem a sensação de que sua vida é sempre a mesma, uma linha reta. Isso é muito desmotivador e está intimamente relacionado à ideia rígida de que ela tem que ser e fazer o que tem de ser feito, o que não dá margem para ela considerar outras opções, mudar de ideia, sair do papel e viver novas experiências, sentir novas emoções e, em suma, viver a vida que ela quer viver.

◊ Porque ajuda a resolver problemas. Como você sabe, uma das coisas que a boa garota mais teme é o conflito, que evita a todo custo para não se sentir abandonada ou rejeitada. O pensamento crítico ajuda você a construir seu próprio conjunto de ideias e a saber como expressá-las para poder conversar e debater com outras pessoas, que é o que mais aflige a boazinha: um debate que se transforma em uma discussão. Em outras palavras, o pensamento crítico nos ajuda a nos sentirmos capazes de enfrentar conflitos, com mais ferramentas e, portanto, com menos medo de que tudo dê "errado" de certa forma, o que é fortalecedor.

◊ Porque isso me permite ser mais independente. Se eu aprender a pensar por mim mesma e a não aceitar a primeira coisa que me dizem, sem filtrá-la, serei muito mais capaz de cuidar de mim mesma, de atender às minhas necessidades e de me desenvolver na vida sem precisar da orientação dos outros. Lembra que mencionamos a dificuldade da boa garota em tomar decisões? Bem, o pensamento crítico facilita esse processo.

Como pode ver, o pensamento crítico é uma ferramenta muito importante para evitar a síndrome da boa garota. Portanto, em famílias com ideias muito rígidas de certo e errado, é mais provável que alguns de seus membros desenvolvam essa síndrome. Felizmente, o pensamento crítico pode ser treinado e adquirido pouco a pouco, em qualquer momento da vida, e é por isso que vou explicá-lo mais a fundo na última parte do livro e isso lhe ajudará a começar a se livrar da síndrome da boa garota.

As consequências psicológicas do dogmatismo geralmente aparecem na adolescência ou na idade adulta, que é quando começamos a ter mais consciência do peso da culpa, de que nossa autoestima foi construída sobre determinados preceitos morais e um longo etc.

Por esse motivo, vamos nos aprofundar em tudo isso na próxima parte do livro, quando abordarmos seu presente como uma boa garota, mas já adianto que entre elas encontramos grande dificuldade em administrar nossas próprias emoções e o desenvolvimento de ansiedade, depressão ou somatização, que ocorrem quando o corpo começa a expressar o desconforto emocional por meio de sintomas físicos: problemas digestivos, dermatológicos, intestinais etc.

Quietinha você fica mais bonita ou assim incomoda menos? Causas sociais da síndrome da boa garota

As crenças e expectativas que nós, como sociedade, construímos sobre seus membros são outros dois ingredientes fundamentais para o surgimento da boazinha. Portanto, vamos analisar as principais causas sociais que influenciam o desenvolvimento desse padrão e que podem ser divididas em causas relacionadas a gênero e os mitos que associam bondade à submissão.

Por que existem mais "boazinhas" do que "bonzinhos"? O gênero como fator de risco para a síndrome da boa garota

Vamos explicar um pouco mais detalhadamente por que decidi falar dessa síndrome no feminino ao longo do livro e por que ela é mais prevalente em mulheres do que homens. Tudo isso está relacionado aos conceitos de masculinidade e feminilidade com os quais lidamos em nossa sociedade ou, em outras palavras, às características físicas, morais, psicológicas, atitudinais, comportamentais etc. que são socialmente relacionadas a homens e mulheres, respectivamente.

Seres humanos classificam as coisas desde o início dos tempos, porque, no nível evolutivo, um aspecto essencial para o nosso bem-estar é pertencer a um grupo e, para isso, esses grupos precisam existir, e é por isso que passamos a vida taxonomizando, ou seja, classificando tudo o que compõe a vida, a fim de sentir esse pertencimento. Classificamos de acordo com a origem geográfica, a profissão, os gostos e assim por diante. E, em geral, tendemos a criar um imaginário coletivo de características para cada um dos grupos. Você sabe, a típica bobagem de que paulistas só pensam em trabalho, cariocas são descolados e sulistas não sentem frio. Criamos estereótipos porque são atalhos para uma compreensão simples de algo tão complexo como a sociedade. E o mesmo vale para o gênero. É por isso que os conceitos de masculinidade e feminilidade são tão importantes, pois definem em termos gerais como homens e mulheres devem ser. No entanto, todos os estereótipos, inclusive os de gênero, são simplificações, atalhos, que não abordam a complexidade e a diversidade do grupo que descrevem, e essa simplificação pode acabar limitando e "forçando" os membros de um determinado grupo a se comportarem de uma determinada maneira para se adequarem ao estereótipo.

No caso do gênero, além dos homens e das mulheres, também existem pessoas não binárias, que não se identificam com nenhum dos dois gêneros clássicos, mas que também não estão livres de estereótipos, pois a sociedade tende a invisibilizar as minorias e acaba associando estereótipos de masculinidade ou feminilidade a essas pessoas, ainda que inconscientemente, com base em conclusões tiradas da forma como se mostram ao mundo.

Dito isso, o que os conceitos de feminilidade e masculinidade têm a ver com a síndrome da boa garota? A resposta está justamente em sua definição. A masculinidade sempre foi associada a características como força, racionalidade, independência, ambição, segurança, frieza, agressividade ou competitividade, enquanto a feminilidade estava ligada a outras como gentileza, submissão, fragilidade, empatia, cuidado, passividade, dependência ou vulnerabilidade. Suponho que esteja pensando: "Bem, sou mulher e não me encaixo nisso" ou "Sou um homem e não me identifico com muitas dessas características" e não é de se admirar, afinal você é uma pessoa única que não pode ser definida por um estereótipo. Mas esse é exatamente o problema: se você é uma mulher que não se encaixa na ideia de feminilidade ou se você é um homem que não se encaixa na ideia de masculinidade, será taxado de esquisito e, como evolutivamente o que queremos é pertencer ao grupo, a reação mais comum é nos esforçarmos para mudar a fim de nos tornarmos o que se espera de nós. E quanto mais os anos passam, pior fica, porque a menina que você era, que gostava de jogar futebol (um esporte considerado masculino, como quase todos são) e era chamada de "moleca", que precisava lidar com deboches por causa disso e se sentia diferente, pode se tornar uma mulher frágil que, dentro de um casal heterossexual, não se sente capaz de impor limites a um homem agressivo que, por sua vez, entende que é assim que deve ser, porque isso é masculinidade. Complicado, não é?

Deve ter reparado que todos os estereótipos ligados à feminilidade são, justamente, características da síndrome da boa garota, e é por isso que no começo do livro eu me perguntava se essa síndrome é um padrão psicológico ou um ensinamento patriarcal. O que posso lhe dizer como profissional, depois de atender muitas pacientes e pesquisar muito sobre o assunto, é que provavelmente é uma síndrome, porque nem todas as mulheres do mundo a têm, nem é exclusiva delas, embora seja muito influenciada pelo aprendizado dos estereótipos de gênero. E é por isso que ocorre mais em mulheres, mas também em homens com traços associados à feminilidade ou que foram criados em um ambiente que exigiu que cultivassem aspectos como cuidado com os outros, complacência, permissividade, gentileza, amabilidade e assim por diante.

Mas, em geral, desde a infância, entende-se que bondade é coisa de mulheres e meninas, porque são as características definidoras da feminilidade que estão associadas a essa ideia distorcida de bondade que está na raiz do sintoma com o qual estamos lidando aqui. As meninas que agem com bondade são muito mais elogiadas do que os meninos, que recebem outros preceitos, como frieza, agressividade com objetivo de proteção ou independência. É por isso que no geral eles estão "livres" dessa síndrome, embora também sejam prisioneiros de seus próprios preceitos.

É por isso que é tão importante redefinir a ideia de "bondade", que liberta todos nós, homens e mulheres, dos preceitos que recebemos na infância e que, em geral, nos obrigaram a ser quem talvez não fôssemos ou nos impediram diretamente de descobrir quem realmente éramos.

Por ser boazinha, acabo sendo feita de trouxa: foi assim que você associou a gentileza à submissão

Como pode ver, a menina que você era cresceu em um mundo em que a gentileza tinha muito a ver com a adaptação ao que se entende por feminilidade, mas o fator gênero é acompanhado por muitos outros comandos sociais que foram usados para educar, principalmente as meninas, e que assumem a forma de frases clichês ou típicas que com certeza você já ouviu e que descrevem, por um lado, o que significa ser boazinha e, por outro, que se você for, os outros vão amá-la e você terá sucesso na vida. Vejamos algumas dessas frases supostamente educativas e o que a menina que você era provavelmente aprendeu com elas.

Como você é madura para a sua idade!

Este é um clássico. Entenderia perfeitamente se, a princípio, você se perguntasse o que há de errado em ser madura, tendo em mente que, se olharmos no dicionário, maturidade implica "bom julgamento ou prudência, bom senso", algo que é claramente uma característica positiva e desejável nos seres humanos. O cerne da questão é perguntar o que é valorizado e reforçado ao elogiar a grande maturidade que alguém tem "para sua idade", ou seja, quando se diz que ela é mais madura do que se espera.

Em geral, quando essa frase é dita a uma menina, valoriza-se sua racionalidade, independência, moderação, integridade, disciplina etc. E não é que essas características sejam ruins, na medida certa são ótimas, mas o excesso de disciplina é exaustivo para uma menina, o excesso de moderação pode fazer com que ela aprenda que precisa reprimir suas emoções para ser valorizada, independência demais pode fazer com que ela aprenda que só pode contar consigo mesma para cuidar de si (em uma idade em que ainda não está pronta para fazer isso em todas as circunstâncias) ou elogios demais por sua racionalidade podem fazer com que ela aprenda a deixar de lado tudo o que implica ser uma criança, ou seja, brincar, divertir-se, cometer erros para aprender, expressar suas emoções para aprender a regulá-las, e assim por diante, e fingir ser um adulto. E as meninas que entendem que o que se espera delas é que sejam adultas perdem a única coisa de que realmente precisam para serem adultas no futuro de forma saudável: uma infância de verdade.

A síndrome da boa garota é, às vezes, o padrão que reforçamos quando dizemos a uma menina que ela é muito madura para sua idade. Não tem problema nenhum se aprender sobre maturidade na infância, desde que isso aconteça no contexto de uma educação saudável em que essas características sejam adaptadas à idade da criança e acompanhadas de mensagens como: "você também pode cometer erros, porque você é humana" e, acima de tudo: "vou continuar amando você, mesmo que você cometa erros".

Certa vez, minha paciente Iris me contou em uma consulta que sempre lhe diziam que ela era muito madura porque tinha começado a ir sozinha para a escola aos seis anos de idade e, a partir dos dez anos, a acompanhar seu irmão mais novo, a preparar seu lanche quando ele chegava em casa e, às vezes, até a dar banho nele. Ninguém na casa de Iris parecia estar ciente do fardo que isso representava para uma criança pequena e do medo que isso provocava nela. Nem mesmo a própria Iris, que entendia que era a coisa certa a fazer, ainda mais quando reiteravam sempre o quanto ela era "madura". Iris passou a infância toda com a sensação de que algo "ruim" iria acontecer, segundo ela mesma o definiu, o que nada mais é do que a consequência do estado de hiperalerta derivado de assumir responsabilidades que excedem nossos recursos cognitivos e emocionais: a sensação constante de que estamos esquecendo algo; de que temos certeza de que fizemos alguma coisa errada e seremos repreendidos; de que, se estivermos distraídos, algo terrível acontecerá etc. Esse hiperalerta foi a semente do alto nível de ansiedade que Iris acumulou, que passou toda a vida adulta como uma boazinha até começar a fazer psicoterapia.

O pior dessa frase é que ela não se limita à infância, mas tende a nos assombrar durante toda a vida, e muitas vezes deixamos de ouvi-la de nossos pais quando crianças para a ouvir de nossos namorados quando ainda somos muito jovens. Essa é a frase típica dita a meninas muito mais jovens por homens mais velhos que se relacionam com elas com a intenção de abusar do poder implícito que vem com a idade e com o fato de ser homem em uma sociedade patriarcal, para fazê-las se sentirem especiais e únicas por serem tão maduras e, assim, mantê-las idealizando-os como homens supostamente mais experientes que as notaram por serem "diferentes das demais". Esse é um mecanismo de manipulação e aliciamento muito comum em relacionamentos em que o homem é muito mais velho do que a mulher, portanto, recomendo que você considere isso como um possível sinal de alerta (embora, é claro, nem todos os relacionamentos entre homens mais velhos e mulheres mais jovens sigam essa dinâmica).

"Quietinha você fica mais bonita" ou "Que boazinha essa menina, nunca incomoda"

Embora a frase "quietinha você fica mais bonita" geralmente seja dita para meninas ou mulheres, ela me lembra muito Diego, um dos meus pacientes com a síndrome do bom garoto. Diego cresceu em uma família em que seu pai e seu único irmão tinham transtornos mentais graves, então, ele não só se sentiu bastante invisível durante a vida toda, porque sua mãe dedicava toda a sua energia a eles, mas também porque ele aprendeu desde muito jovem a cuidar dos outros antes de cuidar de si mesmo. Foi o que ele viu a vida toda, porque era o que sua mãe fazia. Uma das frases que Diego mais ouvia quando era criança, quando alguém falava com sua mãe, era: *que bonzinho seu filho, sempre tão quietinho.*

Dá para imaginar por que ele era "sempre tão quietinho"? Bem, porque ele aprendeu que tinha muitas coisas mais importantes do que ele, porque o que ele tinha a dizer quase nunca era ouvido, porque aprendeu que era importante "não incomodar" para não complicar as coisas em casa e, em resumo, porque aqueles que se sentem invisíveis geralmente acabam agindo como se fossem mesmo.

Mais uma vez, vemos como a gentileza está associada a "sumir", a não incomodar, a se diminuir, como Diego fez. É claro que a situação na casa dele era muito complicada e todos fizeram o que podiam, mas as boas intenções não evitaram que Diego desenvolvesse a síndrome do bom garoto e aprendesse que não era importante, o que o levou a ter muitos problemas na vida adulta tanto em seus relacionamentos amorosos, como a uma autoestima muito frágil que aprendeu a "reforçar" com o uso compulsivo das redes sociais, o que o fazia perder muito tempo durante o dia, a sentir muita vergonha e até mesmo culpa quando se tornava o protagonista de sua vida porque alguém lhe perguntava como estavam as coisas ou o parabenizava por uma conquista.

Essa menina tem a cabeça no lugar

Não sei se essa frase é tão conhecida quanto as anteriores, mas quis acrescentá-la porque sempre a ouvia quando era pequena e adorava ouvi-la porque me fazia sentir muito adulta. E por que eu gostava de me sentir adulta sendo criança? Por causa do que já dissemos, porque a racionalidade, a temperança e a prudência são geralmente associadas a ser "boazinha" e isso faz com que muitas meninas desejem ser consideradas "mais velhas" pelos adultos ao seu redor.

Como muitas das outras frases, essa pode ser dita de forma bem-intencionada e não precisa ter consequências negativas. O importante é estar ciente de que, às vezes, ao reforçar tanto as características relacionadas à moderação, deixa-se de reforçar outras características tão importantes quanto senão mais relacionadas à expressão: de medos, dúvidas, raiva, vergonha etc.

Muitas vezes, quando crianças, aprendemos que só podemos mostrar que sabemos tudo, que podemos fazer tudo e que sabemos fazer tudo bem-feito, por quê? Porque talvez essa seja a única coisa que nos foi reforçada. E o que isso nos ensina desde a mais tenra idade? Que é melhor não pedir ajuda, não nos mostrarmos vulneráveis, não duvidarmos e não nos darmos espaço para falar sobre como nos sentimos. E aonde isso pode nos levar? Ao fato de que, na idade adulta, muitas vezes nos forçamos a seguir caminhos que não nos satisfazem (seja em termos de trabalho, acadêmico ou nossas relações), a não ousar dar importância a nós mesmos e, portanto, a suportar sozinhos muito sofrimento que se torna cada vez maior, a reprimir emoções como a raiva, que um dia explode da pior maneira, fazendo com que nos sintamos muito culpados, a usar a rebeldia como forma de liberdade etc. Abordaremos isso com mais detalhes mais tarde.

A síndrome da boa garota às vezes surge quando não se permite que a criança não fale abertamente a respeito de certas coisas, em idades em que ela ainda está aprendendo o que é o mundo. Nós, adultos, às vezes estamos mais perdidos do que cebola em salada de frutas. Como podemos esperar que uma criança que acabou de chegar aqui saiba tudo?

Sente-se como uma mocinha

Acredito que essa é uma frase dita quase que exclusivamente para meninas e que, embora pareça inofensiva como todas as outras, esconde a raiz de um dos grandes problemas que nós, "boazinhas", temos na vida adulta: aprendemos que nosso corpo não existe só para nós mesmas, também existe para o olhar dos outros, então deve ser como os outros esperam que seja.

Sei que "sentar direito", entendido como ter as costas retas, as pernas juntas e os braços relaxados no colo, parece muito educativo e não serei eu a dizer que não é importante manter uma boa postura, porque é (e me refiro à minha dor nas costas e ao meu fisioterapeuta). Mas a frase, quer estejamos cientes disso ou não, tem um fundo muito mais profundo, e é por isso que é dita com muito mais frequência para meninas e, em geral, em contextos que dão muita importância ao que as pessoas vão dizer e à imagem que é projetada.

Através de frases como essa, a boazinha aprende que é mais importante ter uma "imagem boa" do que se sentir à vontade e confortável, e muitas vezes essas declarações se tornam a semente da culpa relacionada ao próprio corpo. Essa frase foi dita muitas vezes à minha paciente Mayra quando ela era pequena, principalmente quando ela se sentava com as pernas bem abertas enquanto usava calças. Ela se lembrou, durante a consulta, da raiva que sentia por sempre dizerem isso a ela e nunca ao seu irmão Carlos, que se sentava exatamente da mesma forma ou até com as pernas bem mais abertas. O que está por trás dessas diferenças? Bem, como pode imaginar, muito machismo; o olhar machista de uma sociedade que aprendeu que o corpo da mulher é um objeto para os outros (o nome disso é objetificação) e, para piorar, um objeto sexualizado, o que significa que há uma tendência a dar uma interpretação sexual a qualquer característica física feminina, deixando de lado a dignidade da pessoa e o fato de que somos pessoas e não "coisas".

E isso, infelizmente, começa a ser inculcado sutilmente desde a infância. Outro exemplo é a frase "Dê um beijo no tio Chico" quando a criança não quer. Não estou dizendo que não seja importante e saudável ensinar as crianças a cumprimentarem os outros como um sinal de educação e respeito, mas o problema é forçá-las a estabelecer contato físico quando a criança não quer, porque sem querer a mensagem que enviamos para elas é que não são donas de seu corpo ou de seu espaço pessoal. Uma mensagem que pode não apenas se tornar um fator da síndrome da boa garota, mas também, quando recebida repetidamente, um fator de risco para o abuso sexual infantil. E você pode estar pensando que isso não é comum o suficiente para ser mencionado aqui, mas, de acordo com o estudo mais recente da UNICEF sobre este assunto, intitulado "Hidden in Plain Sight" (Escondido bem à vista), uma em cada dez crianças no mundo já sofreu algum tipo de ato sexual forçado. Essa é uma estatística assustadora, eu sei. É exatamente por isso que a prevenção é tão importante, e não é por acaso que menciono o assunto neste livro, porque, infelizmente, crianças com a síndrome da boa garota têm muito mais probabilidade de serem abusadas sexualmente e de permanecerem em silêncio por muitos anos ou, às vezes, até mesmo por toda a vida, por causa da vergonha e culpa que sentem só de pensar em falar nisso, porque sentem que seu corpo não lhes pertence, que o que aconteceu com elas "não é tão importante", que não têm o direito de estabelecer limites para ninguém, porque têm medo do que as pessoas dirão, porque sentem que não serão protegidas pela família, já que vão preferir manter a boa imagem da família, e assim por diante. E manter em segredo um abuso sexual infantil sofrido não é apenas um fardo muito pesado, mas também impede que a vítima busque a ajuda necessária para se proteger, se ainda for capaz de fazê-lo, e para lidar com as consequências dessas experiências traumáticas.

"Como essa criança é boazinha, tão obediente" ou "Não seja mandona"

É bastante comum que, com um propósito educacional, a bondade seja associada à obediência na infância. É claro que é importante que os filhos escutem e obedeçam aos pais que, afinal, são seus guias no mundo, e assim como uma educação saudável requer muito amor e carinho com os filhos, também é necessário estabelecer limites saudáveis, que na realidade são o maior sinal de amor que existe, e não o castigo que muitos acreditam ser. Estabelecer limites saudáveis para as crianças não apenas as ensina a estar no mundo de forma saudável com elas mesmas e com os outros, mas também serve como referência para que aprendam a estabelecer os seus próprios limites e saibam que têm o direito de fazê-lo. Entretanto, como tudo o mais, os limites saudáveis devem ser bem definidos, bem transmitidos e bem direcionados, não devem ser ordens rígidas e severas, como se fossem leis a serem obedecidas, nem manipulações ou chantagens emocionais. Mais adiante, explicaremos como estabelecer limites saudáveis e analisaremos mais detalhadamente suas características.

Mas, conforme já foi dito, limites saudáveis e pensamento crítico são igualmente necessários na criação dos filhos. Portanto, crianças que ouvem com frequência frases como as do título desta seção, que basicamente ensinam que bondade é sinônimo de submissão, de não ter ideias próprias, de não estabelecer limites e de priorizar os outros como algo natural, são um terreno fértil para o desenvolvimento da síndrome da boa garota. É por isso que é tão comum, em ambientes que alimentam a síndrome da boa garota, que aquelas que tentam estabelecer limites sejam rotuladas de "mandonas" ou acusadas de ter "pavio curto".

Ouvi muito que tinha "pavio curto" quando era criança e, hoje, com a distância e o retrospecto, vejo que na maioria das vezes que me disseram isso eu estava apenas tentando me proteger da injustiça, fazer com que respeitassem meu direito de pensar por mim mesma, mesmo que estivesse errada, ou enfrentando agressões ou humilhações claras de pessoas que deveriam me educar e, de certa forma, cuidar de mim (como alguns professores, por exemplo). Tenho certeza de que muitas vezes também fui impertinente, grossa ou mandona, porque estou longe de ser perfeita; afinal, sou humana. Mas vivi por muito tempo com o fardo de pensar que não sabia controlar minha raiva ou que tinha um temperamento que às vezes era muito difícil para os outros lidarem, enquanto eu estava cercada por crianças que se comportavam assim o tempo todo sem que ninguém nunca dissesse nada a elas, porque esse era o jeito delas e era assim que tinham de ser aceitas. Hoje sei que o que aconteceu foi que esperavam que eu fosse sempre doce, gentil e amável, o que achavam que deveria ser minha tendência natural. Por isso, sempre que eu contestava uma injustiça ou até mesmo me comportava como uma pentelha, colocavam o dedo na minha cara e me culpavam por não cumprir o que se esperava de uma boazinha.

É engraçado que meninas e mulheres sejam consideradas educadas ao obedecerem a ordens, mas não a dá-las. É como se a sociedade pensasse que é impossível para as mulheres equilibrarem liderança e empatia. Quando uma mulher lidera, ela é rotulada como autoritária, e esse estereótipo, ligado à síndrome da impostora, é a razão pela qual muitas meninas têm dificuldade de acreditar em si mesmas e de tomar as medidas necessárias para ocupar cargos altos no futuro. Mas falaremos disso mais adiante.

Meninas boazinhas vão para o céu

... *as más vão à luta*. Esse é o título de um livro da psicóloga alemã Ute Ehrhardt, no qual se entende que as que vão à luta também vão para o céu. Como eu disse no início, a ideia deste livro não é que você se torne "má", e essa também não é a intenção do livro de Ute, apesar do título. No entanto, acho que o uso dessa palavra serve como um lembrete de que sempre se presumiu que há apenas dois tipos de mulheres, as boas e as más, sem nenhum meio-termo. E as boas, como você sabe, são aquelas que se adaptam ao que se espera delas e, portanto, não têm liberdade de escolherem por si mesmas. E aquelas que assumem esse papel vão para o céu, ou seja, serão recompensadas. O problema é que essa recompensa nem sempre vem, porque a vida não é justa, mesmo que gostemos de pensar que seja. E é exatamente a isso que eu estava me referindo quando, na introdução, falei sobre como talvez você esteja frustrada porque passou a vida inteira se comportando muito bem com todos, tentando ser justa e "fazer as coisas certas" e, ainda assim, não está feliz. É por causa de frases como essa que são enfiadas na nossa cabeça durante a infância na forma de crenças de base.

Essa promessa de que a bondade será recompensada nos torna mais submissas e suscetíveis a obedecer a outros preceitos que vêm da mesma pessoa e que estão relacionados à sua ideia de bondade. Ou seja, quando alguém nos diz que "meninas boazinhas vão para o céu" e também nos diz "não fale palavrão, seja boazinha", ou o típico "uma menina tão bonita dizendo coisas tão feias", fica mais provável obedecermos ao preceito para não deixarmos de ser boas e recebermos a recompensa prometida.

E qual é o preceito por trás de todas essas frases? Que as boas meninas devem ter muito autocontrole e, acima de tudo, nunca ficar com raiva (aquilo que já falamos a respeito de "ter pavio curto"). Como você sabe, um dos grandes medos das pessoas com a síndrome da boa garota é o conflito, e isso é reforçado desde a infância com esse tipo de preceito que associa expressar raiva à agressividade e à violência (quando não têm nada a ver com isso, como veremos mais adiante) e consideram os conflitos uma área de insegurança em que a "bondade" vai por água abaixo devido à falta de autocontrole.

Em suma, o que se espera das boazinhas é que façam tudo com amor, gentileza e paciência, e ninguém lhes ensina que isso não é incompatível com a imposição de limites e também com cometer erros (ser má) de vez em quando, afinal você é humana e não um robô.

"Seja boazinha e coisas boas virão" ou "Se você não for boazinha não vai ganhar presente do Papai Noel"

Essa é provavelmente uma das primeiras chantagens que recebemos na vida: *Se você quer que o Papai Noel lhe traga presentes no Natal, tem que ser boazinha.* Aí está a primeira condição de sua existência: você só conseguirá o que deseja caso se comporte bem. Mais uma vez, a mensagem não é negativa, e não estou dizendo que é um absurdo dizer isso às crianças, mas acho importante parar e pensar no que isso pode significar para elas e no que significou para você quando era pequena, pois seus pais geralmente usavam um discurso baseado na ideia de que se você fosse boazinha, coisas boas aconteceriam com você, ou que coisas boas só aconteceriam com você se você fosse boazinha, o que não é exatamente a mesma coisa.

Como dissemos ao analisar a frase anterior, é muito perigoso crescer com a crença forte e reforçada de que, se você se adaptar a ser o que se espera de você, será feliz (coisas boas acontecerão com você), porque, na realidade, e levando em conta como a bondade é entendida no contexto da boazinha, será o contrário. Essa frase vem do positivismo tóxico, que é uma corrente de pensamento que promove a generalização e o exagero de estados de espírito agradáveis e positivos em qualquer situação da vida, sem levar em conta o contexto, as circunstâncias, as capacidades, limitações pessoais etc. É uma tendência bastante perigosa, pois transmite a ideia de que tudo depende de você ("se você quiser, você pode"), o que pode gerar muita culpa e bloqueio em algumas pessoas, já que, na vida, querendo ou não, nem tudo depende de você e nem tudo é culpa sua. Alguém escolhe ficar sofrendo em um emprego precário que não lhe permite construir seu projeto de vida? Ou ficar triste quando tem uma doença horrível? Manter uma atitude positiva é muito bom e saudável, mas sempre com a dose necessária de realismo, pois, caso contrário, nos culparemos por muitas coisas que estão fora do nosso controle e nos sentiremos idiotas por não conseguirmos o que queremos, apesar de termos sido "muito bons" e de termos nos esforçado muito.

Além disso, a frase em questão também nos leva ao que em psicologia chamamos de "pensamento mágico", um fenômeno onde se estabelecem relações de causa e efeito entre duas ideias sem uma justificativa empírica. É um tipo de distorção cognitiva, ou seja, um erro no processamento de informações (falaremos disso em detalhes mais tarde, já que é importante). Exemplos de pensamento mágico são as superstições típicas de que passar embaixo da escada ou o número 13 dão azar. No entanto, o pensamento mágico também é um mecanismo de defesa psicológica: nesse caso, ele nos dá uma sensação de controle sobre algo que não temos controle (por exemplo, que coisas boas sempre acontecerão conosco). Na infância, é muito comum e não é prejudicial por si só, embora seja importante abandoná-lo à medida que envelhecemos, já que, junto de outros fatores, pode nos levar a desenvolver um transtorno obsessivo-compulsivo ou, no mínimo (e isso não é pouca coisa), a passar a vida dedicando energia para provocar uma reação de causa e efeito que provavelmente não é real (por exemplo, se eu for boazinha, coisas boas acontecerão comigo) em vez de nos dedicarmos a coisas realmente importantes (como assumir o controle do que está ao meu alcance para construir o presente que desejo e aceitar o que não está).

Além disso, como disse no início, a integração dessas ideias como verdades absolutas nos leva a aprender que só conseguiremos o que queremos se formos boazinhas com os outros. E isso seria ótimo se não fosse o fato de que, às vezes, "ser boazinha" implica, como vimos, "submeter-se" ou abrir mão de certos direitos, que nunca devem ser condicionados pela maneira como você é ou se comporta.

Quem é boazinha demais acaba sendo feita de trouxa

Até agora analisamos frases típicas que exaltam a "bondade", mas acontece que tem outra frase bem conhecida que transmite o preceito de que a bondade também deve ser limitada. Essa seria uma boa premissa, se não fosse pelo fato de que: primeiro, ela insiste em entender a bondade como submissão, do contrário, não haveria necessidade de estabelecer limites para ela; e, segundo, ela transmite a mensagem de forma bastante incorreta se a intenção for que o destinatário tenha um pouco mais de cuidado e se proteja mais.

Dizer que uma pessoa boa pode ser feita de trouxa é uma mensagem que gera muita culpa, pois afirma que a bondade dela é responsável pelo mal que recebe. Está na hora de parar com esse tipo de reprimenda. Se alguém a machuca, não é porque você é "tão boazinha que é burra", e o mesmo vale se alguém a trai, se aproveita de você etc. O problema não é você ser "boa", e sim o de alguém se aproveitar da sua bondade.

No entanto, embora concordemos que não somos culpadas por sermos machucadas, devemos ser responsáveis e nos proteger com as ferramentas que temos à nossa disposição. Por exemplo, estabelecendo limites, usando a comunicação e a escuta ativa ou cortando diretamente os vínculos. Mas é muito difícil assumir a responsabilidade quando existe um discurso que nos faz sentir "trouxas", ou seja, que não somos boas o suficiente para lidar com determinadas situações, o que ocasiona um bloqueio. As pessoas que ouvem essa frase com frequência na infância como um "ensinamento educacional" têm maior probabilidade de desenvolver a síndrome da boa garota, já que, paradoxalmente, a crença de que alguém pode ser burra por ser boazinha demais é um grande fator de risco. Por quê? Porque ela transmite uma mensagem dupla: *Eu a amo quando você é boazinha, mas se você for boazinha demais, você se torna burra, e então eu não a amo mais.* Essa dupla mensagem nos coloca em uma encruzilhada da qual geralmente "saímos" da seguinte maneira: dando prioridade ao preceito de ser boazinha e desistindo de ser inteligente. Esse processo, é claro, geralmente é inconsciente, mas é exatamente por isso que ele é muito mais profundo, porque é quase indetectável. E essa renúncia de ser (ou, melhor dizendo, essa suposição de que você é burra, mesmo que seja mentira), faz com que você experimente um fenômeno que na psicologia chamamos de desamparo aprendido.

O desamparo aprendido surge quando uma pessoa aprende que a circunstância negativa em que se encontra é inevitável e, portanto, não luta para se livrar dela, mesmo quando as circunstâncias ou até mesmo suas próprias habilidades mudam. Esse termo foi proposto pelo psicólogo Martin Seligman enquanto estudava a depressão e é muito bem explicado em uma metáfora pelo escritor e médico argentino Jorge Bucay. Vou resumir para você porque esse conceito é muito importante para entender melhor um dos principais fatores que fazem com que a síndrome da boa garota se torne crônica em nós. A metáfora que Bucay usa para explicar esse fenômeno é a do elefante acorrentado. O protagonista é um elefante que foi amarrado a uma vara fincada no chão desde o nascimento. Quando criança, a vara era muito maior do que ele e, por mais que tentasse, não conseguia se libertar. À medida que crescia e ficava mais forte, o elefante se tornava cada vez mais capaz de quebrar a vara e se libertar, o problema é que ele não o fazia. Nem sequer passava pela sua cabeça. Pois aprendeu quando era pequeno que não conseguiria sair dali e, por isso, nunca tentou mudar sua situação, mesmo quando as circunstâncias mudaram.

Algo muito parecido acontece com as boazinhas: elas aprendem certas coisas sobre si mesmas que não as empoderam nem as tornam particularmente felizes, mas como não têm recursos intelectuais ou experiências de vida sufi- cientes para desafiá-las, se tornam verdades absolutas, guias para a vida, que elas nunca mais questionam, porque aprenderam a se sentir indefesas diante delas.

E um exemplo paradigmático de tudo isso é a renúncia de ser "inteligente" de que estávamos falando. Assim, a boazinha aprende que, se realmente quiser ser boa, terá de abrir mão de coisas como ser inteligente demais, autocon- fiante demais (porque pode parecer prepotente), cuidar demais de si mesma (porque isso seria egoísmo), defender suas convicções (porque assim ela seria antipática) e assim por diante. E tudo isso a torna indefesa em uma sociedade em que uma das principais exigências para todos, mas especialmente para as mulheres, é que nada nunca é suficiente. E é assim que acabamos em um jogo em que nunca podemos vencer. Porque nunca seremos boazinhas o suficiente. Sempre iremos longe demais ou ficaremos aquém. Graças a Deus, não é tarde demais para questionarmos isso tudo, e é isso que estamos fazendo neste livro.

CAPÍTULO 3

De frente com a menina que você foi: era assim que você se sentia

Agora que já conhece todas as peças que compõem a boazinha, vamos um pouco mais fundo e tentar entrar no seu coraçãozinho, onde aquela menina que você era ainda está, porque, sim, ela nunca foi embora. Como sei disso? Porque essa criança aparece na forma de emoções, pensamentos e comportamentos que às vezes você ainda tem hoje, como adulta, e que parecem tão viscerais, incontroláveis, intensos e, às vezes, inadequados, que parecem não combinar com a versão de quem você é hoje. E é verdade que eles não fazem mais parte de sua versão atual, mas fazem parte de uma versão anterior que se tornou arraigada como uma farpa que quanto mais se esconde mais machuca.

Essa é a sua criança ferida, ou seja, todas as coisas que aconteceram na sua infância e que eram dolorosas e assustadoras demais para serem curadas na época, porque nem você nem os adultos ao seu redor tinham as ferramentas necessárias, porque você vivia com medo, porque se sentia muito sozinha etc. E essa criança ferida é a que é ativada em determinadas situações que inconscientemente a fazem lembrar dela. Por exemplo, quando alguém a critica por algo, você se sente a pior pessoa do mundo e reage com raiva, talvez porque, quando criança, quando estava construindo sua visão de si mesma, você foi muito criticada e de forma mais ou menos sutil. Esse é apenas um exemplo de como tudo o que prejudicou sua autoestima ou sua confiança no mundo e nas pessoas que se importam com você e não foram cuidadas permanecem gravadas em você, porque o que não se torna visível, não se cura e, mais tarde, faz com que você reaja impulsivamente com padrões familiares, mas não saudáveis, como a própria síndrome da boa garota.

Para irmos mais fundo nos gatilhos que você tem hoje e que perpetuam a síndrome da boa garota, é muito importante vermos como a criança que você era se sentia. Como pode imaginar, não tenho como saber exatamente como você se sentia (embora muitas pessoas ainda achem que os psicólogos podem adivinhar coisas ou ler mentes). O que eu sei, porque foi estudado, é que tudo o que vimos até agora influencia a construção da boazinha e que um sentimento subjacente comum nas meninas que desenvolvem esse padrão de comportamento é a sensação de estar desprotegida.

Como boazinha, você aprende rápido que precisa ser de uma certa maneira para ser amada e que, para ser dessa maneira, terá de "abandonar" uma grande parte de si mesma: sua espontaneidade infantil, sua inocência mais pura, a expressão de suas emoções desagradáveis, seu orgulho de fazer bem certas coisas que não são validadas em casa etc. E, é claro, deixar de lado sua essência faz com que se sinta muito insegura, porque isso implica conhecer o mundo e ser levada por ele exclusivamente pelo que os outros esperam de você e não por sua própria orientação interna inata, como sua intuição, seu temperamento, sua curiosidade etc.

É claro que, na infância, todos nós precisávamos de nossos cuidadores primários para nos ajudar a nos situar no mundo e nos sentirmos seguras, mas quando toda a nossa segurança depende apenas dos outros, o que acabamos sentindo é uma constante falta de segurança e, portanto, acabamos nos sentindo muito desprotegidas, o que, curiosamente, se manifesta mais à medida que crescemos. Por quê? Porque quanto mais autonomia é esperada de nós, mais percebemos sua ausência e, naturalmente, uma pessoa não pode construir autonomia em um contexto no qual não lhe foi permitido aprender a cuidar de si mesma. Um exemplo perfeito disso é a superproteção, que, como já lhe disse, longe de protegê-la, limita-a, pois ensina que somente os outros sabem como cuidar de você, não você mesma. Chega a ser cruel neste nível.

E como uma boazinha que se sente constantemente desprotegida sobrevive? Desenvolvendo estratégias que compensam seus sentimentos de insegurança através de ações que a fazem obter a validação dos outros. Ações que geralmente estão relacionadas ao cuidado dos outros, o que acaba colocando-a em um círculo vicioso que a distancia ainda mais de si mesma e de sua autonomia.

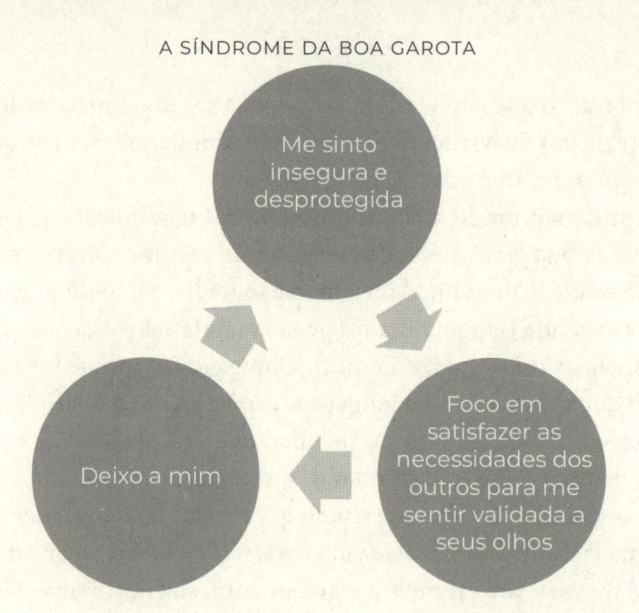

A pior parte de tudo isso é que, como pode ver, a implementação dessas estratégias envolve basicamente assumir um papel, quase sempre em um contexto de violência psicológica, porque, é claro que, não é saudável para uma criança aprender que, para sobreviver, ela deve cuidar dos outros e atender às expectativas deles.

A combinação do sentimento de desproteção, do desamparo aprendido que, como dissemos, perpetua este sentimento, e das estratégias criadas para supostamente fazer com que você se sinta mais válida, mas que a distanciaram ainda mais de si mesma, ocasionam em uma exposição acima do normal a certos problemas da infância que você pode continuar a carregar consigo quando adulta ou que podem ter marcado sua personalidade de forma significativa. E é exatamente sobre essa combinação e suas consequências que falaremos a seguir, começando pela dinâmica que certamente minou sua autoconfiança. Talvez se identifique com algumas delas e, assim, entenda melhor por que hoje é tão difícil para você acreditar e priorizar a si mesma.

Aprendeu (erroneamente) que não é um lugar seguro para si mesma

Já vimos todas as causas familiares e sociais que fazem com que você comece a se ver, a se comportar e a pensar em si mesma como uma boazinha, e que a desproteção, o desamparo aprendido e certas estratégias de validação são, em grande parte, a razão pela qual o padrão continuou durante a infância e a adolescência. Mas, como pode imaginar, a sensação de estar desprotegida, de não ser um lugar seguro para si mesma, para "habitar" a si mesma, não surge do nada, por isso vamos analisar juntas três de suas causas mais comuns.

São três os fenômenos que ainda são padrões gerais da criação que você recebeu e que a ajudam a calibrar como você deve se relacionar consigo mesma. Além disso, todos os três têm uma coisa em comum: a ensinam a viver dentro de si mesma e no mundo com medo; o medo é a força motriz por trás de cada comportamento e decisão. No entanto, apesar de terem isso em comum, são fenômenos bastante diferentes, embora tenham consequências semelhantes, portanto, é provável que você não se identifique com todos eles; talvez se identifique com apenas um, ou até mesmo com nenhum, porque na psicologia nada é uma verdade absoluta.

Nossa história é uma teia de linhas feitas com caneta hidrográfica que formam um desenho único para cada pessoa, e nem todos nós usamos as mesmas cores para fazer as mesmas linhas, mesmo que um desenho se pareça com o outro à primeira vista e a distância. Ainda assim, quero que você saiba quais são as "cores" mais usadas nos desenhos de boazinhas que inconscientemente "decidem" que sua única opção é ser, justamente, uma boazinha. Vamos dar uma olhada nelas.

Castigos

Certo tempo atrás, atendi Daniel, um homem que tinha 54 anos na época, em meu consultório. Um dia, Daniel me contou um episódio que tinha sido muito recorrente em sua infância, e também muito traumático: sempre que ele fazia algo que sua babá considerava "mal comportamento", e no caso dele esse conceito era bastante amplo, ela o trancava no guarda-roupa do seu quarto por horas a fio. Daniel passava todo esse tempo no escuro, em um lugar muito apertado, sem saber quando poderia sair. Essa situação gerou tanto pânico em Daniel que, quando ele veio para a terapia, ainda não conseguia dormir com a luz apagada, o que afetava significativamente sua qualidade de sono, nem ficar muito tempo em espaços pequenos e fechados, como elevadores, ou em espaços muito lotados, como um ônibus cheio de pessoas, o que limitava muito sua vida diária.

Esses medos de Daniel foram os que mais me chamaram a atenção no início, por serem limitantes, cotidianos e visíveis, mas logo surgiram muitos outros que eram difíceis de se ver. Uma das principais era: *ser do jeito que sou é a razão pela qual sou punido, então preciso me reprimir para me proteger e ficar seguro*. O problema é que, por mais que Daniel tentasse "reprimir" o simples fato de ser uma criança quando era criança e não fazer coisas infantis, era impossível, porque isso significava ir contra sua própria natureza, uma natureza que não se encaixava na educação rígida dada a ele por sua babá, que era sua principal cuidadora porque seus pais viajavam a trabalho com muita frequência. Assim, castigo após castigo, Daniel aprendeu a não confiar em si mesmo nem nos outros para se sentir protegido. E assim ele se tornou um adulto com um padrão de complacência em relação aos outros, que era a consequência de suas tentativas de "reprimir sua personalidade" na infância, bem como uma desconfiança em relação a si mesmo e aos outros que o fazia se perceber como "desajeitado" nas poucas vezes em que ousava ter algum contato social. Veremos mais adiante que essa sensação de ser "desajeitado socialmente" também é comum em alguns casos de síndrome da boa garota.

Castigos como uma forma recorrente de supostamente modificar o comportamento da criança de acordo com o capricho do punidor são uma má ideia se o objetivo for que a criança desenvolva comportamentos saudáveis, mas funcionam maravilhosamente bem se o que queremos é uma criança submissa, medrosa, inibida e insegura. Por esse motivo, aqueles que sofrem com isso internalizam mensagens que se tornam crenças básicas para entender a vida, como:

- Só estou seguro quando me submeto. E, às vezes, nem mesmo assim;
- O que sinto não serve para me proteger. O que funciona é obedecer aos outros;
- Não tenho o direito de me opor a comportamentos prejudiciais.

Essas crenças são as sementes que se transformarão em adultos que permanecem em relacionamentos onde são submissos (porque se sentem protegidos neles), que entendem que dependem dos outros para estarem "seguros" e que não têm ideia do que são limites saudáveis. Em resumo, pessoas que sempre se sentem desprotegidas.

Superproteção

Já mencionamos que a superproteção é um lobo em pele de cordeiro: porque parece ser uma proteção, mas, na verdade, ainda que não intencionalmente, o que faz é limitar a pessoa que a experimenta e fazê-la viver com a sensação constante de não poder fazer nada sem que outras pessoas cuidem dela. A superproteção na infância é muito comum em meninas boazinhas que aprendem com ela algumas das principais características do padrão: a dificuldade de tomar decisões, a sensação de insegurança, falta de proteção e o medo da vida no geral.

Deve estar se perguntando como poderiam tê-la protegido de forma saudável. Para mim, a chave é distinguir entre superproteção e cuidado. Uma criança que se sente cuidada sabe que os adultos a protegem, mas também que ela é capaz de fazer isso até certo ponto por conta própria e que sua capacidade aumentará conforme for crescendo. Como saber se foi superprotegida ou cuidada por seus cuidadores primários na infância e adolescência? Aqui estão algumas pistas com alguns exemplos:

Você foi superprotegida quando...	Cuidaram de você quando...
Adiantavam as coisas para você. Por exemplo, faziam a lição de casa para você.	Estavam a seu lado, por exemplo, quando se sentaram com você para entender sua lição de casa para que você pudesse fazê-la sozinha.
Falaram por você, por exemplo, quando explicaram aos outros, até mesmo a seus amigos, seu mundo interior.	Eles a ouviam, por exemplo, quando você podia falar com eles sobre seu mundo interior e sabia que prestariam atenção em você.
Não lhe davam espaço para cometer erros, por exemplo, quando decidiam por você coisas básicas para as quais você já estava preparada, como qual livro ler ou qual esporte praticar.	Aceitaram seus erros, por exemplo, quando os viram como uma oportunidade de aprenderem juntos e demonstraram que ainda a amavam apesar do erro.
Eles a proibiram de fazer as coisas das quais achavam que você tinha medo, por exemplo, quando um dia foi levada pelas ondas enquanto nadava no mar e só voltou a ir à praia muitos anos depois, ou não lhe deram a possibilidade de aprender a nadar.	Eles toleraram seu medo, por exemplo, quando se solidarizaram com seu medo das ondas, mas a acompanharam para tentar outra vez e aprender a nadar no seu próprio ritmo.
Você foi ensinada que, para ser livre, sempre precisaria deles, por exemplo, quando sentisse que não poderia tomar nenhuma boa decisão, por menor que fosse, sem passar pelo filtro deles.	Eles lhe ensinaram que você poderia ser livre, embora sempre estivessem lá para ajudá-la se você precisasse, por exemplo, quando deixavam você tomar mais e mais decisões, abertos para lhe dar conselhos e acompanhá-la, mas sem decidir por você.
Eles a poupavam de incertezas, por exemplo, quando você não sabia se gostava de uma nova atividade depois da escola que tinha acabado de começar e eles a tiravam imediatamente ou a pressionavam para que acreditasse que gostava dela com certeza.	Permitiram que você enfrentasse a incerteza com as ferramentas de que dispunha, por exemplo, quando permitiram que você refletisse com calma sobre o que não estava claro, respeitaram seu processo e transmitiram a ideia de que é normal nem sempre ver tudo claramente desde o início e que é válido mudar de ideia se você não gostar mais de algo ou se já não nos acrescenta em nada.

Dito isso, por que a superproteção lhe ensina a sentir-se desprotegida?

- Porque a superproteção não evitou que você experimentasse fracassos, nem a ensinou a lidar com eles;
- Porque a superproteção lhe ensinou que você não era capaz de fazer as coisas por conta própria e, portanto, a limitou de muitas maneiras;
- Porque a superproteção não a ensinou a decidir, e sim a viver em constante indecisão, sem nenhuma orientação;
- Porque a superproteção não fez com que você sentisse que tinha alguém com você, e sim que estava sendo controlada, o que minou sua independência;
- Porque a superproteção não foi um lugar seguro para você, e sim criou um mundo que sempre será inseguro, sem pessoas para decidirem e fazerem por você;
- Porque a superproteção não a tornou livre, e sim uma escrava do olhar dos outros.

Tudo isso lembra alguma coisa? Pois essas são características comuns da síndrome da boa garota.

Tenho um carinho especial por adultos que foram superprotegidos e vêm ao meu consultório para trabalhar comigo seus sentimentos de insegurança e constante falta de proteção, talvez porque, em geral, seus cuidadores os criaram dessa forma com a melhor das intenções. Esses pais não queriam que os filhos sofressem os mesmos medos ou adversidades que eles, tentaram poupá-los de tudo o que torna essa vida tão difícil para que eles pudessem aproveitá-la, mas, ao fazer isso, esse medo antecipado tolheu a capacidade de fruição dos filhos. É como regar demais uma planta achando que está dando muita água para que ela cresça mais, mas, no final, você a está afogando.

Abandono emocional

Suponho que seja bastante óbvio que, se as pessoas que eram responsáveis por nossos cuidados na infância nos abandonam fisicamente, saem de nossas vidas e nos deixam sozinhas quando estamos mais vulneráveis, não aprendemos a nos entir lá muito protegidas, porque a figura daquele que deveria cuidar de nós e nos proteger está literalmente ausente. O abandono físico é uma situação muito, muito traumática que pode levar a certos problemas de saúde mental ou se tornar o primeiro elo de padrões bastante disfuncionais de relacionamento consigo mesma e com os outros. Entretanto, ele não está tão intimamente relacionado à síndrome da boa garota quanto o abandono emocional.

E é curioso que cada tipo de abandono tenha consequências diferentes, não é? Por que isso acontece? Porque o abandono emocional é um trauma muito mais silencioso do que o abandono físico e, portanto, tende a ser muito mais invisível e invalidado, o que geralmente nos leva a tentar sobreviver da melhor forma possível, sem entender muito bem o que está acontecendo. Com a única certeza de que sou a única que vai cuidar de mim e de que talvez eu não seja um lugar tão seguro para mim mesma se perceber que não sei muito bem como fazer isso quando tenho certeza de que deveria saber. Essa certeza de que deveríamos saber como cuidar de nós mesmas é um dos aspectos mais comuns do abandono emocional. Como se trata de uma violência invisível e, às vezes, nem mesmo intencional, a criança que a vivencia aprende que é "normal" se sentir assim e, portanto, lidar sozinha com seus próprios problemas, mas, é claro, ela provavelmente não está preparada para saber como fazê-lo, seja neurológica, emocional ou fisicamente. Essa é a origem de sentir-se desprotegida e de achar que não é um lugar seguro para si mesma.

Já que esse padrão é invisível, como saber se você sofreu abandono emocional na infância? Aqui estão alguns dos aspectos mais comuns relacionados a ele identificados em consulta (nem todos precisam estar presentes ao mesmo tempo):

- Eles lhe proporcionaram os cuidados básicos para sua sobrevivência, alimentação, roupas, escola etc. (ou, às vezes, nem isso, o que é chamado de negligência parental), mas nunca os cuidados essenciais para sua saúde emocional, como brincar com você, ouvir o que você tem a dizer, ter novas experiências divertidas com você etc.;

- Costumavam reter o afeto como punição quando você não fazia ou não era o que eles esperavam ou queriam de você. Por exemplo, paravam de falar com você por dias se você não arrumasse o quarto, em vez de explicar por que era importante fazer isso ou estabelecer limites claros e saudáveis, com amor, verbalizando as consequências de não os seguir, para facilitar a aquisição do hábito, sem misturar a presença ou ausência do afeto deles;

- Nunca lhe foram dados limites e rotinas saudáveis nem lhe foram ensinados hábitos saudáveis. Por exemplo, você vivia em uma casa com horários de alimentação e sono muito variáveis, seguia uma dieta que não levava em conta a qualidade nutricional dos alimentos (não me refiro a não ter acesso a alimentos de melhor qualidade por causa da pobreza, e sim por preguiça), ninguém contava suas horas de sono ou deixava que você saísse e entrasse em casa quando e com quem quisesse, mesmo sendo criança demais para ter essa suposta autonomia;

- Nunca demonstraram interesse em saber quem você era. Por exemplo, nunca se sentaram para perguntar como você estava e dedicaram tempo para ouvir a resposta completa, nunca se interessaram em saber do que você gostava ou com o que se preocupava etc.;

- Não a protegiam em situações que para você eram muito assustadoras e minimizavam seu sofrimento. Por exemplo, minha paciente Priscila me contou sobre um dia que ficou gravado em sua mente quando ela tinha 7 anos de idade. No festival de seu vilarejo começaram a soltar fogos de artifício na área onde ela estava, em uma espécie de degraus muito altos dos quais não era fácil descer correndo, principalmente para uma menina de sete anos. O barulho a assustou muito e ela ficou congelada e imóvel enquanto seus amigos se afastavam. Então, o olhar de Priscila encontrou o de seu pai, que estava na pista de dança logo abaixo daquelas arquibancadas com outras pessoas, e que estava rindo de seu medo, quando ela só queria que ele viesse buscá-la e a levasse embora, porque ela estava petrificada. Finalmente, os fogos de artifício pararam e ela pôde descer as escadas. Seu pai achou a situação engraçada, "coisa de criança", um medo que não era importante o suficiente e ela estava "sendo dramática". Priscila, aos 23 anos, ainda se lembra do pânico que a paralisou e de como se sentiu desprotegida. Nesse caso, essa situação não fazia parte de um padrão geral de negligência emocional em sua família, mas conhecer o impacto emocional de uma única experiência isolada na psique nos dá uma ideia do que um padrão consistente e habitual de negligência emocional pode causar;

- Não estavam presentes em momentos importantes para você e isso faz com que você normalize a situação. Um bom exemplo é o enredo típico dos filmes americanos em que o pai nunca vai assistir à peça de teatro da escola do filho, algo que é banalizado e retratado como uma simples decepção que é rapidamente curada pelo pai no próximo jantar, que oferece ao filho um hambúrguer em um bar de beira de estrada. Mas o padrão constante de um cuidador principal que nunca está presente nos momentos importantes para seus filhos, em que eles demonstram suas habilidades, suas aspirações, seu trabalho e assim por diante, é uma dinâmica que geralmente acarreta abandono emocional, com tudo o que isso implica.

Em suma, o abandono emocional está intimamente relacionado a síndrome da boa garota porque, ao contrário do abandono físico, as figuras de referência estão presentes e, como as crianças querem ser vistas (porque, como seres humanos, sempre tendemos a fazer isso, porque precisamos), existe uma "expectativa" profundamente arraigada de que isso acontecerá se você se comportar como esperam. Ou seja, sendo boazinha.

Aprendeu (erroneamente) a ser validada pelo olhar dos outros

Como já foi falado, para sobreviver sentindo-se desprotegida, a boazinha emprega estratégias que lhe permitem criar uma falsa sensação de proteção, como uma espécie de prótese artificial que, como é de se esperar, costuma ser de má qualidade e acaba quebrando, como veremos na próxima parte do livro, quando falarmos de você agora como uma boazinha.

Através dessas estratégias inconscientes, o que a boazinha quer é ser validada: *porque se eu for validada, eles me amarão e, se me amarem, estarei segura*. E, como vimos ao falar sobre abandono emocional, as estratégias geralmente têm como objetivo ser o que os outros, ou pelo menos suas figuras de referência, esperam de você: *porque se eu for o que eles esperam, terei validade*.

Se pensarmos no assunto com atenção, a primeira coisa que nós, seres humanos, tendemos a buscar quando nos relacionamos uns com os outros é a sensação de sermos cuidados, porque, na realidade, do ponto de vista evolutivo, nos unimos uns aos outros para nossa sobrevivência: para suprir a necessidade emocional de sermos vistos, cuidados e amados, o que reforça nossa autoestima e realização pessoal (sentir que a vida tem sentido) e, por outro lado, para nos reproduzirmos, o que está mais relacionado à sobrevivência da espécie.

Portanto, as estratégias que a boazinha utiliza para ser validada têm muito a ver com ser o que se espera dela por meio do cuidado com os outros. Veremos os três principais processos que facilitam para que a criança cumpra esse objetivo, mas, antes disso, é muito importante que você saiba que nenhum deles surge do nada, e sim são provocados e reforçados diretamente pelo ambiente da criança, que se tornam "confortáveis" ou "menos desagradáveis" quando a criança desempenha o papel que esse processo exige dela e através do qual ela se valida, de modo que ela acaba "viciada" nesse papel. Como? Através da superadaptação, é claro.

E, embora pareça exagero, estamos falando de processos que são considerados violência psicológica, pois não permitem que a criança seja ela mesma ou se desenvolva de acordo com suas necessidades e capacidades. Como costumamos dizer em psicologia: "se não se pode chamar de bons-tratos então são maus-tratos", e eu acrescentaria: "mesmo que seja feito com boas intenções ou, pelo menos, se não for feito com más intenções". Vamos dar uma olhada neles.

Parentalização

Também chamado de parentificação, ou inversão de papéis, é um processo pelo qual a criança basicamente assume o papel de pai, mãe ou cuidador principal com tudo o que isso implica: assumir a responsabilidade pelo cuidado de seus pais e irmãos, se os tiver, e desenvolver uma autonomia que não está de acordo com sua idade e que também a obriga a crescer sem que ninguém atenda às suas necessidades, inclusive as mais básicas. Por esse motivo, e especialmente nos casos mais extremos, isso é considerado negligência: porque a violência psicológica não é exercida somente por meio da ação, mas também pela inação.

Infelizmente, a criança que vive nessa situação, e na qual a síndrome da boa garota está sendo forjada, com frequência, normaliza essa dinâmica porque, assim como no abandono emocional, ela não sabe fazer outra coisa e, de certa forma, pode até "gostar" de se sentir assim, porque se sente válida e forte, porque pode cuidar dos outros e de si mesma. No entanto, esse castelo de cartas desmorona quando a boazinha descobre que, apesar de assumir toda essa responsabilidade que não é dela, é assombrada pela sensação de que não está sendo vista. Esse é outro exemplo do círculo vicioso que já discutimos, em que tudo o que a criança boazinha faz para ganhar autonomia na realidade a faz perder o sentimento de autonomia real e saudável, por se tratar de uma autonomia em que tudo que faz é "para os outros", e é aí que está a armadilha.

Vejamos algumas características da parentalização que podem ajudá-la a determinar se você passou por isso:

- Precisou cuidar de seus irmãos como se fossem seus filhos, embora também fosse uma criança ou adolescente. Por exemplo, algumas de suas tarefas diárias era trocar fraldas, preparar refeições, acompanhá-los à escola ou a atividades depois da escola, fazer a lição de casa com eles e assim por diante;
- Teve de cuidar de um de seus principais cuidadores desde muito jovem, porque entendeu que ele não era capaz de cuidar de si mesmo. Por exemplo, dar banho em sua mãe com depressão, erguer seu pai que sofria com alcoolismo do chão ou, infelizmente, situações mais normalizadas, como acordar sua mãe à tarde porque ela tinha o costume de sair descontrolada para festas em qualquer dia da semana;
- Você precisava fingir que tudo estava bem, mesmo que não estivesse, porque sabia que seus pais não dariam atenção aos seus problemas. Por exemplo, você escondia o fato de que estava sofrendo bullying na escola ou que não estava conseguindo acompanhar as aulas;

- Era comum que você tivesse de mediar conflitos entre adultos ou repetidamente consolar um deles. Por exemplo, seu pai se comunicava com sua mãe por seu intermédio, porque o relacionamento deles era muito ruim, ou era você quem consolava o choro de sua mãe e a ouvia quando ela tinha problemas com seu pai ou outros parentes;

- Foi obrigada a saber e a esconder segredos de família que não estava preparada para entender nem tinha a capacidade de guardar tais informações. Por exemplo, um de seus pais lhe disse que tinha uma dívida enorme que o outro não podia descobrir, sua mãe lhe disse que tinha sido infiel com seu pai e você não podia contar a ele ou fazer nada a respeito, você sabia que seu avô tinha abusado sexualmente de sua mãe e ninguém mais sabia dessa informação etc.;

- Você aprendeu desde muito jovem a realizar muitas tarefas de autocuidado de forma independente. Por exemplo, ir ao médico ou à escola por conta própria. Ou, às vezes, essas tarefas básicas de autocuidado nem existiam, porque tudo o que você não fazia, ninguém mais fazia, e você não sabia como fazê-lo ou não sabia que era preciso.

A paternalização é um dos processos mais frequentemente reforçados pela frase "como você é maduro para a sua idade"; portanto, acho que é hora de nos perguntarmos o que chamamos de maturidade, porque, às vezes, ela nada mais é do que a sobrevivência da negligência.

Triangulação

Inês veio à clínica por vários motivos relacionados à sua ansiedade, e um deles era o relacionamento complicado que ela tinha com o pai, que gerava muita raiva e frustração. Ela não conseguia definir exatamente o que havia de errado com ele, apenas verbalizava que sempre o viu como um "inimigo", mas não sabia exatamente por quê. Explorando sua história, descobrimos que os pais de Inês discutiam muito e por qualquer coisa, que essa era a dinâmica normal do relacionamento deles, mas nunca se separaram. Aos poucos, vimos que todas as discussões tinham algo em comum: em algum momento, a mãe de Inês dizia à filha coisas como "viu como seu pai me trata mal?", "está vendo como seu pai não nos ama?", "viu como seu pai não é uma boa pessoa?", "está vendo como seu pai sempre está nem aí para nós?" e assim por diante, uma sequência de "vius?" na forma de perguntas que, se você as observar, são basicamente uma declaração que busca confirmação. Se fossem perguntas reais, seriam algo como: "O que você acha de seu pai e de mim?", "Como você se sente quando seu pai faz isso?" etc.

Entretanto, quando você é confrontada com essas declarações quando criança, e tendo em mente que você só quer ser validada aos olhos de quem olha para você, você acaba respondendo sim a tudo. Inês também o fez, e isso a forçou a considerar o pai culpado de absolutamente tudo o que acontecia, sem poder analisar se ele realmente era ou não. Na terapia, percebemos que o relacionamento de seus pais tinha muitos problemas pelos quais eles compartilhavam a responsabilidade, mas que sua mãe a colocava no meio e dava a ela um papel ativo quando os conflitos no casamento não tinham nada a ver com ela e ela nem mesmo tinha os recursos necessários para desempenhar esse papel.

O resultado? Inês foi inconscientemente forçada a tomar partido de sua mãe e a criar uma aliança com ela, o que lhe permitiu ser válida a seus olhos, mas também gerou um conflito de lealdades que só poderia ser "salvo" abrindo mão de algo tão importante quanto escolher livremente o tipo de relacionamento que queria ter com o pai. Para Inês, era importante que sua mãe a validasse, porque era com ela que passava a maior parte do tempo, a pessoa mais envolvida em sua educação e apoio emocional etc., portanto, ela era sua referência principal. E foi isso que a manteve no papel de "defensora" da mãe, porque essa aliança a fazia se sentir válida e amada. É por isso que ela não se arriscava a ser rejeitada pela mãe por apoiar o pai, porque tinha a certeza de que isso levaria à rejeição da mãe. E você sabe que boazinhas não correm o risco de serem rejeitadas.

A história de Inês é um exemplo de triangulação que, como você pode ver, é uma dinâmica relacional que surge em situações de conflito entre duas partes, quando uma delas manipula e convence uma terceira pessoa a ficar contra seu oponente, enquanto essa terceira pessoa não tem nenhum problema com ela. No exemplo, foi uma mãe que manipulou a filha para colocá-la contra o pai, mas a triangulação pode ocorrer entre três pessoas que tenham qualquer tipo de vínculo próximo entre si: um pai, um irmão e um filho ou três amigos, por exemplo. Vejamos algumas frases típicas de contextos de triangulação para que possa reconhecer essas situações:

- *Sua irmã, vou te contar, viu? Sempre me dando problema, mesmo eu fazendo tudo por ela. Vá lá, converse com ela, por favor, e veja se consegue alguma coisa.* Aqui o triângulo é formado por uma mãe e duas filhas;
- *Sua mãe já está com outro. Mesmo sabendo o quanto estou mal com isso. Ela não tem respeito por mim.* Este triângulo é formado por uma mãe e um pai, que se separaram, e sua filha;
- *Seu irmão tira notas ótimas, ao contrário de você. Deveria aprender com ele que é o orgulho da família.* Esse triângulo é formado por uma mãe e dois filhos.

Como pode ver, a triangulação é um tipo de manipulação que pode facilmente fisgar a boazinha, em primeiro lugar, porque oferece a validação de que ela tanto deseja, mesmo ao custo de abrir mão de outros vínculos, e, em segundo lugar, porque permite que ela evite o conflito direto que, de outra forma, surgiria com as pessoas envolvidas na triangulação, e já sabemos que boazinhas temem o conflito.

A triangulação incuta na boazinha as seguintes crenças de base:

- *Os conflitos das pessoas importantes para mim também são meus*, ou seja, ela aprende a assumir a responsabilidade pelas necessidades dos outros como se fossem suas;
- *É válido ser usada se isso me fizer sentir válida e amada*, ou seja, ela assume que deve ser submissa e começa a normalizar vínculos em que se expõe a ser usada.

Escondendo emoções proibidas

Esse fenômeno é diferente dos anteriores, porque não está tão intimamente ligado ao cuidado, embora tenha relação com as expectativas de seus referentes, em particular, às emoções que eles esperam de você. Sim, eu sei que não podemos escolher o que sentimos, mas há fatos que validam a presença de algumas emoções e a repressão de outras, o que envia a mensagem de que apenas algumas podem ser expressas e outras devem ser escondidas ou reprimidas. Isso gera um tumulto emocional significativo para a criança, que terá dificuldade em aprender a se relacionar com seu mundo emocional.

Conforme já mencionei, um dos grandes problemas que a boa garota tem quando adulta é que ela não sabe como administrar algumas de suas emoções, por isso tende a reprimi-las, o que é um dos atos que mais podem prejudicar nossa saúde mental (e, às vezes, nossa saúde física também). Bem, às vezes, a origem dessas dificuldades pode ser encontrada, entre outros fatores que já vimos, no fato de que as famílias têm um "filtro invisível" de emoções que permite algumas e proíbe outras. Veremos isso melhor em uma figura.

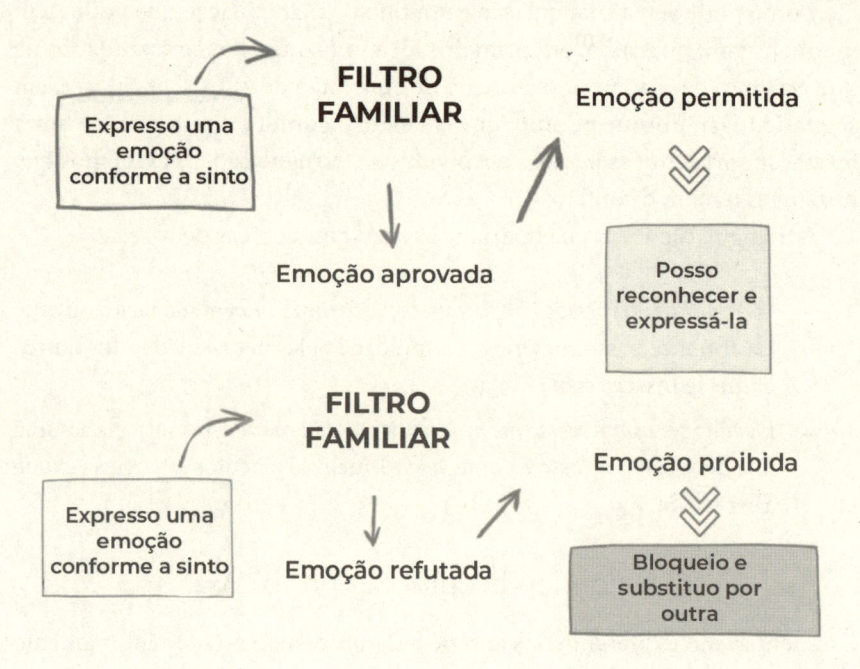

Aqui estão os exemplos mais frequentes de boazinhas no consultório que aprenderam a disfarçar suas emoções na infância para se sentirem válidas:

- Famílias que "proíbem" a alegria. Isso é comum em famílias marcadas por perdas, como morte ou problemas econômicos, com forte ênfase na máxima "o sacrifício é a coisa mais importante", onde as conquistas de qualquer membro ou boas notícias não são valorizadas e onde há uma tendência à reclamação e vitimização. Nesse contexto, as crianças aprendem que sentir e expressar alegria é estar "contra" a família, de modo que se sentem culpadas quando se conectam com esse sentimento e o vivenciam como "desrespeito" ou irresponsabilidade, já que a situação pode mudar a qualquer momento. Normalmente, nesse contexto, a alegria é reprimida ou, na melhor das hipóteses, se transforma em apatia. Mais adiante, veremos também que é muito comum que as pessoas com a síndrome da boa garota tendam a ser muito modestas e cautelosas em relação a suas conquistas e alegrias, e o problema que pode advir disso. Muitas vezes, a raiz dessa reação é a filtragem da alegria pela família desde a infância.

- Famílias que "proíbem" a raiva. Isso é comum em famílias que dão muita importância ao que as pessoas vão dizer (já falamos da exigência demasiada relacionada à imagem), que seguem o preceito implícito de que ficar com raiva é o mesmo que perder o controle, ser violento ou se expressar de forma agressiva e, em geral, também é comum em famílias em que reina a positividade tóxica (a filosofia do "sorria sempre"). O que uma criança criada em uma família assim aprende é que, se ela sentir raiva, será "excluída", porque o discurso e as reações familiares à raiva ou à fúria estão embutidos na crença de que sentir raiva é sinônimo de não ter controle ou até mesmo de ser uma pessoa ruim. Assim, a raiva acaba sendo reprimida e, quando isso não acontece, surge a culpa, o que complica ainda mais o gerenciamento emocional. Há também casos em que a raiva é substituída pela tristeza, que a criança sente ser uma emoção mais validada no ambiente familiar, ou pela vergonha, que funciona como um mecanismo de controle para não se "entregar" a um comportamento que pode ser inadequado e passar uma imagem ruim. Ambas as dinâmicas são muito limitantes para as pessoas com síndrome da boa garota que têm sérios problemas de gestão emocional.

- Famílias que "proíbem" a tristeza. Isso é muito comum em famílias profundamente enraizadas na tradição patriarcal que determina que os homens que choram são fracos e as mulheres, loucas. Em geral, nessas famílias, a tristeza está associada a não saber resolver problemas ou a ser muito vulnerável ou sensível, e é dada grande importância a ser sempre produtivo e não dar muita atenção às emoções para que elas não nos desviem do caminho que devemos seguir, que é uma das muitas dádivas de viver em uma sociedade capitalista. Além disso, como no caso anterior, essa atitude também está intimamente relacionada a famílias em que a positividade tóxica é praticada. Essa dinâmica afeta muito mais os meninos do que as meninas, porque a sociedade valida muito menos a tristeza nos meninos. Portanto, é comum que eles a disfarcem como raiva, uma emoção que é muito mais validada no gênero masculino. Entretanto, como você pode imaginar, essa dinâmica de substituição causa muitos problemas, além da repressão emocional, que é comum a todos os exemplos que vimos, porque a expressão de raiva de um bonzinho também não é muito validada. Isso acontece porque, em geral, a sociedade tem um conhecimento muito limitado a respeito de educação e gestão emocional, o que torna a socialização emocional dos homens muito prejudicial, especialmente em termos de regulação da raiva, porque o que foi sempre transmitido a eles, e até romantizado, é que eles a devem administrar de forma agressiva. Se não acredita em mim, pense em cenas de filmes ou séries em que um homem sente muita raiva, quase sempre ele a expressa na forma de bater e gritar, quebrar coisas etc. É uma forma de reforçar sua "masculinidade", de transmitir uma ideia de força, virilidade e tudo o que é considerado socialmente desejável em um homem. E isso, que não é uma maneira saudável de gerenciar a raiva, também não é um comportamento masculino inerente, e sim um aprendizado social. Nesse contexto, o bonzinho fica em uma encruzilhada porque não pode expressar sua tristeza, porque é um menino, mas, por ser "bonzinho", também não pode substituir o sentimento pela raiva, que é socialmente validada em seu caso. O resultado disso é um bloqueio emocional que, muitas vezes, é acompanhado de desamparo aprendido. Ao falar desta dinâmica, não posso deixar de lembrar que o número de suicídios de homens é muito alto em comparação com o de mulheres. Essa diferença, de acordo com estudos, pode estar relacionado ao fato de homens usarem métodos mais letais. No entanto, levando em conta que o suicídio nunca tem um único motivo, sempre me pergunto qual é o peso desse contexto de que estamos falando neste fenômeno. Até que ponto o fato de estar sujeito a tantas exigências que os impedem de se expressar emocionalmente ou de pedir ajuda pode deteriorar a saúde mental dos homens? Sinceramente, esse poderia ser o tema de outro livro, mas não quis deixar de mencioná-lo neste momento, porque acho que é uma reflexão muito importante já que, segundo a OMS (Organização Mundial da Saúde), o Brasil é o oitavo país com maiores taxas de suicídio do mundo. Voltando à "proibição da tristeza", algo um pouco diferente acontece com as meninas. Para elas, a tristeza não é tão invalidada, já que invoca uma suposta fraqueza (porque, infelizmente, você sabe que esse é considerado um traço de "feminilidade"), mas na verdade é um possível desequilíbrio mental, que acarreta não saber aproveitar a vida, e assim por diante. Assim, a boazinha aprende mais uma vez que, para ser o que se espera dela, ou seja, correta, adequada e sã, ela deve reprimir sua tristeza ou transformá-la em outra coisa, que geralmente é uma apatia geral, muito bem disfarçada pelos sorrisos contidos e educados que geralmente são esperados dela.

Como pode ver, o filtro familiar de emoções também pressiona a boazinha a se sentir válida vivendo de uma forma que, paradoxalmente, faz com que ela se sinta mais insegura a cada dia, mas também mais protegida, porque está atendendo às expectativas dos outros. E é exatamente essa dinâmica que ela acabará levando para o restante de seus relacionamentos à medida que cresce, sejam relacionamentos amorosos ou amizades. Essa é a síndrome da boa garota: uma prisão que às vezes percebemos erroneamente como uma saída.

Essas foram as feridas da infância que a marcaram

Estamos prestes a terminar a jornada para conhecer a boazinha que você foi. Agora só precisamos ver o que aconteceu com esse emaranhado todo de crenças, sentimentos, defesas etc., que a moldaram como uma boazinha. Essa parte é muito importante porque pode permitir que você reconheça alguns dos problemas ou situações difíceis que vivenciou na infância e entenda como eles influenciam quem você é e como se comporta hoje, bem como os problemas que você tem, que serão abordados na próxima parte do livro. Então, vamos falar das feridas mais comuns vivenciadas por aquelas que cresceram como boazinhas na infância e adolescência.

Ferida do abandono

No meu livro anterior, *Que sea amor del bueno* (Que seja um amor dos bons), discuto a fundo as cinco feridas emocionais propostas por Lise Bourbeau: abandono, rejeição, injustiça, humilhação e traição. Como não quero me repetir, desta vez tratarei apenas das que tem maior relação com a síndrome da boa garota, portanto, se estiver interessada no assunto e quiser se aprofundar nele, recomendo que dê uma olhada no livro.

Uma ferida emocional na infância pode ser comparada a uma lesão física grave. Deixe-me explicar: imagine que você tenha um ferimento grave e muito profundo na perna. Se não for tratado, é provável que o impeça de andar ou de se movimentar normalmente, que infeccione ou algo pior. No entanto, com os cuidados necessários, provavelmente vai fechar e até pode deixar uma cicatriz que a lembrará do que aconteceu e cuja pele pode ficar mais sensível, mas não restringirá mais a sua vida. Algo parecido acontece com as feridas emocionais, que são um tipo de lesão na nossa maneira de sentir, de nos relacionarmos com nós mesmas e com os outros, de lidar com o que acontece conosco etc., causada por situações traumáticas específicas ou, mais comumente, por padrões disfuncionais que vivenciamos constantemente ao longo do tempo. E o que acontece se não forem tratadas? Bem, assim como as físicas, limitam nossa existência. Por outro lado, se forem cuidadas e tratadas, o que elas deixam é uma "cicatriz emocional", o que significa que nosso cérebro sempre se lembrará da ferida e terá uma certa tendência a reagir a situações semelhantes levando-a em consideração. Felizmente, as ferramentas fornecidas pelo tratamento nos permitem estar cientes dessa reação cerebral e agir de forma diferente para obter resultados diferentes. Falaremos disso mais a fundo quando a analisarmos juntas enquanto adulta.

A primeira coisa que precisamos saber para tratar uma ferida é que ela está lá e, como você sabe, as feridas emocionais não são visíveis, mas podem ser vistas em nosso comportamento e na maneira como compreendemos a realidade. O problema é que, às vezes, esses comportamentos e percepções são tão normalizados para nossa sobrevivência que não os consideramos um problema ou uma ferida. Uma ferida muito comum em pessoas com síndrome da boa garota é a ferida do abandono.

A ferida do abandono é o resultado de ter sofrido abandono físico ou emocional. Isso faz com que nos vejamos como pessoas potencialmente "abandonáveis" e ajamos de acordo com essa crença, o que acaba levando ao abandono que tanto tememos (profecia autorrealizável) ou a uma fuga para evitar correr riscos. O resultado é uma grande sensação de solidão, insegurança e a crença de que não somos suficientes para os outros.

Ferida da rejeição

Como sabe, a boa garota se desenvolve com a crença central de que não deve ser ela mesma, mas sim quem os outros esperam, e isso ocorre justamente porque ela sente que mostrar sua espontaneidade, autenticidade, impropriedade e outras características que não se encaixam na definição restrita do que é uma boazinha gerará rejeição por parte dos outros, que não gostarão dela. Essa dinâmica começa na família imediata, mas se torna uma ferida justamente porque, inconscientemente, a boazinha estende essa crença a todos os outros vínculos que cria ao longo dos anos e se acostuma a se relacionar com os outros com a certeza interna antecipada de que em algum momento será rejeitada.

Essa ferida está muito presente, especialmente nas boazinhas crianças que, em algum momento, resistiram ativamente a serem boazinhas, seja porque tinham um temperamento mais forte ou porque se sentiam as rebeldes da família e esse papel também as fazia se sentirem "fortes" por irem contra o que lhe era estipulado etc. Nesses casos, as meninas recebem um preceito ainda mais claro de que, por serem como são, não são aceitas ou, pelo menos, reconhecidas na família. E é muito difícil para as crianças se desenvolverem sabendo que aqueles que são seus guias e meios de sustento e sobrevivência não as aceitam, e essa circunstância é o melhor terreno para a superadaptação que já discutimos. No entanto, a superadaptação deixa uma certa "ressaca mental" na forma de uma vozinha que a lembra, lá no fundo da sua cabeça, de que você é defeituosa ou insuficiente, pois se quiser ser aceita, não pode ser como seria naturalmente.

Outros fatores que influenciam o desenvolvimento dessa ferida são:

- Você foi silenciada ou envergonhada com frequência quando se comportou "naturalmente";

- Foi muito comparada com seus irmãos e sempre perdia;

- Você é uma criança fruto de uma gravidez não planejada ou não desejada, ou seu sexo biológico não corresponde ao que seus pais esperavam ou queriam;

- Você nasceu após a morte de alguém muito importante para a família e foi inconscientemente internalizado que você veio para "substituir" essa pessoa (você nunca foi suficiente, obviamente, porque não era essa outra pessoa).

Ferida da injustiça

Essa talvez seja uma das feridas mais difíceis de detectar se você tiver a síndrome da boa garota, porque ela se origina de várias das emoções que você pode ter sido "proibida" de sentir. Porque, embora agora saibamos que parecer ser o que os outros esperavam que você fosse a protegesse de certa forma, isso também pode gerar muita raiva, frustração e impotência que você provavelmente foi forçada a reprimir desde muito nova para continuar se encaixando.

Também é provável que essa situação a tenha deixado com um profundo sentimento de injustiça que, mais tarde, a levará a ter uma grande necessidade de controlar tudo ao seu redor para não sentir o que sentiu e, de certa forma, ainda sente, mesmo que o mantenha bem escondido debaixo do tapete. Porque o gosto residual deixado pela ferida da injustiça é a sensação constante de não ser apreciada ou respeitada como merece e, como acontece com todas as feridas, isso não se limita ao local onde se originou, mas geralmente é levado para os outros vínculos, de modo que, quando adulta, você tende a sentir com muita frequência que não é apreciada ou respeitada como merece, tenderá a sentir com muita frequência que não está sendo amada como merece, mas, ao mesmo tempo, não terá a iniciativa de fazer e desfazer seus vínculos, porque sua autoestima estará bastante abalada por seus outros aprendizados a respeito de como você é supostamente defeituosa e insuficiente.

Assim, principalmente a partir da adolescência, você viverá com uma raiva contida que a fará oscilar entre o sentimento de que é injusto não ser valorizada como merece e a crença de que você, na verdade, também não merece nada, porque não é suficiente. Como pode ver, esse é um mecanismo bastante complexo, a respeito do qual falarei com mais calma quando analisarmos qual a relação da boazinha com a raiva.

Quais são os fatores que tendem a influenciar você a abrir uma ferida de injustiça? Vamos dar uma olhada neles:

- Ter crescido com uma figura de referência muito autoritária e rígida;

- Exigiram demais de você desde o início de sua vida e com pouquíssima flexibilidade;

- Você recebeu ordens familiares muito claras e contundentes;

- Seus cuidadores primários se relacionaram muito com você através do controle, que você entendeu como afeto: *Se vocês são tão atenciosos comigo, significa que se importam com minha vida e, portanto, me amam;*

- Teve o sentimento de que, independentemente do que fizesse, nunca alcançaria os altos padrões impostos pelos seus pais;

- Teve o sentimento de que nunca poderia ser realmente uma criança, devido ao nível de "perfeição" exigido de você, que incluía se comportar quase como um adulto;

- Sempre teve a sensação de que não tinha o direito de errar e que todo erro, por menor que fosse, era altamente repreendido pelas pessoas ao seu redor.

Abusos

Felizmente, essa ferida não ocorre em todos os casos da síndrome da boa garota, mas acho muito importante falar dela com você porque, se a reconhecer em sua história, isso a ajudará a entender a si mesma e, se tiver filhos, entenderá até que ponto a internalização do padrão de "boazinha" os expõe e os deixa desprotegidos contra certos tipos de abuso, como bullying, abuso sexual, relacionamentos abusivos entre colegas na escola e, principalmente, no ensino médio etc.

Dito isso, não estou dizendo que a síndrome da boa garota seja a causa do abuso, é claro, como já dissemos, os culpados são os abusadores, mas é verdade que é uma condição que nos deixa muito mais vulneráveis a determinadas situações, devido ao componente de indefesa, que nos deixa praticamente sem ferramentas para nos proteger ou para sair de algumas dessas situações com mais facilidade.

Para ilustrar esse ponto, gostaria de contar minha própria experiência, quando eu tinha cerca de dez anos de idade. Naquela época, eu era uma criança, mas meu corpo já havia começado a se desenvolver, então vivenciei o que tantas outras meninas vivenciam quando se aproximam da adolescência ou da pré-adolescência em uma sociedade essencialmente machista: outras pessoas começaram a sexualizar e a objetificar meu corpo por meio de comentários inadequados e supostos elogios sobre certas partes do meu corpo e até mesmo atos como levantar minha saia ou puxar para cima o top que eu usava sob a camiseta. Isso, que já aconteceu com muitas ou quase todas nós, no meu caso começou um pouco mais cedo do que o normal devido ao meu desenvolvimento físico um tanto precoce.

O fato é que, bem na calçada em frente à minha escola, tinha uma marquise de pedra muito grande e qual não foi minha surpresa quando, um dia, ao sair da aula, encontrei a marquise toda pichada com várias inscrições de "Marta puta", "Marta vagabunda" e outros insultos sobre algumas partes do meu corpo. Eu sabia que estavam falando de mim porque a pichação incluía meu sobrenome e porque o garoto que tinha feito isso apareceu, rindo da minha cara de espanto absoluto quando vi. Nunca soube por que ele fez isso ou em que horário, mas também nunca perguntei. Infelizmente, tinha a certeza de que isso era algo que poderia acontecer com meninas e mulheres, que não era nada legal, mas que o mundo era assim.

Embora eu não tenha pensado nos motivos, fui tomada por uma raiva enorme que nunca tinha sentido antes e, em um acesso de "loucura" (ou autoproteção), tirei minhas canetas da mochila e comecei a riscar os insultos porque estava envergonhada, porque tinha medo de que isso me definisse e não queria que ninguém mais visse, porque eu era uma "boazinha" e boazinhas não acabam com seus nomes atrelados a palavrões escritos em marquises.

O que aconteceu depois? A polícia que fazia a ronda na área da escola foi me dar uma bronca e me obrigou a ir, no dia seguinte, que era sábado, apagar tudo. Eu. É claro que minha reação não foi a mais cívica do mundo e todos nós sabemos que não se deve "vandalizar" o mobiliário urbano, mas hoje em dia reviro os olhos ao pensar que o policial nem sequer se preocupou com o que estava escrito embaixo do que eu estava claramente riscando.

Para piorar a situação, quando meus pais descobriram o que aconteceu, me colocaram de castigo, fiquei o fim de semana todo sem sair de casa (o que era uma grande coisa já que meus pais não costumavam me colocar de castigo) e várias das minhas amigas de turma (a quem sou eternamente grata) acabaram me ajudando a limpar os escritos riscados, o que me fez sentir mais culpada ainda. Ninguém nunca mais falou no assunto, ninguém nunca disse nada ao menino e nenhum professor investigou o que tinha acontecido, porque aconteceu fora da escola. Por outro lado, tive que ouvir por vários dias, e de muitas pessoas, como uma menina tão boazinha e educada como eu tinha começado a pichar a marquise e como era possível que, sendo eu tão nova, já estivesse sendo chamada de vagabunda. Logo para mim, que, além de ser uma menina "muito boazinha", era filha de uma das professoras da escola, o que sempre me colocou ainda mais em evidência como alguém que tinha de ser muito certinha e dar um bom exemplo.

Onde quero chegar ao contar essa história, fora o desabafo? Mostrar que viver com a síndrome da boa garota ou acreditar que os outros esperam que você seja uma boa menina faz com que você sinta que, quando tenta se proteger, está fazendo algo errado e, portanto, não está sendo a boazinha que esperam que seja. É claro que, no meu caso, talvez eu não tenha escolhido a melhor maneira de me proteger, porque agi de forma muito impulsiva, movida pela raiva, mas me disseram que eu tinha agido de forma errada e fui punida por isso, enquanto não disseram absolutamente nada para o menino que escreveu tudo aquilo sobre mim. A ponto de eu me sentir a única culpada por toda a situação e sentir muita vergonha nos dias que se seguiram, pois senti que tinha falhado comigo mesma, com meus professores, meus pais e até com a polícia, que, como pode ver, se importaram muito com esse episódio.

Ter síndrome da boa garota a deixa muito mais desprotegida contra muitos abusos, porque:

- Muitas vezes, eles são normalizados. Os outros podem cometer erros (e as meninas podem justificar o abuso como um "erro"), só que você não, nem mesmo para se proteger;

- Aconteça o que acontecer, se fizerem algo ruim com você, a culpa será sua por não ser "boazinha" o suficiente. Talvez você não tenha sabido se proteger bem (embora, quando tente, isso também seja invalidado), talvez digam que deveria ter se comportado como uma pessoa madura e não ter dado tanta importância a determinadas situações etc.;

- Porque não é válido para uma boazinha estabelecer limites. Como já vimos, quando uma boazinha impõe limites é considerado falta de empatia, indelicadeza, falta de respeito, petulância, egoísmo etc.

A eterna disputa entre passividade e rebeldia

Como pode ver, algumas das feridas que a boazinha carrega começam a se manifestar na pré-adolescência ou na adolescência, e o mesmo acontece com o que vou lhe contar agora.

Já sabe que se tem uma coisa que as crianças que desenvolvem a síndrome da boa garota aprendem é a serem passivas. Essa passividade é resultado da sensação de falta de proteção, desamparo e de todos os preceitos que precisam seguir para se sentirem amadas: ser complacentes, acenar com a cabeça, sorrir, não impor limites, aceitar, ficar caladas etc. Nesse contexto, o que geralmente acontece quando essas crianças entram na adolescência? A adolescência é uma fase vital em que todos nós, em maior ou menor grau, nos conectamos com a rebeldia, que é um processo completamente natural e biológico de aquisição de autonomia e busca de identidade, durante o qual é comum expressar opiniões muito mais radicais, mudar nossos gostos em relação à moda e nos envolver profundamente com eles, nos tornarmos mais rabugentos com nossos pais e abrir mais espaço em nossas vidas para as amizades.

As pessoas que cresceram desenvolvendo a síndrome da boa garota têm uma necessidade ainda maior de autonomia e identidade do que os outros adolescentes, porque foram limitadas por preceitos rígidos de quem deveriam ser. No entanto, não fazem ideia de como alcançar esses objetivos, porque nunca receberam a mensagem de que podem ser quem são ou sequer consideraram essa possibilidade. Essa rigidez é acompanhada por anos de raiva reprimida para se tornarem pessoas excessivamente adaptadas às expectativas de seu ambiente. E essa raiva reprimida, aliada à necessidade natural do adolescente de "se encontrar", irrompe na forma de uma rebeldia muito peculiar, porque, embora essa atitude não seja geralmente validada, é menos ainda quando é expressa por uma boazinha e, portanto, muitas vezes cria muitos conflitos em casa, colocando em risco o frágil e volátil senso de segurança da boazinha e sua confiança de que é amada e validada pelos outros. Assim, adolescentes com a síndrome da boa garota muitas vezes ficam constantemente divididas entre a rebeldia e a passividade, com todo o ônus emocional e cognitivo que isso acarreta (por um lado, elas tentam evitar o conflito, mas, por outro, precisam se expor a ele) e o resultado paradoxal de que essa dinâmica só aumenta a sensação de inadequação e de serem defeituosas, porque as adolescentes começam a sentir que estão ficando "loucas". Você já se sentiu "desequilibrada" na adolescência quando estava tentando dar o seu melhor? Talvez seja esse o motivo.

Incluí esse padrão na seção de feridas emocionais porque, em geral, nas pessoas com síndrome da boa garota, essa dicotomia acaba se estendendo muito além da adolescência. O motivo é que esses adolescentes não adquirem novas ferramentas para administrar a raiva reprimida, apenas a acumulam toda vez que entendem que, se quiserem se sentir válidos, terão de continuar a se superadaptar. E isso, na vida adulta, continua a gerar problemas, que veremos na próxima parte do livro. Um deles é que associam rebeldia com liberdade. Em outras palavras, a boazinha descobre que a única maneira de ser "livre" é se rebelar e, logicamente, essa rebeldia tem um preço muito alto: falhar com os preceitos que lhe deram uma sensação de (falsa) segurança e (falsa) proteção durante toda a infância e passar a gerar conflitos. Assim, o que geralmente acontece é que elas acabam entendendo que a liberdade "não vale tanto a pena", o que, por sua vez, gera um sentimento de desamparo ainda maior.

Como resolvemos isso? Abrimos mão da liberdade? Pelo contrário. Na verdade, este livro foi criado justamente para que você aprenda a ser livre e, para isso, devemos começar diferenciando rebeldia de liberdade, afinal, embora pareçam a mesma coisa, uma não têm nada a ver com a outra. O quadro a seguir explica a diferença entre as duas. Entender isso nos ajudará a embarcar em uma nova etapa desta jornada que estamos fazendo juntas.

Rebeldia	Liberdade
Ser rebelde é fazer exatamente o contrário do que se espera de você.	Ser livre é fazer o que se espera de você, seja o contrário ou algo completamente diferente, dependendo de suas necessidades e do contexto.
A rebeldia nos condiciona, porque a decisão de sempre fazer o contrário, sistematicamente, não é uma decisão livre.	A liberdade não a condiciona porque a decisão sempre leva em conta suas necessidades específicas em um determinado momento.

Abraçando sua criança interior: o que você diria para a criança que você foi?

Para ajudá-la a personalizar ainda mais essa experiência juntas, quero pedir que faça esta atividade para se conectar ainda mais com a criança que já foi um dia. Tudo o que você precisa é de uma caneta ou lápis e papel. Quando terminar a atividade, guarde em um local à vista, vamos voltar a ela e a completaremos mais tarde.

1. Descreva, do seu jeito e de forma resumida, as ideias deste capítulo com as quais você mais se identificou e porque sente que elas estiveram presentes em sua infância.

Por exemplo: *Na minha infância, aprendi que só poderia me sentir válida quando tirasse boas notas, porque na minha casa existia uma exigência exagerada associada a isso.*

2. Pegue cada uma das ideias que você escreveu no ponto anterior e escreva ao lado dela o que você acha que a criança que teve essas experiências tinha direito de ter. Por exemplo: *Hoje sei que a criança que eu era tinha o direito de dedicar sua energia a muitas outras coisas além do desempenho acadêmico, e isso era válido independentemente dos resultados que eu obtivesse nos estudos. Eu tinha o direito de brincar, de cometer erros, de me divertir etc.*

A ideia dessa atividade é que você identifique seus padrões e saiba o que perdeu para poder passar para a próxima parte do livro, onde entenderá muito melhor o seu presente: sua apatia, seu medo, sua culpa, a sensação de que as coisas boas nunca duram, seu padrão de relacionamentos insatisfatórios etc.

PARTE 3

DECIFRANDO SEU PRESENTE

Sua vida de "sente-se igual uma mocinha" até "sua casa está um brinco"

Depois de conhecer a criança que você foi, nossa próxima parada é o seu hoje, sua realidade, a vida consigo mesma como adulta. Como já sabe, a menina que você foi passou pela adolescência sentindo-se muito desprotegida e indefesa e carregando isso na sua bagagem, buscando segurança de muitas formas que, em geral, não eram as mais saudáveis do mundo, primeiro no ambiente familiar e, mais tarde, com as amizades e com os primeiros casos afetivo-sexuais.

E, de repente, está na idade adulta, com todo o turbilhão que vem com as responsabilidades que você enfrenta nessa fase, a quantidade de decisões que a vida exige de você e para as quais pode não ter mais ninguém para ajudá-la, com todas as pessoas que agora exigem ainda mais cuidado (porque você agora é adulta) e com todas as feridas na sua bagagem emocional, das quais pode não ter se dado conta antes, mas depois de ler as duas primeiras partes do livro, talvez estejam mais claras. E aqui está você, nesse emaranhado, com a sensação de estar sozinha diante do "perigo" (para a boazinha, perigo é tudo o que ela não pode controlar e, na idade adulta, existem muitas coisas fora de seu controle) e muitas perguntas para as quais você ainda não tem respostas. Mas é por isso que estamos aqui, para esclarecer todo o caos interno que resulta de ser uma boazinha com a vida inteira pela frente, sem saber por onde começar e cercada por vozes que a enchem de conselhos: da sociedade, de pessoas próximas e de seu próprio eu interior, com base em suas experiências e inseguranças.

A boa garota que você era agora precisa ser uma supermulher, porque as demandas internas e externas aumentam com a idade e, para dar conta de tudo, é normal que a boazinha se desdobre em muitas outras que a habitam e tentam atingir seu objetivo: conseguir se sentir um pouco protegida.

O que quero dizer com se desdobrar? Bem, existem várias dinâmicas que venho identificando nos meus anos de consulta e estudo sobre esse assunto, para as quais criei minha própria classificação que, acredito, ilustre as diferentes facetas das pessoas com a síndrome da boa garota e reflete seu *modus operandi* para obterem a sensação de proteção que lhes falta e, assim, se sentirem validadas. Poderíamos dizer que essas facetas são as partes de você nas quais se materializam todo o seu esforço na infância e na adolescência para ir em busca de proteção e que, como você sabe, não foram as atitudes mais saudáveis do mundo, afinal, longe de libertá-la da síndrome da boa garota, a prendem ainda mais a ela.

Meu intuito ao criar essa classificação é que sirva como um guia para que você entenda quais facetas tem mais desenvolvidas, a que tipo de problemas isso a expõe no momento e, na última parte do livro, quais soluções precisa colocar em prática. É importante saber que, em geral, todas as pessoas com a síndrome da boa garota têm todas ou várias das facetas a respeito das quais falaremos a seguir, embora sempre haja algumas mais pronunciadas, enquanto outras podem não existir. Pense nisso também quando estiver lendo sobre elas.

Como me proteger da vida: as seis boazinhas dentro de você e suas armadilhas

Já sabemos que a sociedade reforça a síndrome da boa garota (todos gostam de você quando você é "boazinha") e que esse é um dos motivos pelos quais ela é perpetuada na vida adulta. Mas isso também acontece porque, inconscientemente, esse é o padrão ao qual você recorre para se proteger das feridas profundas da rejeição ou do abandono e das exigências de responsabilidade e cuidado na vida adulta. Entretanto, a síndrome da boa garota é como viver dentro de uma bolha em que, supostamente, nada de ruim acontece, mas também não acontece nada de bom.

Como já mencionei, as diferentes facetas que habitam em você e que contribuem e reforçam a síndrome da boa garota são diferenciadas e caracterizadas de acordo com o lugar onde buscam proteção. Esses são os lugares que você "frequenta" excessivamente, que a fazem negligenciar o resto da sua vida e que a tornam dependente de certas dinâmicas para se sentir válida, criando assim, mais uma vez, um ciclo doentio de dependência que gera ainda mais insegurança e danifica ainda mais a sua autoestima. Vamos analisar todas as boazinhas que existem dentro de você, onde elas buscam proteção e qual armadilha mental reforça a dinâmica delas. Por armadilhas mentais me refiro às crenças de base de acordo com as quais você age para se proteger e que considera verdades absolutas que a guiam, mesmo que inconscientemente. Aqui estão as seis facetas da síndrome da boa garota segundo minha experiência e estudo.

A cuidadora

Como ela tenta se proteger? → **Dando** e **doando-se** aos outros.

Qual é sua armadilha mental? → *Se eu der o meu melhor, também receberei o melhor.*

A cuidadora tenta se proteger agradando aos outros e colocando as necessidades deles à frente das suas, para se sentir vista e amada por eles e, portanto, válida.

Quais problemas essa parte cria para você?

- Faz com que você se esqueça de si mesma e de seu autocuidado;
- A leva para relacionamentos desequilibrados em que você tende a assumir o papel de salvadora;
- Faz com que seja valorizada única e exclusivamente pelo que você dá; isso a obriga a estar sempre disponível para os outros, o que é exaustivo em todos os aspectos e faz com que sua autoestima fique por um fio, pois depende do olhar dos outros;
- Faz com que você se concentre mais em suas "obrigações" do que em seus "desejos".

Tende a ocupar muito espaço na cabeça das boazinhas que:

- Cresceram em um ambiente de exigência demais correlacionada ao valor;
- Tiveram como referências pessoas que cuidavam muito dos outros;
- Têm principalmente feridas de abandono e rejeição;
- Foram parentalizadas.

A policiadora de si mesma

Como ela tenta se proteger? → **Disciplinando** a si mesma.

Qual é sua armadilha mental? → *Se eu for disciplinada, serei minha melhor versão.*

A policiadora de si mesma tenta se proteger através de autocríticas severas, que inconscientemente considera necessárias para trazer à tona a melhor versão de si mesma por meio de punição e julgamentos severos.

Quais problemas essa parte cria para você?

- Impõe a você uma autoexigência e perfeccionismo sufocantes;
- Estabelece um diálogo interno muito negativo;
- Gera insatisfação constante;
- Gera ansiedade e culpa.

Tende a ocupar muito espaço na cabeça das boazinhas que:

- Cresceram em um ambiente de exigência demasiada e correlacionada à imagem;
- Tiveram como referência pessoas muito exigentes e críticas;
- Têm principalmente feridas de abandono, rejeição e injustiça;
- Foram frequentemente trianguladas.

A ingênua

Como ela tenta se proteger? → **Infantilizando** a si mesma.
Qual é sua armadilha mental? → *Se eu me mostrar frágil, os outros cuidarão de mim.*

A ingênua tenta se proteger fazendo com que se sinta incapaz, boba, indefesa, inocente ou despreparada. Isso faz com que você assuma um certo papel de vítima de suas próprias circunstâncias, o que a faz confiar nos outros para "orientá-la", além de fazer com que você se sinta protegida e mais segura.

Quais problemas essa parte cria para você?

- A deixa mais desamparada e insegura;
- A deixa mais exposta à manipulação e a relacionamentos abusivos;
- Ocasiona síndrome da impostora;
- Dificulta muito sua autonomia.

Tende a ocupar muito espaço na cabeça das boazinhas que:

- Cresceram em um ambiente em que segurança, estabilidade, coisas inequívocas etc., eram muito importantes;

- Tiveram pessoas passivas ou que precisavam de muita validação dos outros como referência;
- Têm principalmente feridas de abandono e, às vezes, por experiências abusivas anteriores (por exemplo, bullying);
- Foram superprotegidas.

A moralista

Como ela tenta se proteger? → Pelo **controle**.

Qual é sua armadilha mental? → *Se tudo que eu fizer for bem feito, tudo ficará bem para mim.*

A moralista tenta se proteger assumindo o controle, seguindo um conjunto de diretrizes ou crenças rígidas sobre o que é certo e o que é errado, abrindo mão da espontaneidade, da despreocupação e do prazer, em troca da garantia de que a vida é justa e a recompensará por ser boa.

Quais problemas essa parte cria para você?

- Deixa você rígida, perfeccionista e exigente demais consigo mesma;
- Acarreta repressão emocional;
- Impede que você se solte ou se divirta;
- Gera exaustão mental.

Tende a ocupar muito espaço na cabeça das boazinhas que:

- Cresceram em um ambiente de exigência demasiada e correlacionada à imagem e geralmente em contextos muito tradicionais ou fanáticos;
- Tiveram como referência pessoas muito rígidas e críticas;
- Têm a ferida da rejeição;
- É provável que tenham sido trianguladas e foram obrigadas a reprimir suas emoções.

A escondida

Como ela tenta se proteger? → Tornando-se **invisível**.

Qual é sua armadilha mental? → *Se não me virem, não vão me machucar.*

A escondida tenta se proteger colocando-se em segundo plano, se diminuindo, tentando passar despercebida ou tentando ficar invisível. Dessa forma, internaliza que está evitando ficar mal com alguém ou ser um alvo fácil para os outros.

Quais problemas essa parte cria para você?

- Faz com que você sinta que ninguém cuida de você e que você não sabe como cuidar de si mesma;
- A empurra para relacionamentos superficiais nos quais você percebe pouco comprometimento;
- Faz com que você se sinta constantemente solitária e irritada;
- Gera a síndrome da impostora e a sensação de ser "estranha" nas interações sociais.

Tende a ocupar muito espaço na cabeça das boazinhas que:

- Cresceram em um ambiente de negligência emocional;
- Tiveram como referências pessoas ausentes ou abusivas;
- Têm a ferida da injustiça e possíveis experiências abusivas anteriores;
- Provavelmente foram paternalizadas e podem ter sido obrigadas a reprimir suas emoções.

A fingida

Como ela tenta se proteger? → **Fingindo**.

Qual é sua armadilha mental? → *Se eu fingir, vou*
acabar acreditando.

A fingida tenta se proteger fazendo com que aparente ser como acha que os outros esperam que ela seja, adaptando-se excessivamente a qualquer situação, mesmo que o que sente seja muito diferente do que demonstra. O que internaliza é que, ao fazer isso, será mais desejável socialmente, mais aceita, e que acabará se tornando a identidade que transmite.

Quais problemas essa parte cria para você?

- Faz com que você sinta apatia e insatisfação;
- A leva a acumular raiva reprimida;
- Faz com que estabeleça relacionamentos baseados em aspectos socialmente desejáveis (por exemplo, ter um relacionamento romântico

com alguém que seja fisicamente muito normativo ou que tenha uma profissão de prestígio) que acabam sendo insatisfatórios;

- A faz se sentir perdida.

Tende a ocupar muito espaço na cabeça das boazinhas que:

- Cresceram em um ambiente de exigência demasiada e correlacionada à imagem;
- Tiveram como referência pessoas que davam muita importância ao que as pessoas diziam;
- Têm a ferida da rejeição, do abandono e da injustiça;
- Cresceram com um filtro de emoções proibidas.

Agora que já conhece as diferentes facetas que geralmente compõem a síndrome da boa garota, sugiro que desenhe um círculo e tente representar a porcentagem aproximada que cada uma delas ocupa em você. Acho que isso pode ajudá-la a identificar seus principais problemas relacionados a essa síndrome, o que será muito útil ao ler os capítulos seguintes. Quero mencionar minha paciente Clara, com quem trabalhei a síndrome da boa garota no consultório aos 61 anos, para que veja que nunca é tarde demais para tratar esse problema e viver uma vida mais plena:

Círculo das faces de Clara

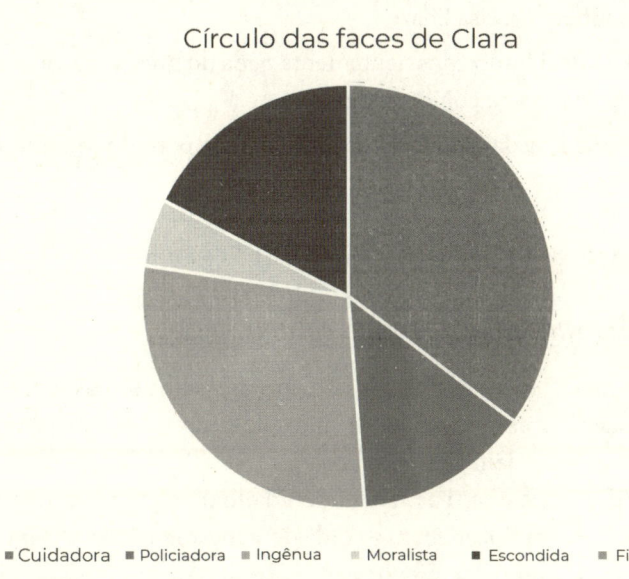

■ Cuidadora ■ Policiadora ■ Ingênua ■ Moralista ■ Escondida ■ Fingida

As perguntas que você nunca sabe como responder

Espero que, com tudo o que dissemos até agora da síndrome da boa garota, você tenha conseguido começar a esboçar algumas respostas para as perguntas que mencionamos no início do livro e que talvez tenha feito a si mesma durante toda a sua vida, relacionadas à sua insatisfação, exaustão mental, ódio de si mesma, diversos relacionamentos ruins etc. Para facilitar ainda mais as coisas para você, pensei que agora que entende como a síndrome foi forjada em você, quais feridas a sua infância e adolescência lhe deixaram e quais são as facetas da boa garota, seja um bom momento para abordá-las em profundidade.

Por que a vida me controla e não eu a ela?

Essa pergunta é feita principalmente por suas partes cuidadora, ingênua e escondida.

Você tem a sensação de que você e sua vida estão correndo uma maratona e que ela sempre tem a vantagem, enquanto você, exausta, está ficando para trás. É provável que também sinta que:

- Tudo acontece tão rápido na sua vida que você não tem tempo nem para analisar;
- Quando está tentando resolver um problema, aparece um novo com o qual também precisa lidar;
- Não está decidindo conscientemente nada do que faz na vida, embora também não saiba como fazer isso;
- Nem se lembra da última vez em que teve um período de tranquilidade e sossego.

Qual a relação disso com sua síndrome da boa garota?

Você entende o autocuidado como egoísmo

Uma das grandes crenças distorcidas que crianças boazinhas têm é que se priorizar, atender às suas necessidades e cuidar de si mesma são atos de egoísmo que, portanto, as impedem de serem boas.

Entretanto, a linha que separa o autocuidado do egoísmo é, na verdade, muito tênue e, além disso, quem não cuida de si mesmo não tem como cuidar bem dos outros. É o que diz o ditado, e ele é absolutamente verdadeiro. Afinal de contas, como pode se doar 100% para os outros se não sobram nem 5%

para si mesma? No entanto, não quero focar só nisso, afinal é verdade que, às vezes, somos capazes de dar o que não temos, mesmo que isso nos gere um desgaste mental, emocional e físico insustentáveis.

Quero deixar claro que não devemos cuidar de nós mesmas só para estarmos mais aptas para cuidarmos melhor dos outros. Prefiro que entenda que cuidar de si mesma é a chave para muitas outras coisas que tornam sua existência valiosa e que a ajudam a perceber que está no controle de sua vida, como se divertir, descansar, se conhecer, amar a si mesma, estar em sintonia com você, com suas necessidades, valores etc.

Como saber, então, se você está sendo egoísta ou cuidando de si mesma? Aqui estão algumas pistas:

Egoísmo	Autocuidado
Você coloca seus desejos à frente das necessidades dos outros.	Você coloca suas próprias necessidades acima dos desejos dos outros.
Você procura seu próprio bem-estar, mesmo que isso signifique prejudicar o bem-estar dos outros.	Você procura seu próprio bem-estar, tentando não prejudicar o bem-estar dos outros.
Tem dificuldade para entender os outros porque não está interessada na realidade deles ou porque não consegue enxergar além da sua própria realidade.	Tenta entender os outros com sua própria realidade em mente, mas com a capacidade de se colocar no lugar deles quando necessário.
Acha que merece mais oportunidades do que as outras pessoas.	Sente que merece buscar o melhor para si mesma, mas também é autocrítica.
Você se impõe e ocupa o espaço das outras pessoas, por exemplo, ao conversar.	Você prioriza e defende seu espaço, mas sabe quando deve cedê-lo a outras pessoas.

Você quase sempre prioriza o dever em detrimento do desejo

Isso está intimamente relacionado à superadaptação, porque, nesse caso, "dever" é definido como tudo o que você sabe que precisa fazer se quiser ser aceita, validada e amada pelos outros, e isso sem contar o restante das suas obrigações como pessoa que vive neste mundo, como trabalhar, pagar contas etc.

Como disse no início desta jornada, a boazinha aprende desde criança a ser hiper-responsável e isso valida quase toda a sua identidade, sendo a formal, a madura, a cuidadosa, a que está sempre atenta a tudo, a atenciosa, a que tem a cabeça no lugar, a profissional etc. É por isso que ela não consegue se desligar tão facilmente de suas obrigações para se divertir, descansar, dar-se ao luxo, desabafar etc.

Vamos dar uma olhada em alguns comportamentos típicos desse padrão:

- Não expressar sua opinião ou seus reais desejos em situações que são cruciais para seu desenvolvimento pessoal ou profissional. Por exemplo, sentir-se esgotada no trabalho e, em vez disso, responder "não" quando um chefe ou colega de trabalho perguntar se tem algo que ele possa mudar para que você fique melhor;

- Não expressar que você precisa de afeto por não querer incomodar ou ser chata, exagerada ou egocêntrica. Por exemplo, ter um dia péssimo, mas não dizer à sua filha que está com vontade de abraçá-la por cinco minutos e, portanto, aguentar firme e não fazer isso;

- Recusar sistematicamente as coisas que você tem vontade de fazer porque prioriza agradar a outras pessoas. Por exemplo, não assistir a uma peça que você realmente quer ver e que só acontece quatro domingos por ano, porque todo domingo você vai almoçar com seus sogros e não pode deixar de ir porque é "tradição familiar".

Tudo isso acaba fazendo com que você sinta que não está no controle de sua vida, porque passa o tempo cumprindo expectativas e regras, compromissos, promessas e obrigações, quando, na verdade, o que você realmente precisa é:

- **Filtrar seus deveres para separar os preceitos das obrigações reais.** Para isso, pode se perguntar: isso que eu "preciso fazer" é importante para uma vida plena? Por exemplo: um preceito pode ser "Preciso manter minha casa impecável o tempo todo porque, se não o fizer, isso significa que não sou uma boa adulta"; uma obrigação, por outro lado, seria "Devo manter minha casa habitável, com serviços básicos e pagamentos em dia, e razoavelmente arrumada e limpa para que eu me sinta confortável nela". Como pode ver, os preceitos estão relacionados às expectativas de outras pessoas em relação a você, enquanto as obrigações são as coisas que você deve fazer regularmente para garantir seu bem-estar e com os quais sempre que possível deve ser flexível.

- **Estabeleça um equilíbrio entre obrigações e desejos.** Para fazer isso, é melhor ponderar as consequências de longo prazo de não cumprir o desejo ou a obrigação. Por exemplo, imagine que esteja hesitando em reservar ou não uma viagem que deseja fazer há muito tempo. Para decidir o que fazer, seria interessante avaliar se é um bom momento para realizá-la em termos emocionais, familiares, econômicos, profissionais, de saúde etc.; se você tem alguma obrigação incompatível com as datas e, nesse caso, se ela pode ser adiada ou adaptada e, por fim, se você realmente quer fazer a viagem, ou seja, se quer fazê-la porque todos dizem que viajar é a melhor coisa do mundo ou se prefere passar seu tempo com outros tipos de lazer ou simplesmente descansar. Também pode ser útil pensar nos prós e contras de realizar seu desejo agora e na importância que cada um deles tem para você.

Você prioriza o que as pessoas vão dizer em vez do que você diz para si mesma

Há alguns meses, minha paciente Coral me contou, envergonhada e frustrada, que tinha ficado com uma garota em uma boate. "Mas qual é o problema? Não era isso que você queria fazer?", perguntei a ela. Ela respondeu que, na verdade, não queria, mas tinha feito isso para se sentir parte do grupo de amigas, que sempre saiam para dançar e ficavam com pelo menos uma pessoa, mas que não estava com vontade e agora não parava de dizer para si mesma "que pessoa de merda você é, não sabe tomar decisões por si mesma", "você não tem personalidade", "você se envolveu com alguém de quem não gosta e talvez tenha magoado a pessoa porque ela percebeu", "você é um fracasso por não querer as mesmas coisas que os outros" e várias outras pérolas semelhantes.

Nessa ocasião, como em muitas outras, Coral priorizou evitar que os outros dissessem algo negativo a seu respeito e acabou fazendo isso ela mesma. E isso é exatamente o que acontece com muitas pessoas com a síndrome da boa garota, que vivem com a sensação de estarem sendo levadas por suas vidas depois de terem perdido o controle (se é que algum dia o tiveram).

É impossível ser fiel e cuidar de si mesma se você administra sua vida de acordo com as opiniões que acha que os outros terão sobre suas decisões, não importa o quão próximos sejam a você, porque isso não só a força a fazer coisas que você realmente não quer fazer, ou a parar de fazer coisas que você quer fazer, mas você também terá que aturar seu lado policiadora que vai ficar batendo na tecla de que você é um fracasso e como você é ruim em tudo, o que corrói sua autoestima.

Como vai ver na última parte do livro, o diálogo interno, ou seja, sua voz interior, que explica tudo o que acontece com você e quem você é na vida, é um elemento-chave para sair da síndrome da boa garota. No entanto, quando não cuidamos dela e deixamos que seja controlada pelo lado policiadora, a conversa se torna muito negativa e autodestrutiva, ainda mais se a carregarmos de argumentos ao nos expormos a situações que não queremos. O resultado é que a autoestima se torna cada vez mais frágil, o que "obriga" você a se apegar à boazinha.

Você se concentra em "salvar" todas as pessoas que encontra

Vamos nos aprofundar nesse assunto quando falarmos sobre sua vida com os outros, mas vale a pena mencioná-lo aqui também. Muitas vezes, as pessoas com síndrome da boa garota interagem com os outros mais para tentar "salvá-los" de alguma coisa do que porque realmente querem ter aquele relacionamento ou interação na sua vida ou naquele momento.

O que quero dizer com "salvar"? Basicamente, você acredita que precisa cuidar de certas pessoas às custas de si mesma, porque acha que elas precisam de você para saber como se virar na vida ou porque, no fundo, sente que só você pode dar a elas o que precisam (talvez sejam elas que transmitam essa ideia a você através de manipulação ou talvez seja o que você acredita e ponto-final). Isso acontece porque você só se sente segura em um vínculo quando está no papel de cuidadora, provavelmente porque é o único que você conhece e no qual você sempre foi validada, algo que é comum em meninas parentalizadas por exemplo.

Como saber se você costuma se relacionar assumindo o papel de "salvadora"?

- Você tende a se sentir atraída, seja por amor, amizade ou simples afinidade, por pessoas que têm um passado muito difícil, que passaram por muitas dificuldades e problemas e que precisam muito de explicação e ajuda. Você sente a necessidade de ajudá-las, mesmo que deixe sua vida de lado para fazê-lo ou que vocês não tenham tido um relacionamento tão próximo no início;

- Tende a se relacionar com pessoas problemáticas ou que têm problemas para se controlar, controlar a raiva, se relacionar bem com os outros etc. Você sente que precisa ser o único a salvá-las de um destino catastrófico (às vezes depois de muita manipulação da parte delas) e que elas podem fazer uma grande bagunça se você não estiver ao lado delas. Infelizmente, esse é um excelente terreno fértil para relacionamentos abusivos;

- Tem a tendência de achar que precisa "reeducar" os outros, ensiná-los a serem "bons" como você, explicar coisas que eles talvez nem estejam interessados em aprender e transmitir seus ideais a eles, mesmo sabendo que não os compartilham e nunca os compartilharão com você. Isso é muito comum em meninas boazinhas que estão muito marcadas pela ferida da injustiça. No final, você fica exausta, porque acredita que seu papel no mundo é cuidar e assumir a responsabilidade para que os outros se tornem adultos funcionais, se tornem "seres de luz" ou façam o que você acha que é melhor para eles (o que é um mecanismo de defesa para se proteger inconscientemente da incerteza de não saber como eles se comportarão com você).

O problema é que, quando você passa os dias "salvando" os outros, é provável que acabe se deixando em um plano muito secundário e, um dia, descubra que sua vida está um caos sem ter ideia de quando e como isso aconteceu.

Você não toma decisões por você e para você mesma

Como você viu nos pontos anteriores, a sensação de que sua vida está fora de seu controle tem muito a ver com o fato de que as boazinhas não gostam de ser egoístas e, portanto, sempre fazem o que têm de fazer (mesmo que queiram fazer outra coisa), preocupam-se com o que os outros vão dizer ou tentam "salvar" os outros.

Tenho certeza de que agora você entende melhor por que a boa garota tem tanta dificuldade em tomar decisões, não é? Um dos principais motivos é essa tendência de desconsiderar suas próprias necessidades para que os outros continuem dizendo "mas que garota legal ela é". Infelizmente, essa percepção de incapacidade de tomar decisões, aliada à sensação de não ter as rédeas da própria vida e a outros fatores de risco, como exigência exacerbada e abandono emocional na infância, perfeccionismo e exigência demasiada de si mesma ou rigidez mental, pode levar a sérios problemas de saúde mental, como transtornos obsessivo-compulsivos ou transtornos alimentares, que se manifestam como "defesas psicológicas" para lidar com essa percepção de falta de controle.

Por que sempre me sinto culpada e prestes a explodir?

Essa pergunta é feita principalmente pela sua parte policiadora, moralista e escondida.

Você tem a sensação de que passa a vida carregando um saco pesado e cheio de culpa. Não entende por que, embora sempre tente fazer o "melhor", a sensação é de que está sempre fazendo coisas erradas, o que, por sua vez, faz com que você sinta que está sempre prestes a explodir: chorando, gritando ou de alguma outra forma que você nem sabe conceituar.

Se costuma se fazer essa pergunta, então com toda a certeza:

- Você se sente culpada com frequência. Em caso de conflito, você automaticamente assume a culpa;
- Sente que suas emoções estão à flor da pele, embora tente "controlá-las" o máximo possível;
- Você sente que precisa esconder muitas partes de si mesma para ser aceita;
- Se sente ansiosa com frequência.

Chegou a hora de nos aprofundarmos em como as pessoas com síndrome da boa garota vivem e administram suas emoções, é essencial prestar atenção nessa parte para se tornar uma mulher livre, como veremos no último capítulo.

Você reprime suas emoções

Já comentamos em mais de uma ocasião que a principal maneira da boazinha gerenciar as emoções é reprimindo-as, algo muito prejudicial à saúde, como veremos a seguir. Reprimir emoções consiste basicamente em tentar evitar a todo custo sentir certas emoções desagradáveis ou incômodas, achando que, ao ignorá-las, deixarão de existir. Isso é um erro, pois o que você tenta silenciar emocionalmente, o corpo se encarrega de gritar para você.

Lembra-se de quando falamos sobre o filtro familiar para emoções proibidas? Dissemos que, para tentar protegê-la e fazer com que o seu entorno continue validando-a, o filtro disfarçava algumas emoções e suprimia outras. Bem, ambas as estratégias são formas de repressão emocional, embora exista mais coisas por trás disso: crenças familiares profundamente enraizadas a respeito das emoções ("nunca deve ter medo", "você fica muito feia quando chora", "você é tão ruim, sempre irritada"), não ter aprendido boas estratégias de gerenciamento emocional, falta de educação emocional, que é o que geralmente recebemos como sociedade, tendências evitativas para a vida em geral etc.

Como saber se você está reprimindo suas emoções?

- Você tenta ser muito positiva em relação a tudo, mesmo em relação a algo que a deixe triste ou muito irritada (positividade tóxica, lembra?);
- Tende a minimizar tudo o que acontece com você, mesmo que, a princípio, lhe gere um grande impacto emocional. Por exemplo, tende a dizer a si mesma coisas como "não é nada demais", "sou sensível demais", "tenho certeza de que estou exagerando", "não posso me deixar abalar por pouca coisa";
- Você tem a sensação de viver anestesiada, como se não fosse capaz de sentir emoções agradáveis ou desagradáveis. Em geral, você se sente "superficial" ou apática;
- Sente que está constantemente à beira de uma explosão emocional;
- Tende a ter músculos tensos ou a sofrer de dores musculares: como eu disse, tudo o que sua mente quer silenciar se manifestará por meio do seu corpo.

E por que reprimir as emoções é uma prática tão prejudicial à saúde? Em primeiro lugar, porque, como eu disse, reprimi-las não as elimina, e sim as enraíza, e o que o corpo faz é tentar mostrá-las a você por outros meios: problemas gastrointestinais, musculares ou dermatológicos, pesadelos, pensamentos repetitivos, necessidade de controle etc. E por que é tão importante que seu corpo sinta e se conecte com suas emoções? Porque a missão das emoções é nos transmitir mensagens importantes para atender às nossas necessidades, assim como a fome nos diz que precisamos comer ou o sono nos diz que precisamos dormir. Portanto, se reprimirmos nossas emoções, teremos dois grandes problemas:

1. Deixaremos de suprir a necessidade que a emoção nos apontou, o que nos distancia do nosso bem-estar;
2. Sofreremos as consequências de reprimir as emoções, que vão desde dores físicas de todos os tipos até a sensação permanente de que estamos prestes a explodir e será um Deus nos acuda.

A seguir, vamos analisar quais são as emoções mais difíceis de gerenciar para as pessoas com síndrome da boa garota, além de quaisquer emoções proibidas na sua família.

De modo geral, a grande emoção reprimida pela boazinha tende a ser a raiva, e existem três outras que ela não costuma reprimir: vergonha, culpa e ansiedade. Por quê? Porque as três são mecanismos de controle que ajudam a apaziguar o caos de reprimir todas as outras emoções e, como isso serve para o cérebro da boazinha continuar reforçando sua síndrome, que, não nos esqueçamos, tem como origem um mecanismo de proteção, ela as deixa fluir. Vejamos uma ilustração que nos ajudará a lembrar e entender essa dinâmica, que é fundamental para tudo o que vem a seguir.

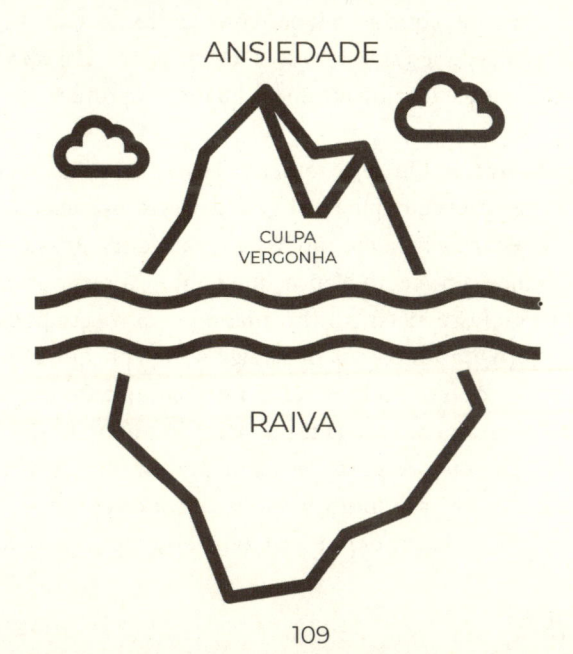

Como pode ver, a raiva é a área submersa do iceberg, porque é a emoção mais reprimida e, ao mesmo tempo, a que ocupa mais espaço, porque vai se acumulando. Na superfície estão a culpa e a vergonha, que funcionam como disfarces ou mecanismos de controle para reprimir as outras emoções proibidas e, acima de tudo, a raiva. Por cima de tudo isso, na ponta, fica a ansiedade, que é, digamos, o alarme principal do sistema nervoso da boazinha; a sirene que alerta quando o sistema nervoso "dispara": ou porque acumulou muita repressão emocional ou porque "ativa" a criança que você era. Sim, eu sei que essa última opção soa um pouco estranha, mas não se preocupe, vou lhe explicar agora. Quero que você se lembre que a ansiedade geralmente aparece para alertar sobre uma ameaça ou perigo percebido, e essa ameaça pode ser externa ou interna, e é por isso que ela é ativada nas duas situações que acabamos de mencionar.

RAIVA REPRIMIDA

Como mencionamos no início do livro, a raiva é uma emoção muito difícil de ser aceita e administrada pela boa garota, justamente porque está diretamente associada ao conflito, que ela evita por acreditar que pode fazê-la perder seus vínculos, sejam eles satisfatórios ou não. E por que a boazinha o evita? É verdade que ninguém gosta de colocar em risco seus relacionamentos importantes, mas o que acontece é que a boazinha tende a perceber riscos onde não há nenhum, porque, como você sabe, ela tem profundamente internalizado que, se não fizer o que se espera dela ou se comportar de maneira incômoda ou irritante para os outros, o que ela receberá em troca será abandono ou rejeição, não se sentir válida e, por fim, se sentirá desprotegida e desamparada.

Isso é provavelmente o que as pessoas com síndrome da boa garota mais temem quando se trata de sentir e expressar sua raiva, mas elas têm mais motivos para fazê-lo. O que as boazinhas temem quando reprimem sua raiva?

- **A raiva do outro**. Ou seja, temem não ser capazes de suportar as respostas que preveem que receberão dos outros à sua raiva, que elas supõem que também serão raivosas. Quando falo nisso, sempre me lembro da minha paciente Blanca, que nunca expressava nada pessoalmente que pudesse irritar o outro, mas que ousava um pouco mais via WhatsApp (não muito, mas dizia algo sutil), porque se sentia mais protegida. O conflito poderia ser tão simples quanto perguntar à sua colega de apartamento se ela tinha deixado um prato sujo na sala de estar (sabendo que a resposta seria sim, porque ninguém mais morava lá), algo que a deixava muito irritada porque acontecia com muita frequência. No entanto, depois de enviar essa mensagem, na forma de uma pergunta para evitar o confronto, Blanca tendia a jogar o celular na cama e ficar muito ansiosa, quase aflita, até que sua colega respondia com um simples "sim, desculpe, vou pegar agora". No intervalo entre a pergunta e a resposta, Blanca criava 37 cenários imaginários de possíveis consequências, a mais branda das quais era que a raiva aumentaria a ponto de ela fazer as malas e sair de casa.

- **Ser má.** Ou seja, ferir a outra pessoa com sua raiva e achar que essa situação a define como "má". Isso acontece principalmente quando associamos a raiva à agressividade e à violência, sendo que, na verdade, a raiva pode ser comunicada perfeitamente bem com assertividade (fazendo um trabalho prévio, que veremos na última parte do livro). O que é assertividade? É um dos três principais estilos de comunicação existentes caracterizado pela capacidade de expressar as próprias necessidades e direitos, tendo empatia com os outros e tentando não "pisar em seus calos", mas defendendo os seus próprios com firmeza e determinação. É o estilo de comunicação mais saudável e é muito útil para lidar com conflitos. Os outros dois estilos são extremos: passividade, que consiste em esconder suas necessidades para não prejudicar ninguém, e agressividade, que consiste em impor seus direitos sem empatia. Há também outro subtipo, o estilo passivo-agressivo, falaremos nele no último capítulo. Consegue adivinhar qual é o estilo de comunicação principal das boazinhas? Passivo, é claro (também, às vezes, passivo-agressivo). E o maior problema é que elas se apegam a ele com unhas e dentes porque acham que qualquer coisa menos do que isso se torna uma comunicação agressiva. Mas não, felizmente existe o estilo assertivo, que é o que aspiramos e o que tentaremos trabalhar na última parte do livro. Por outro lado, vale a pena mencionar que, socialmente, o estilo passivo é reforçado nas mulheres, enquanto o estilo agressivo é reforçado nos homens, portanto, as mulheres são rotuladas como arrogantes, impertinentes ou inadequadas se expressarem suas necessidades com firmeza, o que leva à crença de que a assertividade é algo "ruim". Mas eu lhe digo que não é, muito pelo contrário, e que juntas aprenderemos a ser assertivas sem a culpa que provavelmente a invade agora quando você tenta.

- **Repetição de padrões.** Muitas vezes, reprimimos a raiva influenciadas pela forma como nossas referências de infância a expressavam. Meu paciente Ivan, que se encaixa muito bem no perfil de bonzinho, tinha grande dificuldade em lidar com sua raiva, e o principal motivo era o abuso severo que sofreu na infância por parte do pai, que gritava com todo mundo, insultava a esposa e os filhos, quebrava móveis na presença deles e, em mais de uma ocasião, os agrediu fisicamente. Ivan sofreu tanto com o pai que aprendeu a reprimir sua raiva para não se identificar com ele, para sentir que nunca seria como ele, que nunca machucaria tanto alguém. O problema com isso é que, como já dissemos, as emoções reprimidas acabam vindo à tona, e a raiva é uma emoção tão mobilizadora (ativa, ardente, que precisa de "movimento") que geralmente se manifesta na forma de uma explosão, ou seja, chega um dia em que você não aguenta mais e grita tudo o que não gritava há meses, e isso aconteceu com Ivan, o que gerou muita culpa. Se ele soubesse como se expressar aos poucos, sua raiva teria vindo à tona de forma muito menos agressiva e, portanto, ele não teria se sentido tão culpado nem se lembraria tanto do pai. O caso de Ivan era um caso de profecia autorrealizável, comum naqueles que tentam reprimir sua raiva.

- **Perder a cabeça.** A raiva também está associada à perda de controle, ao medo de que, se expressarmos nossa raiva, poderemos perder a cabeça e acabaremos dando uma imagem de nós mesmas que não é real, que não queremos dar e que alguém pode associar a uma pessoa mentalmente desequilibrada. Isso pode até nos levar a acreditar que somos mesmo desequilibradas, porque a boazinha é muito influenciada pela opinião das pessoas que ela considera importantes em sua vida, a ponto de achar que as definem.

Tendo isso em vista, você pode estar se perguntando o que está fazendo com sua raiva reprimida, levando em conta que nem sempre você está explodindo, e nem sempre consegue escondê-la. É aí que entra em cena o papel da vergonha, que geralmente é um disfarce comum para a raiva e funciona como um mecanismo de controle que a ajuda a continuar a reprimi-la. Vamos ver quais truques o cérebro usa para disfarçar a raiva com vergonha e torná-la mais tolerável quando não consegue reprimi-la. É realmente incrível o que seu cérebro faz inconscientemente enquanto você está tão calma, pensando que tudo o que está fazendo é não expressar sua raiva e ponto. Vejamos.

Os silêncios

Dizem que quem cala, consente, e é bem por aí. Quando uma pessoa com síndrome da boa garota se sente irritada porque alguém ultrapassou seus limites (nas poucas vezes em que ela se atreve a verbalizar algum deles) ou disse algo que realmente a incomodou, mas ela sente que precisa se conter por um dos motivos que já mencionamos, é muito comum que ela se bloqueie e fique em silêncio. Há quatro tipos principais de silêncios, dependendo de sua intenção:

- **Silêncio submisso**. Usado por quem acha que sua única opção em uma determinada situação é ficar calada e fingir que nada aconteceu. É comum quando a outra pessoa não aceita bem um limite que você acabou de estabelecer ou na presença de pessoas que você considera estarem em um nível hierárquico acima do seu.

- **Silêncio apaziguador**. É usado por aqueles que sentem que deram vazão à sua raiva de forma muito direta, por exemplo, fazendo um comentário passivo-agressivo que a outra pessoa não percebeu, e querem que o silêncio "encubra" e os faça esquecer a situação desconfortável que acabou de ocorrer para que possam voltar a se sentir "boazinha".

- **Silêncio punitivo**. É usado por aqueles que sentem que não conseguem acalmar sua raiva, mas não querem expressá-la diretamente. É um silêncio espontâneo que visa enviar a mensagem para a outra pessoa de que você está com raiva, mas sem lidar com o conflito abertamente, porque você tem medo dele. Spoiler: não resolve. Veremos isso mais tarde.

- **Silêncio triste**. É usado por aqueles que se conectam com a sensação de impotência, por exemplo, ao interpretar que alguém está rindo deles ou os menosprezando. Essas situações causam raiva, mas quando o cérebro percebe que você não vai fazer nada com ela, ele automaticamente a "disfarça" como tristeza, que é expressa através do silêncio. Um exemplo disso é a situação típica em que alguém diz algo aparentemente inofensivo para você, mas que a magoa, e você fica pensativa pelo resto do tempo que ficam juntos.

Os sorrisos

O sorriso é a melhor arma e o maior fardo da boazinha. É um dos canais de comunicação não verbal mais importantes para mostrar a complacência, a doçura, a gentileza e tudo o mais que caracteriza a boazinha.

A comunicação não consiste apenas nas palavras que dizemos, mas também em nossos gestos, postura, expressão dos olhos, boca, testa, e o sorriso é um elemento que ajuda a boa garota a se sentir segura e protegida, porque é um gesto social que nos faz sentir confortáveis quando o recebemos e sentimos simpatia pela pessoa que o dá. Em geral, o sorriso nos torna mais desejáveis socialmente.

No entanto, como eu dizia, para a boazinha isso ainda é um fardo, porque saber que ela tem uma arma que quase garante que ela será "apreciada" a impele a não abrir mão dela em nenhum momento. É claro que sorrir não é ruim, mas deixa de ser saudável quando serve para esconder nossa reação a certas agressões, humilhações ou injustiças. Porque, no final, nos leva ao que sempre fazemos: nos submeter e reforçar um diálogo interno muito negativo e destrutivo, como verá nos exemplos que vamos ilustrar agora.

Portanto, quando você tenta esconder sua raiva sob um sorriso para tentar fazer com que a outra pessoa a aceite, pode acabar passando diferentes mensagens ao mesmo tempo. Vamos dar uma olhada nelas.

- **Sorriso hesitante**. Esse é um gesto leve que consiste em tensionar os lábios porque você não tem certeza de como a outra pessoa reagirá ao que você acabou de dizer ou se ela percebeu sua raiva. Nesses casos, o que o sorriso transmite é: *Bem, eu também não tenho certeza do que acabei de dizer, não leve muito a sério.*

- **Sorriso modesto**. É também um leve gesto de arquear os lábios, que, nesse caso, é acompanhado por uma inclinação do queixo que nos faz baixar o olhar. Já vimos que a modéstia é uma defesa importante para a boazinha quando a alegria é "proibida", pois nos permite disfarçá-la e evitar que seja confundida com prepotência, por exemplo. Isso também se aplica à raiva, e a mensagem transmitida pelo sorriso é: *Não pense que sou arrogante por causa do que acabei de dizer.*

- **Sorriso suplicante**. Esse gesto transmite certa tristeza, pois geralmente é expresso com os lábios voltados para cima e um franzir das sobrancelhas semelhante ao que você faz quando acaba de receber uma notícia inesperada muito triste. Aparece quando você diz algo com uma raiva de fundo e teme não ser compreendida e que isso desencadeie um conflito mais aberto. Essa risada está dizendo: *Por favor, saiba que não quero me expor a uma discussão.*

- **Sorriso bobo**. É um sorriso misturado com expressões faciais de espanto. A ideia é "fazer-se de boba", que também é um mecanismo usado com bastante frequência pela boazinha, e serve para transmitir que você não sabe muito bem o que está dizendo e para que a outra pessoa fique sensibilizada e não a critique se perceber sua raiva em segundo plano: *Não sou muito inteligente, então, perdoe-me por minhas possíveis falhas, pois não sei o que estou fazendo.*

- **Sorriso de boazinha**. Esse é o seu sorriso genuíno, aquele que você coloca quando quer sorrir, mas que é usado um pouco na hora errada, talvez no meio de uma discussão ou quando está chorando. Em outras palavras, ele aparece quando você percebe que sua raiva está aumentando, está prestes a explodir e você precisa reduzir a tensão da maneira que puder. Ele vem para dizer: *Vamos lá, não é tão ruim assim, vai ficar tudo bem.*

- **Sorriso envergonhado**. Esse sorriso é muito semelhante ao sorriso suplicante, mas evita o contato visual. Ele surge quando a raiva começa a se disfarçar de vergonha porque estava começando a "sair do controle" e você se sentiu, por exemplo, prestes a gritar com alguém. É aquele momento em que você começa a se sentir quase como se estivesse cometendo um crime e se conecta com a vergonha pelo seu comportamento (mesmo que não tenha nenhuma razão objetiva para isso, é uma manobra do cérebro para se distanciar da raiva). Quer dizer que: *Nunca mais farei isso de novo, sinto muito.*

Redirecionar a raiva para si mesma

Outra estratégia que o cérebro da boazinha geralmente emprega para suprimir a raiva é redirecioná-la para si mesma. Isso acontece porque você acha mais fácil lidar com o ódio por si mesma do que odiar as pessoas das quais você acha que depende para se sentir válida.

Ter um diálogo interno negativo que permite que seu lado policiadora lhe aponte o dedo o tempo todo, assumir a culpa por tudo o que lhe acontece ou que outras pessoas fazem com você, ou punir-se através de hábitos que lhe são prejudiciais são três dinâmicas muito, muito prejudiciais a longo prazo, porque destroem sua autoestima e sua saúde mental (e até mesmo física), mas, no entanto, oferecem algum "controle" de sua raiva a curto prazo, porque seu cérebro a faz acreditar que, ao direcioná-la para si mesma, você está protegendo os outros. Como saber se está empregando essa estratégia? Você está redirecionando sua raiva para si mesma quando:

- O comportamento de outra pessoa lhe causa muita tristeza, mas você tenta reverter a situação dizendo a si mesma que a culpa é sua por ser tão sensível ou por ter feito algo antes que a aborreceu;
- Você diz coisas para si mesma, como: "Sou um desastre", "Só faço asneira", "Sou uma piada", e também as transmite aos outros, como se quisesse "avisá-los" do que devem esperar de você;
- Come descontroladamente e sem estar com fome, enquanto diz a si mesma coisas como: "você não sabe se controlar", "não serve nem para se alimentar direito", "depois vai reclamar que não gosta do seu corpo" etc. O mesmo vale para qualquer outro hábito que você pratique em excesso com a ideia de se punir e anestesiar a raiva que sente: exercícios, consumo excessivo de álcool, compras, sexo etc.

Deslocamento da raiva

Já aconteceu com você de não estar com raiva de algo que objetivamente tinha motivos para estar, mas depois ficou com raiva de algo totalmente cotidiano ou insignificante? É muito provável que nessa situação tenha havido um deslocamento da raiva.

Isso geralmente acontece quando sentimos um nível de raiva muito alto, seja porque achamos que uma situação é muito injusta (especialmente se temos uma ferida de injustiça), porque fomos atacados, fomos enganados, ou algo semelhante, e tentamos nos apaziguarmos com frases como "Não é grande coisa", "Tenho certeza de que alguém encararia isso com humor", "Tenho que perdoá-lo, ele faz isso, mas no fundo ele me ama", ou seja, mensagens que invalidam nossa emoção e a reprimem.

Porém, já vimos que esta emoção não desaparece, acaba saindo pela culatra. Por exemplo, quando seu parceiro não pega imediatamente uma meia que deixou cair no chão enquanto lavava a roupa e você faz um escândalo, ou quando um carro demora um pouco mais do que o normal para estacionar e você acaba gritando com ele e insultando-o porque ele fez você esperar. E a pior parte é que você acaba sentindo muita culpa por reagir assim em situações tão banais e acaba dizendo coisas como: "Não estou bem da cabeça, como posso reagir assim?", "Sou insuportável, ninguém vai me aguentar", "se fico assim com essas coisinhas de nada, como vou ficar com as grandes…" A culpa aparece aqui como um mecanismo de controle muito prejudicial. Falaremos disso mais tarde.

A inconsciência da raiva

Existem pessoas que passaram tanto tempo de suas vidas reprimindo a raiva que estão convencidas de que não a sentem, embora, na realidade, geralmente seja o contrário: elas a sentem o tempo todo, mas de forma mais branda.

Essa situação também é comum em algumas pessoas com a síndrome da boa garota, principalmente aquelas que sempre se sentem muito apáticas e que, por reprimirem tanto a raiva, vivem tão controladas e contidas que, na verdade, desenvolveram um tipo de "raiva crônica".

É importante mencionar, neste ponto, que as emoções vêm e vão e, portanto, não podem nos definir, porque são transitórias. Entretanto, algumas pessoas tendem a sentir mais algumas emoções do que outras e, no caso da raiva, temos aquelas que acabam normalizando a convivência com ela em segundo plano e se convencem de que esse é seu estado natural e que a raiva "de verdade" deve ser outra coisa, mais intensa. É bem verdade que a raiva é uma emoção intensa, mas quando se torna crônica e normalizada dessa forma, resulta em uma seriedade e raiva quase constante, que se manifesta, por exemplo, na forma de críticas perpétuas aos outros ou na colocação de obstáculos a todos os planos propostos e em uma certa falta de motivação diante da vida.

Talvez esse perfil não se encaixe exatamente no perfil da boazinha, mas ele existe. Ela se enquadra no clichê da mãe entre 45 e 50 anos que se sacrifica constantemente pelos filhos e pela família em geral, mas que está sempre com uma expressão séria no rosto, repreendendo a todos e dizendo as típicas frases "é a primeira vez que me sento o dia todo" ou "um dia vou embora desta casa e vocês vão ficar aqui porque já estou cansada". Esse é um estereótipo que é alvo de muitas piadas, mas ele incorpora uma dura realidade: a de uma mulher presa a todas as expectativas sociais de ser uma "boa mãe", que está exausta e irritada o tempo todo, mas ainda assim tenta fazer tudo e ser amada por todos. Seus traços típicos não incluem doçura ou sorriso, e sim tudo relacionado a sacrifício, complacência ou atendimento às expectativas dos outros. Claro que esse perfil não é exclusivo das mães, mas elas são o melhor exemplo.

Agora que você conhece os mecanismos de controle e gestão da raiva da boazinha, gostaria de discutir por que é tão importante senti-la e conectar-se a ela em vez de reprimi-la.

- Porque é um sinal que seu corpo envia quando algo injusto acontece com você ou quando você passa por uma situação em que precisa estabelecer limites para se proteger adequadamente;
- Porque é uma emoção mobilizadora, que fornece muita energia que, se você administrar adequadamente, é muito construtiva;
- Porque é a que melhor indica quando você deve enfrentar um conflito para evitar que ele se enraíze e prejudique seus relacionamentos;
- Porque, acredite ou não, ela ajuda você a realmente se conectar consigo mesma e a aumentar sua autoestima, se você a ouvir, poderá identificar melhor o que a está prejudicando e enfrentar a questão com confiança;
- Porque reprimir a raiva está relacionado a muitos problemas de saúde e pode ser um fator de risco em doenças como a síndrome do intestino irritável por exemplo;
- Porque, quando administrada adequadamente, ela também a ajuda a administrar melhor a culpa, pois a ajuda a distinguir quando ela é sua e quando é culpa dos outros.

Como pode ver, o bom controle da raiva é, na verdade, uma grande ajuda para lidar com os problemas que você tanto teme e que, até agora, tem administrado de uma forma que só faz com que você se feche ainda mais em sua síndrome da boa garota. Na última parte do livro, veremos como começar a controlar a raiva de forma mais eficaz e saudável.

A VERGONHA COMO DISFARCE

A função da vergonha é nos enviar a mensagem de que devemos nos comportar de uma determinada maneira para sermos aceitas pelos outros. Sabendo disso, é fácil entender por que essa é uma das poucas emoções que a boazinha não costuma reprimir, apesar de ser desagradável, porque a vergonha é um aviso que o corpo e o cérebro emitem quando detectam que estamos prestes a fazer (ou já fizemos) algo que não será socialmente aceito, portanto, é melhor abortar a missão ou tentar consertar o que fizemos para restaurar nossa boa imagem social.

Vergonha é, digamos, aquela a quem você tem de agradecer por não ter mandado seu chefe para o inferno naquele dia em que ele estava difícil de aguentar e por ter mantido seu emprego. Sua principal função é fazer com que ajustemos nosso comportamento ao contexto, às normas sociais e, muitas vezes, ao que acreditamos ser esperado de nós.

Então por que esse é um mecanismo de defesa para as pessoas com a síndrome da boa garota? Porque ele tende a ser ativado quase continuamente. A boazinha avalia o tempo todo se está se comportando como deveria, se o sorriso que acabou de dar é genuíno, se a pessoa está olhando feio ou não para ela, se escolheu as palavras certas para o que queria expressar etc. Ela usa a vergonha "preventiva" para controlar qualquer coisa que possa desencadear sua raiva reprimida, entre outras coisas, e que possa expô-la como falha para os outros (o que, no fundo, é o que ela pensa que é, embora seu maior medo seja que os outros pensem a mesma coisa). Por isso disse que a vergonha é um disfarce, porque ela a acompanha como uma roupa que você usa para se proteger, e é por isso que a faceta mais ativa nesse caso é a ingênua.

O que a boa garota acredita inconscientemente que a vergonha como disfarce lhe proporciona?

- Uma identidade como uma garota tímida e cautelosa que não comete erros: "se eu não me expuser, não cometerei erros";
- Transmite uma vulnerabilidade que ela acredita protegê-la: "ninguém vai me machucar ou exigir algo de mim se eu parecer frágil";
- Sensação de controle por meio de autoavaliação constante: "Ao me perguntar se estou indo bem, me sairei melhor do que se não o fizesse".

No entanto, como pode imaginar, tudo o que essa vergonha preventiva acarreta é absolutamente exaustivo e, além disso, usar como defesa uma emoção que a conecta com suas "imperfeições" para remediá-las é bastante perigoso, pois quando vivemos escondendo tudo o que consideramos falhas, acabamos interpretando muitos comportamentos como tal, o que reforça a crença que queremos esconder dos outros: a de que somos falhas.

Além disso, a vergonha preventiva excessiva reforça duas tendências muito prejudiciais à saúde que também fazem parte da síndrome: o diálogo interno negativo e a submissão.

Quando seu diálogo interno negativo está associado à vergonha constante, acontece o seguinte:

1. O medo de que alguém veja tudo o que há de errado em você cria um medo de ser criticada e, por isso, tenta se antecipar a qualquer crítica que possa receber;

2. Você interpreta essas críticas antecipadas como verdades absolutas que a definem completamente;

3. Aciona mecanismos de mudança para ser aceita;

4. Acaba exigindo tanto de si mesma que sua ansiedade é ativada e, quando não consegue fazer as mudanças que acha que deveria (o que é bem provável, já que suas expectativas geralmente são irrealistas), acaba se conectando com sentimentos de tristeza profunda;

5. Tristeza que não desativa o medo da rejeição, mas aumenta a vergonha e gera um círculo vicioso;

6. Nesse momento, você decide aplicar a submissão: "se eu me submeter, não serei criticada e serei aceita";

7. Mas, como você sabe, essa submissão faz com que você se sinta cada vez mais desprotegida e incapaz, de modo que a vergonha como disfarce aumenta outra vez e o ciclo começa de novo.

O MECANISMO DE CONTROLE DA CULPA

Vergonha e culpa são emoções que muitas vezes andam de mãos dadas e têm muito em comum, pois ambas visam regular o comportamento que é ou pode ser socialmente indesejável e promovem o autocontrole. No entanto, em termos gerais, poderíamos dizer que a culpa está mais associada a atos específicos, já a vergonha, à forma como definimo-nos através desses atos, razão pela qual é ela que as boazinhas mais demonstram, porque, de certa forma, inconscientemente a transformam em uma identidade, enquanto a culpa é relegada mais a atos específicos pelos quais elas procuram obter reparação. O problema é que as boazinhas se conectam com tanta frequência à culpa que isso também reforça sua vergonha e, por sua vez, sua identidade de "envergonhadas". Outro círculo vicioso.

Na realidade, como já apontamos anteriormente, definir as pessoas pelas emoções (vergonha, inveja, medo e orgulho) não faz muito sentido, porque elas são transitórias. O que pode acontecer é que nos conectamos com mais facilidade com algumas emoções do que com outras e, quando isso acontece, o motivo geralmente é que as usamos como mecanismo de defesa ou controle. Acabamos de ver isso com a vergonha, e o mesmo acontece com a culpa.

Nesse caso, a culpa também reforça a síndrome, porque ela aparece sempre que você considera que não cumpriu alguma norma social e, portanto, sente a necessidade de consertar o que fez ou, pelo menos, de não repetir. Acontece que a boazinha tem tantos preceitos internos que é muito fácil para ela se conectar com a culpa, porque quanto mais preceitos, mais provável é que não os cumpra.

É por isso que a culpa é um mecanismo de contenção da raiva, porque ela vem logo após uma explosão por acumulação. Quando você grita com alguém ou bate na mesa, está desobedecendo o preceito de bondade, e a culpa vem para consertar o ocorrido. Você começa a se desculpar, volta a ser complacente e submissa, e então o ciclo recomeça.

Outra situação que facilmente desencadeia a culpa em pessoas com a síndrome da boa garota é quando elas se permitem relaxar e se soltar um pouco. Não estou falando de ter a maior farra do século e acabar presa depois de uma noitada, e sim de algo tão simples como priorizar a si mesma e sua diversão em um ambiente que sempre esperou que ela tomasse cuidado, fosse correta e séria e não fizesse muito "barulho". As mães, em particular, se conectam com essa culpa, pois são permeadas de vários preceitos da maternidade, que também precisam ser arrancados, porque a sociedade não só espera que elas sejam boazinhas, mas também mães perfeitas, ou seja, abnegadas, submissas e sempre à disposição dos outros e, acima de tudo, de seus filhos.

No começo do livro, falamos da culpa traiçoeira. Essa culpa é caracterizada pelo fato de não aparecer quando cometemos um erro, e sim quando somos vítimas do erro de outra pessoa ou quando alguém nos machuca. É a culpa que mais deteriora a autoestima, pois muitas vezes nos leva a assumir o enorme peso de situações tão horríveis como o bullying, um relacionamento abusivo, abuso sexual etc. A culpa traiçoeira assume toda a responsabilidade pelo dano que você sofreu nas mãos de outras pessoas e a rotula não apenas como alguém que não sabe como se proteger, mas também como alguém propícia a ser machucada.

Essa dinâmica é tão difícil que não me surpreenderia se você se perguntasse: mas como posso me sentir culpada por algo assim? Como essa dinâmica de culpa pode permanecer comigo por tantos anos? A resposta é que toda vez que algo horrível acontece conosco, nosso cérebro procura recuperar o controle da situação (para tentar nos proteger), mas quando o dano vem de fora, o cérebro não consegue encontrar uma maneira de assumir o controle, então a única coisa que pode fazer é despejar toda a responsabilidade sobre você e, para assumir toda a responsabilidade, você não tem escolha a não ser assumir a culpa também, porque se você é a culpada, você pode reparar o dano e se salvar. O problema é que essa suposta salvação nunca chega, cada vez dói mais, cada vez você precisa de mais e mais controle, e assim você fica presa na culpa traiçoeira. No final, você não só carrega o peso do trauma, mas também o peso da culpa. Por isso a culpa é traiçoeira, porque faz você acreditar que ela lhe dá controle, quando na verdade só a está destruindo. Exemplos disso são quando você se culpa pelas roupas que estava usando quando alguém a agrediu sexualmente, ou quando culpa sua sensibilidade por alguém tê-la magoado com suas palavras, ou quando acredita que, se não tivesse feito algo que irritou seu parceiro, ele não teria batido em você.

O pior da culpa traiçoeira é que, como você provavelmente pensou ao ler os exemplos, algumas das crenças que a apoiam são reforçadas em nível social, pois às vezes, mesmo em julgamentos de agressão sexual, a vítima é questionada sobre o que estava vestindo no dia do incidente. Isso causa o que é conhecido como revitimização, o que implica que a vítima de um ato é parcialmente responsável por tê-lo sofrido. Achei que seria útil falar disso aqui, porque as pessoas com a síndrome da boa garota estão muito mais expostas à revitimização do que o restante da população, pois a maneira como administram sua raiva, vergonha e culpa, às vezes reforçada socialmente, as deixa vulneráveis a essa dinâmica.

A ANSIEDADE COMO UM ALERTA

Apesar da crença popular de que a ansiedade é uma "doença", na verdade é uma emoção e, como tal, é uma reação natural e saudável do nosso corpo ao que é visto como uma ameaça ou perigo. Ou seja, quando seu cérebro percebe que uma situação exigirá uma resposta rápida ou um esforço intenso e contínuo para se defender de uma ameaça, a ansiedade entra em ação e ativa o sistema nervoso e o corpo para enfrentá-lo. Um exemplo disso seria a ativação que você percebe ao ver um carro vindo em sua direção quando está atravessando uma rua, o que permite que você corra para evitar ser atropelada, ou quando você tem uma prova difícil para a qual precisa se concentrar muito para não ser reprovada.

Agora você deve estar se perguntando: *Se a ansiedade é uma emoção como qualquer outra, cujo objetivo é nos proteger, por que às vezes ela é considerada um problema de saúde mental?* Porque também pode ser isso, se estiver dentro das seguintes condições:

- É desproporcional à situação que está sendo vivenciada;
- É excessiva;
- É generalizada em muitas situações;
- Interfere e gera desconforto intenso nas principais áreas da vida cotidiana.

Lembra-se do que eu lhe disse do sistema límbico e a memória emocional? Pois bem, ele está intimamente relacionado ao mecanismo da ansiedade patológica, já que poderíamos dizer que a ansiedade é uma resposta emocional que surge sem acesso à parte mais racional ou que não é totalmente processada. Basicamente, o cérebro é especialista em integrar suas memórias com a situação atual para antecipar o futuro, portanto, quando encontra semelhanças entre o passado e o presente, ativa os mesmos mecanismos cerebrais da primeira situação. Isso seria ótimo se nosso cérebro sempre detectasse tudo de maneira "certeira"; o problema é que o cérebro frequentemente interpreta situações que não são tão semelhantes como parecidas, percebe ameaças onde não tem nenhuma e exige um esforço muito maior do corpo do que a situação requer.

É o que acontece com frequência com pessoas com a síndrome da boa garota porque, como você sabe, elas têm tanta necessidade de se encaixar no que deveriam ser para se sentirem protegidas que percebem ameaças onde não tem nenhuma, pelo menos não em termos de sobrevivência (que é o que realmente interessa ao cérebro). O que pode estar em perigo é a imagem de boazinha, que, embora o ideal seja se libertar dela, é algo que elas temem que aconteça porque sempre foi sua "armadura" de proteção. É por isso que a boazinha vê essas situações como ameaças:

- Explodir de raiva;
- Não atender às necessidades dos outros;
- Não ser vista pelos outros como modesta e prudente;
- Perceber uma discordância que pode levar a um conflito;
- Tomar uma decisão sem a opinião de ninguém.

A possibilidade de todas essas ameaças faz com que as pessoas com essa síndrome desenvolvam um dos sintomas mais característicos da ansiedade: hipervigilância ou hiperalerta, um estado de grande sensibilidade sensorial que faz com que você perceba muitos eventos cotidianos de forma exacerbada porque está constantemente tentando detectar ameaças, geralmente de forma inconsciente. Já aconteceu com você de estar na praia, estar ventando muito e, de vez em quando, um guarda-sol sair voando? Isso é muito comum nas praias e, quando estou lá, morro de medo da possibilidade de um desses guarda-sóis se fincar bem na minha barriga, o que me deixa tensa e me impede de tomar sol calmamente com os olhos fechados enquanto estou deitada na toalha. Talvez eu esteja exagerando, mas esse é um exemplo de um estado de hiperalerta, nesse caso motivado por um evento real anterior, os guarda-sóis voadores, ao qual acrescentei minha interpretação catastrófica (possível, mas improvável) de um deles se fincar na minha barriga e eu morrer.

Esse exemplo da praia é um evento isolado, mas se você tiver a síndrome da boa garota, verá que seu estado de hiperalerta é constante, mesmo que aparentemente não haja perigo por perto, porque para uma boa garota a possibilidade de ser rejeitada ou abandonada está sempre à espreita. Basta que ela grite demais, sorria pouco, pareça imatura para que seu hiperalerta seja constante e reforce o estado de ansiedade.

Nem todas as pessoas com síndrome da boa garota têm ansiedade patológica, isso depende da pessoa, da situação, do aprendizado anterior e de outros fatores, mas é comum que apareça em momentos que não representam um perigo real, excedendo sua função adaptativa, o que pode se tornar um problema cotidiano. Além disso, como mencionei, a repressão de outras emoções muitas vezes também é um gatilho para a ansiedade, pois também é ativada diante de ameaças internas, como o corpo transmitindo ao cérebro que algo está errado, por exemplo, que você não está ouvindo as mensagens que uma de suas emoções está enviando.

Caso tenha se identificado, eu lhe direi mais tarde como começar a gerenciar sua ansiedade, embora, é claro, se acha que sua ansiedade atende aos quatro critérios que mencionei no início, recomendo que procure um profissional para fazer terapia e obter ajuda personalizada, afinal, um livro pode ajudá-la a identificar e até mesmo a trabalhar certos aspectos de sua saúde mental, mas não substitui a terapia com um psicólogo.

Por que nunca fui completamente feliz?

Essa pergunta é feita principalmente por sua parte fingida, moralista e policiadora.
É normal que você faça essa pergunta a si mesma se:

- Alguma vez já disse para si mesma ou para outra pessoa: *Tenho tudo, mas não me sinto feliz;*
- Sente que não tem nada que realmente a motive;
- Você tem uma crença interior de que, no fundo, nunca será feliz, porque não sabe o que é ser feliz.

Esse sentimento é provavelmente um dos mais comuns em todos os casos da síndrome da boa garota, uma insatisfação constante, que oscila em intensidade, mas nunca desaparece. Vamos ver por que você se faz essa pergunta.

Seus filmes mentais (ou distorções cognitivas)

O cérebro é um órgão que, em geral, funciona maravilhosamente bem e é incrível. Entretanto, às vezes emprega mecanismos de proteção que não são os mais saudáveis ou processa as informações como pode, o que nem sempre significa "bem". É por isso que quero falar com você sobre uma das descobertas mais importantes da psicologia nos últimos tempos, que tem muito a ver com o sentimento de insatisfação constante tão comum na síndrome da boa garota e em muitos problemas de saúde mental: as distorções cognitivas.

O que são distorções cognitivas? De acordo com Aaron Beck, o psicólogo a quem devemos essa descoberta, enquadrada em sua teoria para entender e tratar a depressão, as distorções cognitivas são interpretações errôneas e desadaptativas (ou seja, não saudáveis) que nosso cérebro às vezes faz ao processar informações, geralmente com base na ideia que temos de nós mesmos, do mundo e dos outros. São muito comuns na depressão e são um fator fundamental para sua manutenção e agravamento, embora não sejam exclusivas desse transtorno e, na realidade, todos nós experimentamos muitas distorções cognitivas no dia a dia. Seu impacto na nossa saúde mental dependerá da frequência e da importância que atribuímos a elas.

A boazinha geralmente vive com muitas distorções que a impedem de ver sua realidade com clareza e, obviamente, nem toda a sua insatisfação vem desses pensamentos; às vezes, também é resultado de suas circunstâncias materiais (por exemplo, se você tem um emprego precário, não importa o quanto tente mudar a maneira como pensa sobre ele, as condições não mudarão). Ainda assim, as distorções cognitivas têm um grande impacto na maneira como vemos e lidamos com a vida, portanto, vamos dar uma olhada em todas elas, uma a uma, com exemplos relacionados à síndrome da boa garota. Veja se consegue se identificar com alguma:

PENSAMENTO POLARIZADO

Consiste em avaliar os eventos de forma extrema, sem meio-termo: ou algo é perfeito ou é um desastre absoluto. Por exemplo, sentir que é uma irmã horrível porque sempre vai buscar seu irmão no trabalho e um dia não consegue; dizer a si mesma "só acontecem coisas ruins comigo!" ou "eu faço tudo errado!" quando comete um pequeno erro cotidiano, como esquecer as chaves na porta da frente.

GENERALIZAÇÃO EXCESSIVA

É a crença de que se algo negativo acontece em uma situação, sempre acontecerá nessa mesma situação. Por exemplo, pensar coisas como "Nunca vou ter sorte no amor" depois de enfrentar um conflito no relacionamento.

FILTRAGEM

Consiste em ampliar os aspectos negativos de uma situação sem prestar atenção aos positivos. Por exemplo, pensar que você nunca cuida o suficiente dos outros porque só consegue pensar nas vezes em que não atendeu às necessidades de alguém próximo a você. Ou o contrário, pensar que os outros nunca cuidam de você como você precisa, porque como você dá muito, o que recebe em troca nunca é suficiente. Isso pode ser parcialmente verdadeiro porque a boa garota tende a sabotar as situações para adotar o papel de salvadora sem deixar que ajudem ou cuidem dela, o que pode ser muito confortável para quem está sendo cuidado.

INTERPRETAÇÃO DE PENSAMENTOS

É a crença de ser capaz de adivinhar como os outros se sentem e pensam. Por exemplo, presumir inconscientemente que os outros pensam sobre você da mesma forma que você ou o da forma que você teme que eles pensem: "Sei que Alice não gosta de mim porque me acha uma reclamona". Nesse caso, a distorção pode se basear no fato de que a boazinha reclamou de algo específico uma vez na frente de Alice e, na análise exaustiva e cíclica subsequente que a boazinha costuma fazer, avaliando todo o seu comportamento com perfeccionismo e autoexigência, ela encontrou seu erro: ela reclamou, o que ainda é uma expressão verbal de raiva, mesmo que tenha sido uma reclamação pequena. E esse erro que ela encontrou é rapidamente transferido para Alice, justamente por causa de seu medo do que as pessoas vão dizer.

PERSONALIZAÇÃO

Acreditar que tudo o que os outros fazem e dizem é direcionado a você. Por exemplo: "Tenho certeza de que Heitor disse que não vai à festa porque eu vou". A frase provavelmente termina com "e ele não gosta de mim" ou "e ele não quer me aturar", como pode ver, a origem disso é a autoestima frágil da boa garota.

CATASTROFISMO

Consiste em imaginar e antecipar o pior cenário possível em qualquer situação, o que é apenas outro mecanismo de controle. A ideia subjacente é: "se eu me colocar no pior cenário possível, meu cérebro estará mais em contato com o imprevisível que pode acontecer e talvez encontre ferramentas para me proteger antecipadamente". Para a boazinha, esse é um mecanismo para atenuar seu sentimento de desproteção que, infelizmente, só a faz sentir-se mais desprotegida ainda, já que, ao tentar continuamente prever o negativo sem valorizar a possibilidade de algo positivo acontecer, ela deixa de lado o otimismo ou a resiliência. Por exemplo: "Minha amiga acabou de sofrer um acidente de carro.

Tenho certeza de que também vai acontecer comigo quando estiver com minha irmã e nós duas vamos morrer". O mecanismo dessa distorção é tão rápido que às vezes você se pega pensando em cenários extremamente dramáticos e improváveis sem ter tido tempo de racionalizá-los antes.

MAXIMIZAÇÃO E MINIMIZAÇÃO

Maximizar os próprios erros e os acertos dos outros e minimizar os próprios acertos e os erros dos outros. Por exemplo: "Sou uma inútil, deixei minhas chaves em casa, que horror. Tenho certeza de que isso nunca acontece com meu primo, ele faz tudo certo e é por isso que ele se dá bem na vida…". Aqui vêm à tona, mais uma vez, os problemas de autoestima e extrema autoexigência, combinados com um critério muito mais brando para os outros, um mecanismo muito influenciado, em parte, pela repressão da raiva.

LÓGICA EMOTIVA

A suposição de que as emoções são sempre um reflexo verdadeiro de suas circunstâncias e de si mesma. Por exemplo: "Sinto que estou fracassando nisso, portanto, sou um fracasso". Como pode ver, essa afirmação pressupõe que, por não ter conseguido atingir uma meta específica, você é um fracasso em todos os aspectos. A segunda parte inclui outra distorção cognitiva, o rótulo absoluto, que consiste em usar uma característica própria ou autopercebida em um determinado momento para fazer um julgamento negativo geral. Isso é feito com frequência pela boazinha quando ela não consegue suprimir uma emoção que considera indesejável no momento presente. Percebendo que "deixou escapar", ela se pune e se define por seu "erro".

"EU DEVERIA…" E "ELES TÊM QUE…"

Essa distorção consiste em expressar exigências relacionadas a si mesma e aos outros, que dão origem a críticas e autocríticas desproporcionais, além de favorecerem a frustração, a raiva e a agressividade. É a distorção a que nos referimos com mais frequência no decorrer do livro, embora até agora não tenhamos lhe dado um nome. Por exemplo, pensar que "eu deveria ser mais inteligente do que os outros" é uma distorção que nasce de uma demanda externa. Da mesma forma, a afirmação de que "a vida deve ser justa; se eu fizer coisas boas, coisas boas devem acontecer comigo", além de ser um pensamento mágico, também é uma distorção cognitiva desse tipo.

Expectativas rígidas e irrealistas

A construção de expectativas, mais ou menos precisas e mais ou menos agradáveis, é inerente ao ser humano e sua função básica é a sobrevivência. Na realidade, são ideias preconcebidas que criamos para tentar antecipar uma situação, um encontro etc., com o objetivo de administrar a incerteza diante do que não podemos controlar, por exemplo, as reações, opiniões e necessidades dos outros, circunstâncias específicas do momento, um ambiente desconhecido etc.

O problema é que esse mecanismo, que é muito útil, deixa de ser quando o cérebro entra em ação e distorce a realidade ao passá-la pelo filtro do pensamento. Assim, essas ideias que nos permitem neutralizar a sensação perpétua de incerteza em que vivemos, sem saber o que a vida nos reserva nos próximos cinco minutos ou nos próximos cinco anos, podem nos trazer problemas quando as imaginamos de forma muito rígida ou concreta demais.

Você poderá entender melhor com um exemplo: minha paciente Sofia sempre deu muita importância ao seu aniversário, provavelmente porque quase nunca o comemorava quando criança e, quando o fazia, era sem muito entusiasmo. Por isso, quando chegou à juventude e à idade adulta, começou a sempre dar grande importância a esse dia; o problema é que essa importância nasceu de uma carência emocional muito grande: a de se sentir invisível por muitos anos, mesmo quando deveria ser a "protagonista" (o dia de seu aniversário). Então, quando adulta, ela usou esse dia como uma espécie de parâmetro, com base em suas expectativas, para avaliar quem a fazia se sentir mais vista e importante. Assim, ela esperava que os outros estivessem cientes de sua carência e lhe dessem uma superfesta surpresa, lhe dessem o melhor presente da sua vida, ou dissessem todas as coisas bonitas que normalmente não diziam a ela no resto do ano, e que tudo acontecesse exatamente como ela gostaria.

Qual era o problema com as expectativas de Sofia? Eram muito rígidas e altas, os outros não sabiam que existiam, nem da sua enorme carência nem da importância que ela dava a seu aniversário. Talvez eles sentissem isso pelas coisas que Sofia lhes contava, mas não podiam saber exatamente do que ela precisava ou o que ela havia imaginado tão minuciosamente. Além disso, nem mesmo ela tinha muita clareza do que queria, apenas sentia uma necessidade que precisava ser preenchida imperativamente e que a condenava a uma eterna decepção e insatisfação. Por quê? Bem, porque ninguém pode satisfazer o que não foi feito por aqueles que realmente deveriam ter feito lá atrás, nesse caso, a família de Sofia na sua infância e adolescência.

E esse é o grande problema das expectativas, que geralmente nascem de necessidades tão intensas, originadas em lugares tão recônditos de nosso passado, que se tornam rígidas e elevadas e, no caso da boazinha, geralmente respondem a uma necessidade imperativa de nunca mais sentir a incerteza de ser abandonada ou rejeitada a qualquer momento. O mecanismo é o mesmo dos preceitos autoimpostos que trazem controle e segurança à sua vida.

O paradoxo é que, ao tentar suprir uma carência, o que geralmente conseguem é o oposto: como a expectativa é muito alta e, além disso, muitas vezes nem sequer sabem ao certo o que querem, o resultado nunca é satisfatório e o que elas obtêm é uma sensação de desamparo. Algumas das expectativas rígidas e irrealistas mais comuns da boazinha são:

- Viver sem conflitos;
- Ter bons relacionamentos sem priorizar a si mesma;
- Que a vida seja justa;
- Que os outros cuidarão dela assim como ela cuida deles.

Não faz ideia de quem você é

Essa é, ao mesmo tempo, uma das grandes consequências e também a base da síndrome da boa garota: você não se conhece. Ou seja, talvez você ache que se conhece e que, se não, quem é que vai conhecê-la, mas a realidade é que essa síndrome a distancia de si mesma e de sua essência, ou seja, das suas peculiaridades, traços e qualidades que a tornam você e a diferenciam das outras pessoas.

E o que acontece com a essência das boazinhas? A síndrome a contamina. Se você imaginar sua essência como um sol, a síndrome é um monte de nuvens, por exemplo, preceitos sociais sobre ser boa, feridas de infância, repressão de emoções, negação de suas necessidades para atender às necessidades dos outros, que a cobrem e impedem que sua luz chegue até você. Assim, não sendo capaz de acessar sua essência "nublada", você não tem escolha a não ser definir-se de acordo com o que essas nuvens dizem, por exemplo, que você só é boa porque se submete, que a imagem que os outros têm de você é essencial para se sentir segura, que você nunca fica com raiva porque é boazinha, que você é egoísta se não fizer tudo que os outros pedem a você etc. E isso, é claro, não é autoconhecimento, é um discurso que permite que você sobreviva sendo coerente com o que faz, mas não tem nada a ver com conhecer a si mesma.

Essa falta de autoconhecimento tende a fazer com que você viva no piloto automático, ou seja, siga suas rotinas diárias sem se perguntar se é isso que você realmente quer para si mesma, para onde está indo, se existem outras possibilidades para você que sejam mais agradáveis… Isso está intimamente relacionado à sensação de não estar no controle de sua vida e à constante infelicidade e insatisfação.

Você não sabe pelo que está vivendo

Assim como no ponto anterior, se você não se conhece, não pode saber para que está vivendo. É verdade que não decidimos vir a este mundo, mas uma vez que estamos aqui, um fator psicológico importante para tornar nossa vida mais agradável, enriquecedora ou gratificante é dar a ela um significado, pode ser o que você quiser, desde que ele exista.

E o que isso quer dizer? Bem, quando você se levanta de manhã, deve saber por que está fazendo isso: porque gosta da sua profissão, porque quer ver seus filhos crescerem, porque tem uma amiga com quem rir e chorar, porque tem um sonho no qual quer trabalhar e construir pouco a pouco etc.

Não vou defender aqui a ideia, muito proclamada pela autoajuda "barata", de que é preciso ter um mega propósito na vida, como ser milionária ou criar uma multinacional, porque é razoável que você não queira ou não precise disso para que sua vida tenha sentido, e talvez nem seja realista imaginar que isso possa acontecer, dadas as suas circunstâncias. Não quero soar pessimista, acho ótimo que todos nós lutemos por nossos sonhos, mas também acho importante atualizá-los, porque nossas vidas, necessidades, capacidades e contexto mudam. No entanto, embora minha opinião seja de que a mentalidade de tubarão é um lobo em pele de cordeiro para a saúde mental, acredito que é importante ter objetivos de vida, mais ou menos grandes e ambiciosos, mas que sejam nossos.

Conviver com a síndrome da boa garota significa que suas resoluções de vida são geralmente voltadas para viver para cuidar, para que as pessoas não pensem mal de você ou para fazer o mínimo de barulho possível, e, embora algumas coisas possam ser satisfatórias de vez em quando, como cuidar (sou psicóloga por um motivo), algumas devem ser focadas somente em você ou em um altruísmo verdadeiro. E não estou dizendo que você não se importa com os outros de forma altruísta, mas tenho certeza de que, na maioria das vezes, mesmo que doa admitir isso, o cuidado também é um mecanismo de defesa para ser validada.

Além disso, as pessoas com síndrome da boa garota também alinham seu propósito de vida com o que acreditam que a sociedade espera delas. Isso significa que, em alguns casos, existe uma incongruência entre seus valores e suas ações ou o que você acha que precisa. Vejo isso com muita frequência em consultas com pessoas que se sentem muito confortáveis com a vida que levam, mas não se permitem aproveitá-la plenamente porque acreditam que nada disso vale a pena sem um parceiro por exemplo. E não tem nada de errado em querer ter um parceiro, é claro, desde que seja por preferência e não por necessidade (porque, caso contrário, estaremos falando de dependência, o que também não é errado, mas não é saudável). É por isso que é interessante parar e pensar se realmente queremos o que queremos ou se apenas achamos que precisamos querer aquilo.

Mais adiante, trabalharemos seus propósitos de vida, mas, por enquanto, vou fazer uma pergunta para que comece a pensar nele: o que você realmente gosta muito, mas sempre deixa para depois?

Não se sentir suficiente

É difícil se sentir satisfeita com a vida quando acha que não merece ser amada ou que coisas boas não acontecem com você, o que é comum quando você se sente insuficiente, falha ou inadequada, sentimentos com os quais a boazinha se conecta com muita facilidade.

E é por isso que é tão importante trabalhar a autoestima, porque não importa se coisas boas lhe acontecem se você ainda estiver convencida de que não as merece ou que elas não são totalmente reais. Na última parte do livro, veremos como trabalhar esses sentimentos.

Vivencias idealizadas pela sociedade: maternidade e hiperprodutividade

Lembra que dissemos que expectativas rígidas e muito altas geralmente levam à insatisfação? Pois então, existem duas que são construídas socialmente e que afetam bastante as pessoas com síndrome da boa garota, a ponto de fazê-las sentir que devem estar fazendo algo errado porque suas vidas não são nada parecidas com o que é retratado na ficção de séries ou filmes por exemplo. São elas a experiência da gravidez e da maternidade e a hiperprodutividade no trabalho.

GRAVIDEZ E MATERNIDADE

A gravidez e a maternidade são momentos importantes para quem os vive; e para nós, mulheres, sempre disseram que:

- Devemos sempre vivê-los com felicidade e entusiasmo. No entanto, nem sempre é assim, nem o tempo todo, porque a gravidez também envolve mudanças físicas às quais pode ser difícil se acostumar, problemas de saúde, alterações hormonais que às vezes fazem com que você nem se reconheça, e assim por diante. E o mesmo vale para a maternidade: você pode estar muito feliz e adorar seu bebê, mas também exausta devido à falta de sono, irritada devido ao choro constante do bebê, assustada porque não sabe como será sua vida de agora em diante, angustiada pela experiência desse processo contínuo de aprendizado no qual você comete erros muitas vezes etc.

- São um requisito (às vezes o único) para sermos validadas como mulheres. Embora esteja lentamente começando a diminuir, a ideia de que uma mulher não pode passar pela vida sem ser mãe está muito arraigada socialmente, como se nossa existência não fosse uma experiência completa ou totalmente feliz se não nos tornarmos mães. E é muito bom querer ser mãe, mas também é muito bom não querer ser mãe ou ter dúvidas a respeito. E, de qualquer forma, a crença de que só se é uma mulher "completa" quando se é mãe gera frustração para todos, tanto para aquelas que são mães e não se sentem tão "válidas" quanto esperavam, quanto para aquelas que não são e se perguntam se estão perdendo "algo".

- O mais importante é o bebê. De repente, você deixa de ser Beatriz para ser "a mãe do Hugo" e ninguém pergunta como você está, e sim "como Hugo está?" Quando ele nasceu, todos lhe trouxeram um brinquedo fofo para acrescentar aos 42 que ele já tinha, mas ninguém perguntou se você queria que lhe trouxessem algo para comer ou que a ajudassem um pouco na limpeza, em um momento em que sua vida e seu corpo estavam de cabeça para baixo e exaustos. É muito bom ver que eles dão atenção ao que você mais gosta no mundo, mas não é tão bom perder sua identidade e visibilidade como uma pessoa que também existe, sente e sofre.

- Espera-se que você seja uma boa mãe e uma boa companheira. Se já se espera que as mulheres sejam boazinhas, quando você se torna mãe, as exigências aumentam exponencialmente. É por isso que é tão fácil se sentir uma mãe ruim e se conectar com a culpa que a leva, mais uma vez, a fazer o que se espera de você. Você pode se sentir uma mãe ruim por passar um fim de semana com seu parceiro e deixar o bebê com seus sogros, ou por sair uma noite para beber com as amigas, ou até mesmo por se trancar no banheiro para chorar porque não consegue lidar com o cansaço e outras emoções à flor da pele que ser mãe gera, que é uma experiência linda, sim, mas também muito difícil. Como se isso não bastasse, uma paciente me contou que, alguns dias após o parto, uma conhecida lhe disse que agora ela tinha de se esforçar mais do que nunca para cuidar do marido, que com toda a atenção ao bebê ele poderia se sentir deslocado e negligenciado, e que esse momento também era muito difícil para ele. Na sessão em que me contou isso, ela se sentia muito culpada. Juntas, questionamos como era possível que, depois de passar pelo desgaste físico, mental e emocional da gravidez e do parto e de se adaptar à nova vida, ao novo corpo, aos novos medos e assim por diante, alguém lhe dissesse que o importante era cuidar bem dos outros. E ela? Quem estava cuidando dela? Lembre-se de que a culpa que uma boa garota sente geralmente anda de mãos dadas com o conforto dos outros.

Como pode ver, nesse caso, a incongruência entre as expectativas e a realidade é fruto da idealização de certas vivências e do preceito social de que, nessas circunstâncias, você deve continuar a ser boazinha em todos os sentidos, o que aumenta ainda mais seu sentimento de insatisfação com a vida.

HIPERPRODUTIVIDADE LABORAL

Um dos muitos pequenos presentes que o capitalismo nos dá é a ideia de que só somos válidos quando estamos produzindo e, como se o presente não fosse tóxico o suficiente, para uma pessoa com autoestima tão frágil e tão dependente da validação dos outros como uma boazinha, é ainda pior.

Por que a obrigação de nunca parar de produzir no trabalho também influencia a sensação de não ser plenamente feliz? Vou lhe contar:

- Se você resumir seu valor a algo que sempre pode ser melhorado ou aumentado em número, estará condenando a si mesma a sempre se sentir insuficiente e, portanto, insatisfeita.

- Se você só é válida quando produz, é muito provável que comece a ficar sem algo tão básico para a saúde como o descanso: sem descanso não temos saúde e sem saúde não temos felicidade.

- Pessoas com síndrome da boa garota, principalmente as mulheres, são ensinadas a vida toda que é errado almejar promoções, ganhar mais dinheiro ou obter prestígio no trabalho, porque isso as torna arrogantes, presunçosas, materialistas etc. O que se espera delas é que sejam boas no que fazem, mas que não se destaquem. Por outro lado, como as boazinhas têm o preceito muito internalizado de que o importante é cuidar dos outros, podem vir a presumir que quase tudo na vida deve ser feito com uma perspectiva altruísta. A combinação das duas coisas as impede de atingir seus verdadeiros objetivos profissionais, metas que as façam se sentir realizadas e de pedir e obter melhores condições que lhes permitam ter tempo e dinheiro para viver uma vida mais plena. Isso alimenta a síndrome da impostora (e vice-versa) e acaba sempre no mesmo ponto: você pode até estar feliz, mas nunca totalmente.

- Se você só produz, não tem tempo para pensar em coisas como: isso é o que você realmente quer para si mesma; vale a pena ficar nesse emprego; se você quer mudar de carreira etc. Isso geralmente leva a uma insatisfação no emprego que você não consegue detectar por completo ou em problemas para encontrar alternativas.

Por que me sinto tão trouxa?

Essa pergunta é feita principalmente por sua parte ingênua e policiadora.

Há anos você tem a sensação de que não faz as coisas tão bem quanto os outros, ou que não entende as coisas tão rapidamente, ou que é desajeitada, e essa falta de jeito, que você acha que os outros percebem, faz com que você se sinta muito envergonhada e vulnerável. Entretanto, ao mesmo tempo, você também percebe que está levando sua vida adiante e fazendo o que se espera de você, e pensa consigo mesma: talvez não tenha me saído tão mal assim. Mesmo assim não consegue se livrar da sensação de falta de jeito ou de ser "trouxa", e acha que os outros ainda não perceberam isso ou que sabem, mas estão fingindo não saber para não magoá-la, mas que no final ficará claro que você não é tão "boa" quanto parece. É provável que faça essas perguntas a si mesma se:

- Ainda se lembra claramente de momentos embaraçosos do dia a dia vividos há muitos e muitos anos, que ainda a envergonham como se tivessem acabado de acontecer;
- Acha que, a qualquer momento, deixará de fazer as coisas direito e os outros finalmente perceberão que você é uma farsa;
- Você se sente muito insegura toda vez que tem que fazer algo na frente de alguém, com medo de que essa pessoa veja o quanto você é burra, mesmo que seja algo tão cotidiano como cortar um bolo em fatias.

No geral, muitas boazinhas se fazem essa pergunta desde pequenas, mas a dúvida se intensifica na adolescência, quando buscamos nossa identidade e nos expomos mais aos outros do que em outras épocas de nossa vida, bem como na idade adulta, quando começamos a assumir mais responsabilidades: o primeiro emprego, o primeiro filho (se tiver), a primeira casa etc. O que influencia algumas boazinhas a se fazerem essa pergunta? Vamos dar uma olhada nisso.

A vergonha como condenação

Já vimos que a vergonha é frequentemente usada como um "disfarce" para a raiva e para qualquer coisa que a boazinha sinta que a deixa desprotegida ou que a faz parecer "má", embora isso também acabe limitando-a e fazendo com que ela se sinta ainda mais "falha", já que aumenta e reforça seu diálogo interno negativo.

É a isso que me refiro quando digo que a vergonha é uma "condenação", afinal o que deveria ser uma proteção acaba sendo sua maior limitação, porque a vergonha faz com que você se sinta estranha, sem graça, desajeitada e, por fim, burra.

Minha paciente Lorena me disse que se sentia envergonhada porque não sabia como se sentir de outra forma nos relacionamentos, pois sempre teve medo de dizer algo que não deveria, fazer um gesto que fizesse as pessoas rirem dela ou mostrar como ela realmente é e ser rejeitada, por isso sempre tendeu a sorrir e ficar de fora de quase tudo com seu grupo de amigos. O problema é que muitas vezes ela foi ridicularizada e considerada chata com "piadas" do tipo: "Opa, Lorena, não fale tanto para não ser chata, hein?", quando ela não falava muito, ou "vamos ver se você vai nos decepcionar, Lorena" quando ela contava uma piada normal em que assumia um papel mais ativo do que o normal. Não é preciso dizer que o constrangimento de Lorena não justifica que riam dela, mas é verdade que sua atitude de se esconder reforçava sua imagem de "sem graça", algo que ela sabia que não era, pois tinha um mundo interior muito rico, mas que não mostrava por medo de ser rejeitada, mesmo que o resultado fosse a rejeição de qualquer jeito.

A falta de traquejo social

O constrangimento social é entendido como a sensação de incompetência em seguir o código social compartilhado que usamos para nos comunicarmos e nos relacionarmos uns com os outros de forma eficiente, educada e com boas maneiras, por exemplo, quando cumprimentar e como fazê-lo, quando sorrir, quando e o que perguntar etc.

Pessoas com síndrome da boa garota tendem a se achar socialmente desajeitadas e isso está intimamente relacionado à vergonha que acabamos de discutir. Isso é curioso, afinal, se presumirmos que as boazinhas sempre tentam fazer o que é certo para elas, seria de se esperar que estivessem muito conscientes das normas sociais para aderirem a elas. E isso é verdade. Entretanto, é exatamente isso que faz com que elas se percebam como socialmente desajeitadas. Por quê? Porque é tão ruim não estar ciente das normas sociais quanto aderir demais a elas a ponto de se tornar forçada e estranha. Como identificar se seu senso de estranheza social se encaixa nesse padrão? Veja como:

- Às vezes, acha que está falando demais sobre um assunto, mas não quer parar porque acha que o que se espera de você é que saiba muito sobre algo e que fale nisso para não ser sem graça;
- Vez ou outra, você não sabe bem quando intervir na conversa, mas quer fazê-lo para que não pareça que não está prestando atenção. Isso geralmente leva você a interromper a outra pessoa ou a uma situação de: "desculpe, eu o interrompi, continue", "não, não, pode falar", "não, de verdade, continue o que estava começando a dizer...", o que gera um ciclo muito desconfortável;
- Ocasionalmente, você se desconecta da conversa porque está se avaliando: "Será que estou sorrindo o suficiente, estou olhando demais nos olhos dele, tenho algo nos dentes, minha postura corporal está tensa demais?"

Medo de não ser boa

Você se lembra da frase "por ser boazinha, acabo sendo feita de trouxa"? Lá atrás ao mencioná-la foi dito que muitas vezes aprendemos que, para sermos boazinhas, temos que abrir mão de certos atos de autoproteção, espontaneidade ou mera diversão: estabelecer limites saudáveis para os outros, ter uma opinião verdadeira sobre algo, tomar decisões que não sejam influenciadas exclusivamente pelo que as pessoas vão dizer, rir apenas do que acha graça etc.

No entanto, fazer isso muitas vezes significa ter de ouvir a nós mesmos dizer: "você é uma trouxa, está sendo capacho dos outros", ou acabar pensando: "como sou boba, por que não disse naquele momento da discussão essa frase ótima na qual acabei de pensar?" E assim, por medo de não ser boazinha, você acaba com a sensação de ser "boba", embora seja óbvio que não é, acredite, do contrário não estaria se fazendo essa pergunta. Somado a isso está o fato de que a superadaptação, como no caso da falta de traquejo social, às vezes faz com que se sinta muito artificial e os outros também a vejam assim, porque você não está sendo você mesma, e sim alguém que age como esperam e, no final, de tanto tentar se encaixar, acaba se sentindo deslocada.

Se você se identificou com esse padrão, é provável que em algum momento já tenha:

- Feito coisas das quais você não tinha certeza para não ficar um climão. Por exemplo, minha paciente Diana conheceu uma garota on-line de quem, a princípio, gostou muito. A garota morava em outro país, mas ambas queriam se ver pessoalmente, então começaram a marcar um encontro em Madri, onde Diana morava. Quando tudo estava combinado, a garota pediu a Diana que lhe emprestasse algum dinheiro para a viagem, pois ela não tinha o suficiente naquele momento, mas estava louca para vê-la. Diana hesitou, pois elas se conheciam há apenas duas semanas e só se falavam pelo Instagram e por telefonemas ocasionais, mas decidiu emprestar o dinheiro. No final, elas se encontraram e se viram, mas a outra garota não falou em devolver o dinheiro, nem durante a viagem nem nas semanas seguintes. Diana, que já tinha se sentido trouxa por emprestar o dinheiro sem ter certeza da relação, sentiu-se ainda mais boba por viver com a incerteza de que ela a pagaria de volta e, ao mesmo tempo, tinha medo de perguntar para não parecer "egoísta".

- Muitas vezes você repensa alguns de seus relacionamentos por causa do que os outros lhe dizem deles. Por exemplo, você acha que eles pensam, ou às vezes até dizem a você, que: "como ela é trouxa, acha que o relacionamento com o ex vai dar certo desta vez", ou "não sei como essa boba continua achando que o irmão vai mudar", ou "Ela é uma trouxa por continuar a conviver com aquelas amigas que não estão nem aí para ela". Saiba que, às vezes, eles podem estar certos ou, pelo menos, podem dizer isso com boas intenções, mas a sensação de ser "trouxa" vem do fato de que você não vê as coisas dessa forma, mas permite que os argumentos de outras pessoas sejam aceitos como uma verdade absoluta que você não está vendo, e é por isso que se sente boba.

- Você acha que deveria saber muito mais do que sabe. Por exemplo, imagine que você está com seus amigos e todos, exceto você, começaram a fazer escalada, começam a falar disso e você se sente muito excluída do assunto. Bem, muitas pessoas nessa situação pensariam:

"Bem, é normal que eu não saiba nada disso, já que não o pratico (sem falar que nem gosto), mas sei falar de outras coisas". No entanto, a boazinha pode pensar algo como: "droga, eu deveria saber disso, me sinto tão excluída, vou pesquisar ou até mesmo me inscrever também (mesmo que não tenha interesse algum)". Para uma boazinha que se sente deslocada, quase todo conhecimento que ela não tem se torna, na sua cabeça, "conhecimento geral" e, portanto, algo que ela deveria saber.

Síndrome da impostora

Já mencionei no livro que a síndrome da impostora é um padrão psicológico (não uma doença) que consiste em acreditar que você não é capaz, válida, inteligente etc. o suficiente para fazer algumas das coisas que faz ou para que o mundo decida se é ou não, embora, na realidade, os fatos demonstrem o contrário.

Como pode imaginar, viver com a sensação de ser uma impostora significa que, às vezes, você não ousa fazer certas coisas que gostaria de fazer por medo de não as fazer tão bem, não progride na carreira porque acha que não merece, que não está preparada ou que não é para pessoas como você e muitas outras milhares de situações que reforçam a sensação de ser uma trouxa.

Como identificar esse padrão? Preste atenção:

- Acha que a qualquer momento todos vão descobrir que você não é tão legal quanto pensam;
- Se sente como uma fraude quando alguém reconhece suas virtudes ou realizações, porque acha que, no fundo, está enganando a pessoa;
- Não ousa tentar melhorar seu trabalho ou sua situação pessoal porque acha que não está à altura de coisas melhores;
- Acha que não merece as coisas boas que lhe acontecem porque "não é nada demais" ser assim ou fazer as coisas boas que você faz;
- Acredita que há conquistas que são inatingíveis para você (apesar de ter as qualidades ou habilidades necessárias) porque elas são para outro tipo de pessoa e você acredita que não está à altura da tarefa;
- Você acha que tudo de bom que lhe acontece foi por sorte, porque você foi ajudado ou porque todos estão sendo muito flexíveis ou benevolentes com você;
- Acha que, quando algumas pessoas a conhecerem melhor, ficarão decepcionadas.

Por que não me amo?

Essa pergunta é feita principalmente por sua parte cuidadora, policiadora, escondida e moralista.

Todos dizem que você não se ama, que não se valoriza o suficiente, que não se vê como eles a veem: "ame-se", dizem, e você se pergunta: onde está o interruptor para isso? E então você começa a fazer todas as coisas que sempre lhe disseram sobre amar a si mesma: praticar esportes, ler livros de autoajuda, ir ao cabeleireiro… E não muda nada, parece que nada funciona. Talvez não seja tão fácil assim. Provavelmente já se fez essa pergunta se:

- Você vive em constante indecisão;
- Tem medo de mudanças;
- Está sempre tentando passar despercebida;
- Você entra em pânico com o que os outros pensam;
- É extremamente autocrítica;
- Tende a se comparar muito e sempre sai perdendo nessas comparações.

Essas são as características que costumo usar nas consultas para definir autoestima baixa ou frágil e, como pode ver, muitas delas também são comuns à síndrome da boazinha. É por isso que as duas estão intimamente relacionadas.

O que faz você não se amar?

Seu perfeccionismo e sua voz interior

Como já vimos, o perfeccionismo exagerado e a autoexigência da boazinha são um mecanismo para se sentir válida, o que a prende em um círculo perigoso que só a faz se sentir cada vez mais insuficiente e, portanto, ela se valoriza e se ama cada vez menos.

Muitas vezes me perguntam na consulta: *Mas se o perfeccionismo e a autoexigência são considerados traços de personalidade, como posso abrir mão deles, já que fazem parte de quem eu sou?* E é compreensível fazer essa pergunta, porque já explicamos como a personalidade é formada e que existem traços relacionados ao temperamento que são praticamente imutáveis. No entanto, o fato de não podermos mudá-los significa apenas que estarão conosco pelo resto de nossas vidas, não que não possamos modulá-los. Portanto, alguém com uma personalidade com tendência ao perfeccionismo pode modulá-la de modo que seja útil e não limite ou deteriore sua autoestima, e sim o contrário, ajude-a a atingir suas metas, a se sentir satisfeita com o que faz, a se envolver em suas paixões etc. Isso é o que veremos na última parte do livro, onde darei algumas ideias para começar a trabalhar e equilibrar de forma realista seu perfeccionismo e sua autoexigência.

Mas antes de chegarmos lá, você precisa identificar se e como eles estão desequilibrados. Portanto, quero que você leia a seguinte lista de características do perfeccionismo pouco saudável para ver onde está o seu:

- Precisa se comparar continuamente com os outros com a predisposição (às vezes inconsciente) de confirmar para si mesma que não está se saindo tão bem ou não é tão boa quanto eles;
- Você se critica como se se odiasse, como se estivesse falando com a pessoa que mais detesta no mundo;
- Adia repetidamente o início de qualquer atividade, o que faz com que se sinta improdutiva com frequência (a procrastinação da qual já falamos);
- Fica tão obcecada com os detalhes que, às vezes, perde a perspectiva do que está fazendo: se gosta ou não, se é o que esperava ou não, se o resultado combina com você ou não...;
- Tende a ficar desmotivada quando algo dá errado ou tem um contratempo na execução, por isso, às vezes, deixa as tarefas pela metade;
- Você tem tanto medo de cometer erros que, às vezes, nem se expõe a fazer certas coisas que gostaria de fazer (é aqui também que entra a síndrome da impostora, muito baseada no perfeccionismo);
- Nunca está completamente feliz ou satisfeita com suas conquistas;
- Acredita que seu valor como pessoa é determinado pelo que você alcança ou faz "perfeitamente".

E por que o perfeccionismo desajustado impede que as pessoas com a síndrome da boazinha tenham uma autoestima forte? Você vai entender isso com clareza no caso de Marina. Marina sempre teve a sensação de que, independentemente do que fizesse, nada seria tão bom quanto ela gostaria. Quando ela veio para a consulta, estava terminando sua tese de doutorado, mas seu perfeccionismo estava tornando seu trabalho interminável e muito, muito desagradável.

Como Marina achava que tudo o que estava fazendo era insuficiente, ela pedia a opinião de todos sobre o que estava escrevendo, mesmo de pessoas que não tinham a menor ideia de sua área de estudo. Embora achasse que isso a tranquilizaria, porque lhe daria uma sensação de controle quando os outros lhe dissessem que não estava tão ruim, a realidade era que ela se sentia cada vez mais estressada e preocupada em cometer erros, porque, ao expor seu trabalho a tantas pessoas, temia que alguém pudesse identificar um problema e pensar: *Bem, Marina não deve ser tão inteligente se está fazendo sua tese há tanto tempo e continua cometendo erros.*

Tudo isso fez com que ela entrasse em um ciclo de pensamentos negativos sobre si mesma que, às vezes, a mantinha acordada à noite, alimentando a síndrome da impostora e um diálogo interno muito negativo com frases como: "Sou um desastre", "Não mereço fazer um doutorado", "Se não consigo nem fazer bem a minha tese, como vou encarar minha vida profissional depois?", "Sempre fui burra, mas até agora tive muita sorte, quando entregar essa tese maldita, vai ser meu fim", "Não sou tão inteligente quanto o resto das pessoas, porque tenho certeza de que essas coisas não acontecem com os outros". Como pode ver, a voz interior de Marina foi se tornando cada vez mais negativa e ela deturpava informações cada vez mais, o que distorcia sua visão de si mesma e alimentava sua crença de que "tudo o que eu fizer será insuficiente, porque eu sou insuficiente".

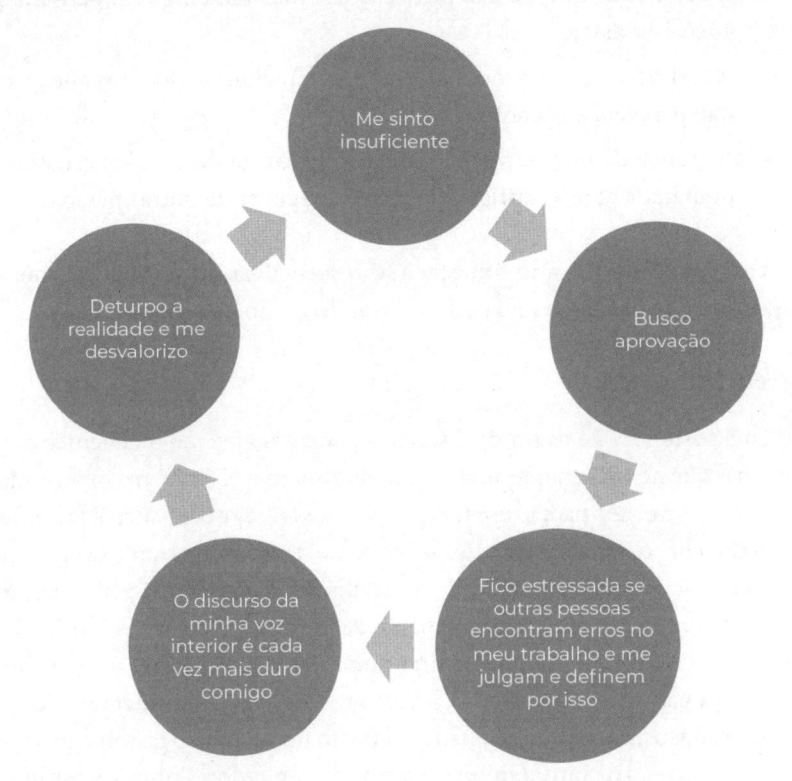

Esse ciclo sempre acaba fazendo com que você se valorize e se ame cada vez menos, o que a deixa com mais medo de cometer erros e com mais necessidade de valorização externa, enquanto você se percebe cada vez menos capaz de se controlar e regular em períodos de estresse ou ansiedade, que, nesse caso, são causados pelo mesmo medo de cometer erros e de não ser suficiente.

Os "benefícios" de não amar a si mesma

Imagino que a ideia de que não se amar tem benefícios deve ter soado bastante estranha para você, e não me surpreende. Coloquei a palavra entre aspas porque não são realmente benefícios, e sim uma forma de perpetuar a síndrome da boa garota para continuar se sentindo "segura" com a crença de que, se ninguém a vê como alguém "má", você não se expõe à rejeição e ao abandono. Portanto, não existem benefícios de fato, mas quais são esses supostos "benefícios"?

- A certeza de que a modéstia a protege e que, quando levada ao extremo, resulta em um diálogo interno que a desvaloriza;
- A certeza de que, se não priorizar a si mesma, ninguém pensará que você é egoísta;
- A certeza de que, se você não aceitar e acreditar nos elogios que recebe, não parecerá arrogante;
- A crença de que, se você se criticar de forma destrutiva, estará mais preparada para as críticas que poderá receber de outras pessoas.

A seguir, veremos como começar a se desvencilhar desses supostos benefícios, aumentar sua autoestima e se libertar do medo de ser você mesma.

Violência estética

Violência estética são todos os discursos e mensagens que recebemos desde pequenas que nos dizem que, nesta vida, é indispensável estar em conformidade com um determinado padrão estético para sermos felizes e bem-sucedidas, ou seja, que nosso corpo, cabelo, rosto etc. devem ser e ter uma determinada aparência.

A violência estética afeta homens, mulheres e pessoas não binárias, mas principalmente a nós que, neste momento da história, para sermos consideradas padrão, precisamos nos depilar, entrar no projeto corpo do verão, ter sobrancelhas espessas e bem delineadas, lábios grossos, cílios abundantes e longos, cabelos sedosos, com volume e sem um único fio de cabelo grisalho, pele lisa, macia e bronzeada, cintura minúscula e bumbum redondinho, pernas longas e um longuíssimo etc. que acho que nem caberia neste livro. Os homens, por outro lado, também precisam atender a certos requisitos, como não serem calvos, serem altos ou musculosos, e como os requisitos estéticos geralmente se baseiam em estereótipos de gênero, as pessoas não binárias estão sujeitas à exigência social de se adequarem a um dos dois estereótipos.

Essa pressão estética tem grande influência no fato de não nos amarmos, embora às vezes seja difícil detectar, porque é algo que está presente desde o momento em que nascemos e que nos atinge por todos os canais, desde a mídia até as conversas cotidianas. Lembra da frase "quietinha você fica mais bonita"? Caso tenha percebido, não apenas nos diz que é melhor ficarmos caladas, mas também associa isso à nossa beleza, e todos nós sabemos que ser "bonita" é socialmente desejável e faz com que você se sinta válida.

Mas o que acontece quando você não se encaixa nesse padrão, o que é bastante comum porque, além do fato de que ele está em constante mudança, é muito difícil atender a cem por cento dos requisitos: você não se sente válida, nem digna de afeto, nem de sucesso. É por isso que chamei de violência estética e não de preceito ou algo parecido. Acha que estou exagerando? Pense por um momento em quando você era criança: como sua turma tratava as pessoas gordas, com dentes muito grandes, com óculos fundo de garrafa ou com orelhas grandes demais… Isso é pura violência estética.

Um elemento que muitas vezes é a gota d'água para que algumas pessoas com a síndrome da boa garota desenvolvam um transtorno alimentar. Transtornos alimentares são problemas multicausais, ou seja, não acontecem por uma única razão, embora sua origem seja geralmente a percepção de pouco controle sobre toda a vida ou sobre alguns de seus elementos, que tentam recuperar controlando o que está mais próximo deles, o corpo, por meio de aspectos mensuráveis, como o número de gramas ou calorias ingeridas, o número de repetições ou minutos de um exercício, o número de quilômetros percorridos a pé ou correndo, o peso, a medida etc., que é o que culmina na anorexia. Ou, às vezes, o que acontece é que as pessoas tentam preencher vazios emocionais ou aliviar a falta de proteção e a solidão que sentem "enchendo-se" e "cuidando-se" através da comida, como acontece no transtorno da compulsão alimentar ou na bulimia, em que a culpa desempenha um papel central: "Eu devolvo o prazer que a comida me dá, porque não o mereço e porque ele tem um custo muito alto: sentir outra vez que não tenho controle." O tema dos transtornos alimentares é muito amplo e complexo para ser tratado neste livro. O que eu quero que você entenda é o mecanismo subjacente e que, infelizmente, se encaixa como uma luva na situação de muitas boazinhas crianças ou adolescentes.

Como saber se está sofrendo violência estética? Nesse caso, posso garantir que você já sofre apenas por existir, porque muitas empresas estão dispostas a vender soluções para os mesmos problemas que criam através do padrão estético, portanto, se você não detectar suas supostas falhas por conta própria, elas a ajudarão. Mas também é provável que você sofra violência estética adicional e, portanto, tenha mais dificuldade para amar a si mesma se:

- **Estiver gorda.** Talvez você se surpreenda com o fato de eu usar essa palavra em vez de dizer "gordinha", "acima do peso", "forte" e outros eufemismos que achamos que são melhores, mas que, na verdade, são muito estigmatizantes e que usamos para não dizer "gorda", porque geralmente associamos essa palavra a um xingamento. Entretanto, gorda é apenas um adjetivo descritivo, assim como se eu dissesse que você é loira, alta, baixa ou que seu cabelo é cacheado. Imagine se alguém evitasse dizer que você tem olhos azuis por considerar isso um insulto. Parece absurdo, não é? Bem, o fato de usar eufemismos é uma prova de que vivemos em uma sociedade gordofóbica, ou seja, que existe um preceito social muito claro para rejeitar pessoas gordas, que são associadas a doenças, preguiça, falta de força de vontade, fracasso, desleixo e muitas outras características consideradas socialmente negativas. O que, por outro lado, é uma mentira. E não sou eu que estou dizendo isso, é a ciência. Se não acredita em mim, eu a encorajo fortemente a procurar conteúdo na internet a respeito de gordofobia, porque isso pode ajudá-la a começar a fazer parte da solução e não do problema com os quais as pessoas gordas precisam lidar, que são tratadas como cidadãos de segunda classe simplesmente devido ao tamanho de seu corpo.

- **Está velha.** Digo isso sem eufemismos, porque estar velha também não deveria ter conotações negativas. O problema é que, quando você chega a uma certa idade, é dado como certeza de que você não pode mais ser bonita. Por quê? Porque o padrão diz isso, minha amiga. O padrão associa a beleza à juventude.

- **Você é uma pessoa racializada.** E por racializada quero dizer que você não é branca. O padrão determina que a beleza é exclusividade de pessoas brancas caucasianas, e é por isso que a beleza de pessoas asiáticas ou negras, por exemplo, é frequentemente rotulada de "exótica". Mais violência.

- **Você tem diversidade funcional ou deficiência** (escolha o termo com o qual se sente mais confortável, sei que as opiniões divergem aqui). Quantas modelos você já viu em cadeiras de rodas? Ou com um braço amputado? Ou cegas? Não preciso dizer mais nada, não é?

Por que estou mental e emocionalmente exausta?

Essa pergunta é feita principalmente por suas partes cuidadora e policiadora.

Você sente que tem muito o que fazer e pouca energia, que sua cabeça está cheia e em um turbilhão de pensamentos que a deixam completamente exausta. Se sente sobrecarregada e com coisas demais para fazer, irritada e prestes a explodir. Provavelmente, está se fazendo essa pergunta se:

- Você se sente irritadiça, mesmo em situações que costumava considerar agradáveis ou neutras;

- Sente que seu cérebro vai explodir toda vez que recebe uma ligação ou mensagem pedindo algo;

- Você sente que não tem energia ou motivação para atividades que sempre gostou;
- Está com dificuldade de manter o foco, mesmo com uma série ou filme de que gosta;
- Tem dificuldade para dormir;
- Você se conecta momentaneamente com motivações futuras (algum plano, por exemplo), mas acaba se sentindo vazia.

Esses são os pontos que geralmente avalio na consulta para saber se alguém está mental ou emocionalmente exausta. A causa está em muitas das perguntas que analisamos até agora, porque, como você viu, todas elas exigem tanta energia que acabam dando uma rasteira no cérebro: complacência, busca de controle, repressão de emoções, superadaptação, perfeccionismo, maternidade e como a entendemos etc. Mas existe mais um fator que é fundamental para a exaustão mental com o qual muitas boazinhas lidam:

A carga de trabalho mental

Tenho uma consulta às cinco horas com a psicóloga, às sete tenho que buscar as crianças na aula de dança e não posso me esquecer de enviar a correspondência para os fornecedores, a que horas o banco abre amanhã? Porque eu tenho que ir sem falta para verificar as taxas da conta e ver se tenho tempo de ir ao supermercado, já que a geladeira está vazia. E o almoço de sábado com os sogros, meu Deus, o que me faz lembrar que preciso ligar para minha mãe para saber como ela está.

Esse turbilhão de pensamentos parece algo que me deixou cansada só de escrever? Bem, isso é carga de trabalho mental, minha amiga. Basicamente, é colocar sua cabeça continuamente sob intensa pressão para garantir que você não se esqueça de nada, para atingir suas metas diárias, para tomar as pequenas decisões cotidianas (por mais difícil que isso seja para uma boazinha) e, em muitos casos, para garantir que você esteja cuidando bem de todos.

Todos nós podemos precisar lidar com essa carga mental em algum momento, mas é muito comum em pessoas com a síndrome da boa garota, já que, na ânsia de ser o que todos esperam, de cuidar e priorizar os outros acima de si mesma, de evitar conflitos etc., acaba assumindo a carga mental (e, às vezes, também a prática) de coisas que, em geral, deveriam ser feitas por outras pessoas.

Como a carga mental afeta a saúde mental de uma pessoa com a síndrome da boa garota?

- Aumenta ainda mais sua autoexigência;
- Aumenta a seu estado de hiperalerta e, portanto, a ansiedade;
- Faz com que tenha dificuldade para dormir (devido ao hiperalerta e à tendência de pensar demais nas coisas);
- Causa distração, o que aumenta a sensação de fracasso e o medo de errar;
- Faz com que você se sinta culpada por descansar ou se divertir;
- Faz com que se sinta completamente exausta mental e emocionalmente.

Agora, gostaria de informá-la que já respondemos a todas as perguntas mais frequentes que as boazinhas fazem a si mesmas. E, embora vejamos mais adiante como parar de fazê-las, quero que você perceba que, até agora, todas as perguntas foram relacionadas exclusivamente a você e ao seu mundo interior. No entanto, tem outra grande pergunta que a boazinha costuma fazer a si mesma e que está relacionada aos outros: "Por que sempre acabo em relacionamentos insatisfatórios?" Uma pergunta tão interessante que merece seu próprio capítulo.

A vida com os outros: Por que sempre acabo em relacionamentos insatisfatórios?

Intitulei este capítulo de "a vida com os outros", mas poderia muito bem ter sido "a vida para os outros", porque, se você tem a síndrome da boa garota, sabe que sua vida é muito mais baseada em viver para os outros do que ser você mesma e, então, compartilhar a vida com quem quiser estar com você. E é aí que está o ponto crucial do motivo pelo qual sempre acaba em relacionamentos insatisfatórios: porque você não está presente neles. Ou melhor, está, mas como objeto, nunca como sujeito. Para apoiar, nunca para ser apoiada. Para admirar, nunca para ser admirada. Mesmo que, no fundo, você deseje todas as segundas partes das três frases que acabei de dizer, não sabe como conseguir isso sem deixar de ser boazinha, sem se expor a ser abandonada por não ser quem esperam que seja. Mais uma vez, acaba presa em um ciclo interminável.

Para poder responder à sua pergunta, você precisa conhecer os principais tipos de relacionamentos que pessoas com a síndrome da boa garota tendem a construir, que se caracterizam pelo seguinte:

- São assimétricos, ou seja, dentre os dois membros do relacionamento ambos não recebem os mesmos benefícios e não dedicam o mesmo esforço ao vínculo;

- Fazem com que a boa garota sinta que está à sombra da outra pessoa em algum ou em vários aspectos relacionados à atenção, admiração, envolvimento etc;
- A boazinha sempre acaba sofrendo sem saber como sair disso, nem como continuar "bem";
- A boa garota quer pedir o que precisa, mas não sabe como fazê-lo ou entra em pânico. Às vezes, ela nem mesmo identifica suas necessidades por completo, embora perceba que tem alguma coisa faltando.

Que fique claro que não estou me referindo apenas a relacionamentos amorosos, e sim a relacionamentos em geral, incluindo amizades, relacionamentos familiares e qualquer outro relacionamento em que haja afeto, mesmo que você não saiba como rotulá-lo.

Para falar dos diferentes tipos de relacionamentos e sua dinâmica psicológica, vou usar as mesmas metáforas que uso na terapia para explicá-los aos meus pacientes. Adoro metáforas e a meu ver ajudam muito mais do que explicações técnicas ou teóricas para entender e reter as informações, e para que possamos voltar a elas sempre que precisarmos. Observe os títulos de cada seção, pois a ajudarão a se lembrar delas.

A salvadora e a salva: dependência e codependência emocionais

Ao continuar lendo, deve ter pensado que é muito provável que as pessoas com síndrome da boa garota estabeleçam relacionamentos emocionalmente dependentes, justamente por causa da necessidade de agradar e do pânico de serem abandonadas ou rejeitadas. E, sendo assim, você não está errada, embora a dependência emocional tenha suas nuances, já que depender do cuidado de alguém não é a mesma coisa do que depender de que alguém precise ser cuidado.

Está vendo aonde quero chegar? Em geral, quando dependemos emocionalmente de alguém, o que acontece é que precisamos que a outra pessoa nos dê prioridade, que sua presença nos poupe do sofrimento que a solidão nos causa (porque nem sempre sabemos como fazê-lo), que nos guie e administre por nós as situações que não sabemos como lidar, que cumpra nossas regras rígidas sobre como o relacionamento deve ser para que não nos sintamos abandonadas etc. Mas existem momentos em que a dependência emocional vai na direção oposta: o que buscamos é que a outra pessoa precise de nós para guiá-la pelo "caminho certo"; para nos sentirmos especiais porque damos a alguém o cuidado de que tanto precisa, porque sua vida tem sido muito difícil ou porque achamos que ela está vulnerável por algum motivo; para "salvar" pessoas que sempre têm problemas de um destino fatal etc. Esses dois lados da moeda são dois tipos diferentes de dependência emocional nos relacionamentos: o primeiro é o que normalmente é entendido como dependência emocional e o segundo é o que é chamado de codependência emocional. Na dependência emocional, seu bem-estar depende de alguém que a salve; na codependência emocional, seu bem-estar depende de alguém que a escolha para ser salvo por você. Claro que, em ambos os casos, o bem-estar não dura muito, porque depender exclusivamente de uma pessoa para ser feliz nunca dá certo e só leva a mais sofrimento e mais medo de abandono devido à incapacidade que percebemos de ser feliz sem depender de tudo isso. É uma prisão.

Como pode imaginar, a boa garota tende a ter relacionamentos codependentes, porque o que é importante para ela não é sua necessidade de cuidados (mesmo que ela exista), e sim sua necessidade de cuidar para se sentir válida. Por esse motivo ela tem uma tendência de se relacionar com pessoas que:

- São problemáticas. Por exemplo, estão sempre metidas em problemas e não sabem como sair deles, não são muito transparentes e escondem informações que mais tarde levam a mais problemas; deixam todos a seu redor apreensivos, que acreditam que um dia algo grave acontecerá com elas porque não conseguem controlar seus impulsos etc.

- Tiveram um passado difícil. Por exemplo, sua família as abandonou ou as tratou muito mal, suas ex-parceiras as traíram ou fizeram da vida delas um inferno, seus grupos de amigos sempre as excluíram, humilharam ou rejeitaram etc.

- São muito complicadas e enigmáticas. Por exemplo, pessoas misteriosas que não falam muito de si mesmas, mas a boa garota detecta que elas podem esconder uma história de dor, então ela encara o relacionamento como um desafio para ajudar essa pessoa se tornar sua "melhor versão" e, ao mesmo tempo, saber tudo o que ela esconde e que a torna tão especial. Isso faz com que elas também se sintam muito especiais por serem as "escolhidas" para desvendar seus mistérios.

Nesse contexto, a boa garota dedica todos os seus esforços e atenção para "salvar" a outra pessoa da dor que ela carrega e, para conseguir isso, ela adotará posturas muito pouco saudáveis que, portanto, se traduzem nas quatro características que já mencionamos:

- Assimetria: *Eu me esforço para cuidar de você e me sinto invisível o resto do tempo;*
- Apagamento: *Você recebe toda a atenção, porque é sempre a vítima e a pessoa que desperta a compaixão dos outros, enquanto eu sou o personagem secundário que só existe porque o apoio;*
- Sofrimento: *É difícil estar com alguém que, mesmo que a ame, não me faz sentir vista e pede que eu faça um esforço sobre-humano para tirá-la de todos os problemas em que se mete ou que lhe acontecem;*
- Incapacidade de exigir atenção: *Não posso pedir nada, porque a pessoa que realmente precisa de atenção e cuidado é a outra pessoa. Se eu pedir, ela terá dificuldade em lidar com isso e eu a machucarei.*

Agora que sabe como a dinâmica funciona, precisa detectar se tem ou teve em algum momento de sua vida um relacionamento desse tipo. E não é incomum que isso tenha acontecido com você, porque a codependência é muito normalizada e até reforçada por pessoas com síndrome da boa garota e seu ambiente. Afinal, se passou a vida inteira se desdobrando pelos outros, imagine quando a outra pessoa realmente precisa de muita ajuda. Assim, é comum que você considere esse tipo de vínculo como uma referência saudável de como os relacionamentos devem ser (porque qualquer outra coisa seria egoísmo), e isso faz com que você fique ainda mais preso à questão: como posso me sentir insatisfeita se estou em um relacionamento "saudável"? Por isso quero que saiba em quais pontos deve focar para saber se está ou já esteve em uma relação de codependência:

- Você sentiu atração ou interesse pela outra pessoa porque se deu conta de que ela estava muito fragilizada, que precisava de carinho e atenção, que ninguém a escutava ou entendia, e então pensou: *ela precisa de alguém como eu ao seu lado;*
- Sente que o papel que adquiriu no relacionamento com essa pessoa lhe dá poder e uma sensação de controle: *se ela precisar de mim, não me deixará;*
- Você se desespera quando vê que, apesar de todos os seus esforços, a outra pessoa ainda se sente mal ou tem os mesmos problemas de sempre, porque você se sente responsável pelas emoções e decisões dela;
- Evita estabelecer limites saudáveis para que a outra pessoa não se sinta atacada ou que você esteja invadindo o espaço dela;
- Você minimiza ou justifica os comportamentos indesejáveis da outra pessoa: *tudo bem ela gritar comigo, está passando por um momento difícil;*

- Embora às vezes você não sinta vontade de fazer o que a pessoa pede, você não recusa, pois acha que ela não saberá lidar com a situação sozinha ou teme que ela fique com raiva de você: *Vou mandar minha localização para ela não se preocupar e não achar que a estou traindo;*

- Às vezes, você fica com raiva porque se sente usada, mas a reprime para se proteger: *Eu não deveria me sentir assim, deve ser coisa da minha cabeça;*

- Você se culpa com todas as forças quando não sabe como ajudar essa pessoa: *se eu não souber como ajudá-la, ela vai me largar;*

- Está muito cansada porque sempre tenta antecipar as necessidades da pessoa: *Acho que a Maria estava brava hoje, será que foi porque o jeito que a cumprimentei foi muito seco?*

Como pode ver, foquei em explicar o papel do codependente, em vez do papel do dependente, porque o que me interessa é que saiba identificar o que tem em mãos ou está dentro de si. No entanto, se você se identificou com tudo isso, recomendo muito a leitura do meu livro anterior, *Que sea um amor del bueno* (Que seja um amor do bom), principalmente a história de Lídia e Jacobo, porque isso a ajudará a entender como os papéis de codependência e dependência emocional coexistem.

Nas consultas, às vezes também me refiro a esses papéis como mãe superprotetora e filho dependente, pois essa é uma dinâmica codependente que muitas vezes se repete ao longo da vida e é aplicada em relacionamentos amorosos ou de amizade, em que uma pessoa assume o papel de mãe, psicóloga ou enfermeira, e geralmente é alguém com um certo nível de síndrome de boa garota.

A fã e sua estrela: idealização

Se você é um grande fã de alguém, seja cantor, jogador de futebol, ator, influenciador ou celebridade, provavelmente o idealiza, ou seja, acha que ele tem muito mais qualidades do que realmente tem. Para mim, por exemplo, é Belén Aguilera, que é uma cantora; sua música e letras são tão incríveis que, no final, penso: "Tenho certeza de que ela é muito simpática (bem, ela é mesmo, pude comprovar isso), uma pessoa superempática, inteligente, cuidadosa com seu entorno e com o meio ambiente, administra todos os conflitos de forma brilhante, é altruísta e supertrabalhadora ...". E talvez ela seja mesmo tudo isso, mas tenho certeza de que ela também deixa a tampa do vaso sanitário levantada de vez em quando ou faz cara de bunda para alguém quando está tendo um dia ruim ou fez algo que não deveria. Por que eu sei disso? Porque ela é humana, como eu, e os humanos sempre têm suas luzes e sombras. E os fãs não precisam conhecer as sombras de seus ídolos para serem fãs, mas se estivermos falando de relacionamentos reais e íntimos, garanto que precisamos, porque, caso contrário, o relacionamento nunca será equilibrado e, portanto, satisfatório.

Quando conhecemos alguém com quem temos uma conexão, é natural idealizarmos a pessoa, principalmente em relacionamentos, e não há nada de errado nisso, é um processo normal, e eu diria até necessário, para deixar fluir as emoções intensas que um vínculo satisfatório gera no início. Entretanto, o que acontece quando essa idealização perdura? Bem, em primeiro lugar, as quatro características já mencionadas e comuns nos relacionamentos da boa garota aparecem outra vez e, em segundo lugar, quando você idealiza a outra pessoa:

- Você rejeita a verdadeira natureza dela, porque a força a ser quem você espera que ela seja e exige dela tanto quanto exige de si mesma;

- A condena a nunca ser suficiente para você, porque ela certamente nunca alcançará o nível de perfeição que um fã atribui a seu ídolo;

- Você a pressiona para que ela não fracasse, o que muitas vezes pode fazer com que você rompa relacionamentos que poderiam ter sido saudáveis e bonitos, porque você superestima o erro da outra pessoa tanto quanto tende a superestimar seus próprios erros. Imagino que possa parecer estranho para você, porque talvez pense que a boa garota se apega aos seus vínculos seja lá quem for, e isso é verdade às vezes, mas nem sempre. Na verdade, às vezes ela até sabota inconscientemente os relacionamentos em que se sente realmente satisfeita e cuidada, porque acha que não está cumprindo sua "função" de estar lá para o outro e sente que está monopolizando os holofotes, o que a faz se sentir egoísta ou sem empatia;

- Você a escraviza para ela ser quem você precisa que ela seja e, ao fazer isso, você também se escraviza, porque se ela cumprir sua função, você não poderá "ser" sem ela (como acontece na dinâmica da codependência, que também pode surgir da idealização da outra pessoa, não apenas de ser idealizada), de modo que o relacionamento se torna desgastado e desequilibrado.

E o que acontece com você? Quando você idealiza a outra pessoa:

- Você se resigna a estar sempre nas sombras e a se sentir inferior, o que a deixa em uma posição muito vulnerável, pois se sente cada vez menos merecedora de cuidados e atenção;

- É mais provável que você se envolva em relacionamentos com pessoas com traços narcisistas, o que geralmente leva a relacionamentos muito tóxicos ou até mesmo abusivos. Uma pessoa com traços narcisistas busca justamente que você a idealize para ter poder sobre você e, assim, manipular, humilhar ou desvalorizar você para aumentar o ego dela. Isso é muito perigoso;

- Você não conseguirá ter um relacionamento de igual para igual e abrirá a porta para a falta de responsabilidade afetiva, falta de respeito, dinâmicas que não a satisfazem de forma alguma, não conseguirá ser você mesma etc.

Em consulta, também me refiro a essa dinâmica como líder de seita e seguidor, ou chefe legal e funcionário exausto, porque é disso que se trata, colocar alguém em um pedestal que, se não for a pessoa certa, pode tirar proveito de sua posição para abusar do poder ou, se for, posso acabar banindo-a de minha vida (ou banindo a si mesma) quando não atender a todas as minhas expectativas exageradas.

O professor e seu aprendiz: jogos de poder e manipulação

Em todos os relacionamentos humanos existem pequenas (ou não tão pequenas) disputas de poder. O que é uma disputa de poder? A tensão que existe entre duas ou mais pessoas em um relacionamento próximo quando buscam a autoridade no vínculo como uma forma de se afirmarem nele. Quando está com suas amigas decidindo onde ir jantar e uma delas não concorda com nenhuma das propostas e insiste que você deve comer sushi, a única opção que ninguém mais apresentou, temos aí um pouco de luta pelo poder: seja lá qual for o motivo, e inconscientemente, essa amiga precisa confirmar para os outros e para si mesma que ela tem um papel no grupo, que suas decisões são boas (às vezes até mesmo apresentando-as como as melhores em termos inequívocos) e ela decide ser vista pela estratégia de não ceder, ou fazê-lo com relutância, às decisões dos outros.

Como pode ver, as disputas ou dinâmicas de poder são intrínsecas e naturais nos relacionamentos humanos, por isso é essencial saber administrá-las e equilibrá-las, do contrário, elas podem se enraizar ou, pior ainda, se transformar em jogos de poder baseados em manipulação, que é uma forma de abuso psicológico, seja ela proveniente apenas de uma das partes ou uma dinâmica em que todos participam e se machucam mutuamente em busca do poder absoluto no vínculo ou se defendendo da perseguição do outro.

E o que acontece com as boazinhas é que, às vezes, assumem o papel de aprendizes ou alunas nos relacionamentos. Quando isso acontece? Quando acreditam que podem aprender muito com a outra pessoa, ou que a outra pessoa tem um nível moral ou intelectual muito mais elevado do que elas, ou mais experiência de vida, status social, bondade etc. Há vários fatores que definem essa assimetria entre professor e aluno e vamos examiná-los a seguir. No entanto, isso não significa que sempre andam de mãos dadas com jogos de poder prejudiciais à saúde, mas são fatores de risco se você não souber como lidar com essa dinâmica de poder ou se tiver alguém que não tenha boas intenções.

- **Relacionamentos com uma diferença considerável de idade.** Nesses relacionamentos, a pessoa mais velha supostamente viveu muito mais tempo do que a pessoa mais jovem, portanto, a pessoa mais jovem pode achar que deve aprender com a pessoa mais velha porque ela supostamente sabe muito mais, tem melhor julgamento etc. Isso pode levar a uma diferença significativa de poder.

- **Relacionamentos em que uma das pessoas é supostamente mais culta ou inteligente.** Nesses casos, a pessoa teoricamente menos culta "depende" da visão de mundo da outra pessoa, e pode até surgir uma admiração "forçada" que a coloca sempre em um nível inferior.

- **Relacionamentos em que um dos parceiros é mais estável financeiramente.** Quem dera que isso não gerasse diferenças de poder, mas não é esse o caso. Por exemplo, em um casal em que um dos parceiros tem muito mais capacidade econômica do que o outro, podem ser geradas muitas disputas de poder que, se não forem bem administradas, podem criar grandes problemas: a pessoa com mais dinheiro é quem sempre toma as decisões em relação ao tempo livre e o projeto de vida em conjunto, a pessoa com mais dinheiro geralmente empresta para a pessoa com menos, o que certamente fará com que o outro se sinta endividado e pode se tornar uma ferramenta de controle, caso o credor não tenha boas intenções. Por exemplo: "você vai ficar em casa e não vai sair com seus amigos, porque não tem dinheiro e ultimamente tenho emprestado demais para você".

- **Relacionamentos em que uma pessoa busca a admiração total da outra.** Isso é muito comum em relacionamentos com pessoas com traços narcisistas, ou seja, pessoas que têm um grande déficit de autoestima (ao contrário do que normalmente se pensa delas) e "compensam" apresentando-se aos outros como pessoas muito especiais, dignas de muita admiração e com qualidades supostamente superiores às dos outros, sejam elas quais forem. Eles tendem a não ter inteligência emocional, não têm empatia e evitam demonstrar vulnerabilidade. Entendem os relacionamentos como um meio para atingir um fim, sendo que o fim é aumentar seu ego, por isso empregam sistematicamente técnicas de manipulação e muitas mentiras para atingir seus objetivos. Esses relacionamentos são terrivelmente perigosos, e as pessoas com síndrome da boa garota estão muito expostas a eles por razões óbvias: elas procuram cuidar da outra pessoa, não importa quem seja, principalmente se essa pessoa for "especial" (lembre-se do papel de salvadora) e acreditam que, ao se submeterem aos outros, estarão seguras (o que é sempre muito perigoso, ainda mais quando a outra pessoa só quer inflar seu próprio ego).

Agora que conhece alguns dos fatores de risco mais importantes que facilitam os jogos de poder tóxicos nos relacionamentos, é importante que conheça os tipos de manipulação aos quais a boazinha está mais exposta nos relacionamentos professor-aprendiz. Isso permitirá que você os detecte para que, como explicarei mais adiante no livro, possa evitar e administrá-los. São os seguintes:

Gaslighting

Esse é um tipo de violência psicológica muito silenciosa e, portanto, muito perigosa, porque é muito difícil de identificar. Baseia-se na negação repetida pelo agressor dos eventos ocorridos, de modo que a vítima começa a duvidar de sua própria percepção e, por fim, da sua saúde mental, o que a deixa em uma posição muito indefesa que a faz se submeter ao agressor, por puro instinto de sobrevivência, até que sua identidade e seu julgamento sejam completamente anulados. No final, a vítima fica dependente do agressor e tem a sensação de que não sabe mais quem é, o que é certo e o que é errado. Ela só sabe que, para sobreviver, precisa se submeter a esse relacionamento.

Esse é um tipo de manipulação que as pessoas com síndrome da boa garota sofrem com muita frequência, afinal já tendem a se sentir desamparadas e inseguras, duvidam de seu próprio julgamento, precisam agradar aos outros etc. Vamos dar uma olhada em alguns exemplos comuns de comportamentos de *gaslighting* para que você possa aprender a identificá-los:

- Comentários sutis e depreciativos sobre você, que são intercalados com outros mais gentis e seguem um padrão constante ao longo do tempo: "você é muito sensível, lógico que não fiz de propósito", "estou começando a ficar preocupado com essa sua loucura, fica vendo coisa onde não tem", "está exagerando, como sempre, deveria procurar ajuda profissional, porque você vive as coisas com muita intensidade, não é normal";
- Insistência de que os problemas no relacionamento resultam de interpretações erradas da sua parte: "você está sempre criando discussões, já disse que isso é coisa da sua cabeça", "adora brigar, não é? sempre

procurando pelo em ovo", "Dá para esquecer esse assunto? Se continuar assim, vai acabar estragando nosso relacionamento";

- Paternalismo, muito comum nessas relações professor-aprendiz: "só quero o melhor para você, e estou vendo que está muito perdida", "você não viveu tanto quanto eu, é por isso que dá tanta importância à essas bobagens", "acha que eu mereço esse tratamento depois de tudo que faço por você, você está muito enganada, deveria pensar melhor".

Se ainda tiver dúvidas se passou por esse tipo de manipulação ou não (algo muito comum quando se passa por *gaslighting* há muito tempo, porque você começa a duvidar de tudo), também quero que você veja algumas respostas de submissão comuns a esses comportamentos manipuladores:

- Sente que não pode fazer nada para mudar a situação e que precisa que a outra pessoa tome as decisões "certas" e a oriente adequadamente na vida;
- Você se justifica e se desculpa continuamente por situações que não entende ou pelas quais sabe, sem dúvida, que não deveria se justificar ou se desculpar, mas faz isso automaticamente para evitar romper o vínculo;
- Tende a nunca questionar nada que a outra pessoa diga ou faça, porque não confia em seu próprio julgamento.

Chantagem emocional

Essa forma de manipulação baseia-se em despertar sentimentos de culpa, tristeza, obrigação ou medo na outra pessoa a fim de mantê-la sob controle e fazê-la agir como o agressor precisa. As pessoas com síndrome da boa garota são muito sensíveis a esse tipo de manipulação, porque se conectam facilmente com a culpa quando não são quem os outros esperam que sejam; com a obrigação, porque sentem que estão no mundo para satisfazer as necessidades dos outros e, além disso, sentem imediatamente pena de seus semelhantes e se sentem responsáveis por apaziguar esse sentimento. Quando a chantagem emocional é exercida através do medo, a boa garota também cai facilmente nela, porque se sente desamparada e desprotegida.

Como a chantagem emocional geralmente ocorre? Preste atenção para poder identificá-la:

- A outra pessoa se vitimiza para que você se sinta culpada: "se você não me emprestar o dinheiro, não vou poder comprar os remédios que minha mãe tanto precisa, porque ela está doente, mas não se preocupe, a culpa é minha por ser um namorado ruim", "se você sair da minha empresa, seus colegas terão que trabalhar três vezes mais e vai ser muito difícil para eles, mas faça o que você achar melhor", "achei que ia passar o dia com você, mas pelo visto seus amigos são muito mais importantes do que eu, ninguém está nem aí para mim, então vou ficar aqui sozinha";

- O outro a ameaça explícita ou implicitamente: "se você não quiser ficar comigo, não tenho porque viver", "cortei relações com meus amigos para ficar com você, então espero o mesmo de você, senão...", "se você contar qualquer coisa do que aconteceu hoje entre nós, pode esquecer que eu existo";

- A outra pessoa faz com que se sinta especial para gerar dependência ou codependência: "só você me faz sentir tão vivo assim", "ninguém vai me amar e cuidar de mim como você", "preciso de você mais do que qualquer outra pessoa; se você me largar, não sei o que vai ser de mim";

- O outro questiona o seu valor: "você não sabe fazer isso, deixa que eu faço", "a culpa é minha por achar que você conseguiria fazer isso", "o que você faria sem mim para resolver esses probleminhas, hein?";

- A outra pessoa dá a entender que você não pode confiar em ninguém além dela: "acho que ninguém jamais verá em você o que eu vejo, sei como tratar e amar você, por mais difícil que você seja", "nenhum outro emprego vai te dar as facilidades que damos aqui, mesmo que você ainda tenha muito a aprender", "você é minha melhor amiga e acho que deveria ver isso; os outros não sabem como valorizar você como eu";

- O outro exerce resistência passiva, que é um tipo de manipulação passivo-agressiva em que o agressor aceita sua solicitação ou ideia, mas depois a sabota adotando uma atitude hostil, procrastinando, fazendo com que você duvide dela etc: "Está bem, em dez minutos vou me arrumar para ir à casa dos seus pais. Já disse que vou, então não me apresse...", "Saia de casa, então, vamos ver se consegue pagar o aluguel sem a mamãe e o papai", "Vá viajar com seus amigos, mas depois não adianta reclamar que tem um monte de trabalho acumulado".

Triangulação

Como já falamos bastante sobre isso, não vou me prolongar muito mais, apenas lembrá-la de que a triangulação é quando uma pessoa ataca outra por meio de um terceiro e é uma ocorrência comum em algumas famílias ou em qualquer outro vínculo pessoal. Mais informações na página 79.

Tratamento de silêncio

Também conhecido como dar um gelo, tratamento de silêncio significa que o agressor ignora você, não fala ou responde apenas com palavras monossilábicas. Isso a deixa no mais absoluto desamparo, porque você geralmente não entende o que aconteceu para que essa pessoa se comporte desse jeito e, quando pergunta, também não recebe uma resposta clara, mas algo como "você sabe muito bem o que fez", "se prestasse atenção em mim, saberia", "não tenho/foi nada", então você começa a pensar no que poderia ter feito de errado e sua ansiedade aumenta.

O tratamento de silêncio é um comportamento manipulador e, portanto, não é saudável, mas é muito importante não o confundir com ferramentas perfeitamente saudáveis, como dar um tempo ou o contato zero, dos quais falarei no final do livro. Como reconhecer se alguém está lhe dando o tratamento de silêncio?

- Trata você como se não existisse ou não estivesse presente. Se falar com ele diretamente, às vezes recebe uma resposta como: "não sou surdo, ouvi da primeira vez, não precisa ficar repetindo", quando você só disse uma única vez;
- Se perguntar o que está acontecendo, ele responde com caretas e palavras monossilábicas e indiferentes ou frases passivo-agressivas, como as que já mencionamos;
- Não responde às suas mensagens, embora as leia, ou o faz de forma mecânica e com poucas palavras, como se não a conhecesse. Claro que isso não se aplica caso a pessoa esteja ocupada e não possa responder com calma;
- Automaticamente deixa de ser uma pessoa afetuosa para ser totalmente fria;
- Evita ou se afasta constantemente de você.

Técnicas de manipulação baseadas em reforço intermitente

Já se perguntou por que está tão apegada a um relacionamento que a faz sofrer tanto, mas "quando está tudo bem, tudo fica muito bem"? Talvez a resposta seja o que em psicologia chamamos de reforço intermitente. Os seres humanos tendem a repetir ou evitar comportamentos dependendo de suas consequências, ou seja: se estiver jogando um jogo no qual às vezes sou recompensado com, por exemplo, trezentos reais, mas nem sempre, vou continuar jogando porque tenho certeza de que em algum momento vou receber os trezentos reais, porque isso já aconteceu antes e eu gosto disso, mesmo que na maioria dos jogos eu não ganhe nada. É por isso que as máquinas caça-níqueis são "viciantes", e é pelo mesmo motivo que alguns relacionamentos tóxicos também o são: porque mesmo que discutam a maior parte do tempo, quando se reconciliam, é tão intenso que você quer reviver o momento de novo e de novo, e de alguma forma você sabe que isso acontecerá novamente, mesmo que o preço seja tão alto quanto viver em um relacionamento tóxico.

Acho importante que você conheça essa dinâmica porque ela é o pano de fundo para muitas das manipulações e da falta de responsabilidade afetiva com que as pessoas com síndrome da boa garota precisam lidar nos relacionamentos. Além disso, também são os tipos de manipulação que as pessoas com traços narcisistas mais comumente praticam, portanto, quero que seja capaz de identificá-los muito bem:

Hoovering

Palavra que vem de *hoover*, que em inglês significa "aspirar", uma metáfora que cai como uma luva nesse caso, já que se refere ao processo pelo qual uma pessoa que esteve em sua vida "aspira" você de volta para a vida dela e faz você acreditar que ela sente sua falta quando, na realidade, só quer aumentar o próprio ego através desse contato. Para saber se você sofre ou já sofreu esse tipo de manipulação, atente-se ao seguinte:

- A pessoa só aparece em datas especiais, como Natal, aniversários, datas comemorativas importantes etc., momentos em que ela envia uma mensagem cheia de emoção, evoca as coisas bonitas que você viveu ou expressa solidão ou tristeza para tocá-la emocionalmente e fazer com que você se conecte com ela;
- A pessoa entra em contato com você para pedir ajuda porque está passando por alguma situação extrema: um problema de saúde, uma crise pessoal ou no trabalho etc. Basicamente, o que ela quer é que você ative seu papel de salvadora;
- A pessoa puxa assunto de repente como se vocês nunca tivessem perdido o contato e fosse a coisa mais natural do mundo falar com você como se nada tivesse acontecido, quando na última vez que você falou com ela, ela simplesmente sumiu do mapa (*ghosting*) ou vocês tiveram um término ruim.

Love bombing

Ou o que realmente é: bombardeio de amor. É o padrão de manipulação de alguém que tenta fazer você acreditar que está incrivelmente apaixonado por você ou que o relacionamento que vocês têm é o mais especial do mundo, não porque se sinta assim, e sim para prendê-la ao vínculo e fazer com que ela se sinta desejada e admirada. Esse tipo de manipulação segue uma série de etapas, as quais é importante conhecer bem:

1. A pessoa é encantadora e a trata como ninguém jamais a tratou antes. Ela faz você ver que o que está vivenciando é muito especial, um amor único, e a faz se sentir muito especial, desejada e amada, tudo que sempre quis;

2. Quando estiver muito iludida e envolvida, a outra pessoa começa a ficar mais fria e distante. Você não entende o que está acontecendo e até se culpa, mas sabe que seu relacionamento é "único", então permanece nele esperando que tudo volte a ser idílico como era no início (aqui você pode ver claramente o reforço intermitente);

3. Toda vez que mencionar que notou mudanças na atitude da outra pessoa, ela a levará a duvidar de sua percepção e de sua sanidade, o que fará com que você fique ainda mais apegada ao relacionamento, pois acredita que tudo de ruim que vê é coisa da sua cabeça e que um relacionamento com alguém tão incrível deve valer a pena, então você fica.

Breadcrumbing

Em inglês significa "jogar migalhas", trata-se do padrão de reforço intermitente no qual uma pessoa com quem você tem um vínculo às vezes dá sinais de que o relacionamento está caminhando para um futuro comum, se mostra afetuosa e atenciosa, mas outras vezes faz o oposto: é distante, apática, cheia de dúvidas ou enigmática. Na realidade, o que essa pessoa está fazendo é manipulá-la, porque ela não tem nenhuma intenção real de criar um vínculo emocional estável com você, o que ela quer é ter alguém por perto para suprir alguma carência emocional ou para alimentar o ego dela. Você pode ter sido vítima de *breadcrumbing* se a outra pessoa:

- Responde às suas propostas de planos futuros com muita frequência com frases como: "Talvez", "vamos ver", "vamos deixar rolar";
- Trata você de forma inconsistente: um dia ele parece muito à vontade com você e, no dia seguinte, age como se não a conhecesse;
- Evita a todo custo falar do rumo que o relacionamento está tomando, diz não querer rotular o que vocês têm etc.;
- Às vezes, você passa dias, semanas ou meses sem ter notícias da pessoa que simplesmente reaparece como se nada tivesse acontecido;

- É difícil se verem pessoalmente com regularidade. Muitas vezes a pessoa inventa desculpas ou evita diretamente o assunto.

Coiote e Papa-léguas: relacionamentos líquidos

Você se lembra do lendário desenho animado do Coiote e do Papa-Léguas? Se não, deixe-me contextualizar: seus personagens principais eram um pássaro muito veloz, chamado Papa-Léguas, que a única coisa que fazia em todos os episódios era fugir pelas estradas de outro animal, o Coiote, um mamífero carnívoro que tentava caçá-lo, suponho que para comê-lo. No entanto, por mais que tentasse, o Coiote não conseguia capturar o Papa-Léguas em nenhum dos capítulos e, em vez disso, acabava sendo vítima de suas próprias armadilhas para capturar a ave. Bem, costumo usar esses dois como metáfora em meu consultório para falar sobre relacionamentos líquidos ou dotados de pouco comprometimento.

O termo "relacionamentos líquidos" foi proposto pelo sociólogo Zygmunt Bauman e foi escolhido por ele porque descreve os vínculos interpessoais caracterizados pela falta de compromisso, envolvimento, ternura, profundidade etc. Assim como os líquidos, esses relacionamentos são facilmente moldados e deslocados e nunca se solidificam, porque seu principal objetivo é atender a uma necessidade específica e individual (fazer sexo, receber validação, receber afeto em um momento de vulnerabilidade, se autoafirmar através de relacionamentos com muitas pessoas etc.).

Muitas vezes, os relacionamentos líquidos são assim para ambas as partes, ou seja, nenhuma das pessoas no relacionamento pretende manter ou aprofundar o vínculo ao longo do tempo. Mas, em outras ocasiões, existe um desequilíbrio enorme, porque um dos indivíduos quer se envolver profundamente, enquanto o outro não quer se envolver. E a outra pessoa tem duas opções: dizer isso abertamente ou esconder e segurar a outra pessoa usando muitas das técnicas de manipulação que acabei de explicar. Isso acontece muito com pessoas com a síndrome da boa garota, que se tornam o Coiote perseguindo um Papa-Léguas que nunca alcançam e, no final, sofrem e sua autoestima é corroída.

Claro que, com essa comparação, não pretendo sugerir que meus pacientes ou você seja um Coiote faminto que usa truques ou má-fé para "caçar" o Papa-Léguas. Escolhi esses personagens porque acho que eles refletem bem o esforço que uma pessoa faz para tentar fazer o relacionamento funcionar e fazer com que a outra pessoa esteja 100% em sua vida, enquanto a outra pessoa é esquiva e não dá nem mesmo a oportunidade para se conhecerem completamente e se relacionarem um pouco mais a fundo. No final, a primeira pessoa sofre por ser forçada a essa corrida sem fim que a deixa exausta e com a autoestima em frangalhos.

É óbvio que todos nós podemos conhecer alguém de quem gostamos, mas que a pessoa não goste de nós, ou que não esteja emocionalmente disponível, que já esteja em um relacionamento com outra pessoa naquele momento, ou um longo etc. de circunstâncias que frustram um possível romance, um contato afetuoso ou um relacionamento amoroso estável, se for isso que queremos. Mas os relacionamentos líquidos nos quais a boa garota tende a se envolver não têm a ver com isso, mas sim com sua tendência relativamente estável de acabar vinculada a pessoas que não estão procurando compromisso quando elas estão. E não é que todas as boazinhas procurem um relacionamento estável em todos os momentos de suas vidas (em termos de amor ou amizade), mas quando isso acontece, elas se esforçam ao máximo para conseguir, mais do que nunca, serem validadas pelo cuidado e pela sensibilidade às necessidades dos outros para se sentirem especiais e evitarem o abandono ou a rejeição.

Isso me lembra o caso de Teresa, uma jovem de 34 anos que se sentia muito frustrada porque sempre acabava em relacionamentos nos quais a outra pessoa não estava totalmente envolvida. Nas amizades, o que acontecia com ela era que sentia que ninguém a conhecia completamente, tinha amigos aqui e ali, mas não um grupo (algo que ela também desejava), e os considerava relacionamentos superficiais, do tipo que se encontram de vez em quando para um drinque, uma festa ou para ir a um evento, mas sem espaço para conversar com calma sobre seus sonhos, medos, experiências difíceis etc. Teresa queria ter vínculos mais profundos, mas não sabia como fazê-lo, pois geralmente se sentia muito constrangida toda vez que tentava falar sobre algo mais sério, pedir ajuda para algo que não sabia como resolver em sua vida ou simplesmente precisava de companhia quando estava triste. E com os vínculos afetivo-sexuais aconteceu algo semelhante: ela queria um relacionamento sério há muito tempo, e estava conhecendo muitas pessoas, principalmente por aplicativos de namoro, mas, embora a sensação fosse sempre de que as coisas estavam indo bem, o relacionamento nunca progredia para um vínculo mais estável ao longo do tempo, que era o que ela queria: saía com essas pessoas muito ocasionalmente, sempre quando era proposta pela outra parte, e nesses encontros ela sentia que a outra pessoa não estava interessada em ouvi-la ou em conhecê-la de verdade, de modo que vivia com a ansiedade de saber se no dia seguinte a pessoa falaria com ela ou se desapareceria para sempre, faria *ghosting* com ela (algo que acontecia com frequência).

O que era curioso para Teresa era que, mesmo quando se relacionava com pessoas muito diferentes entre si, o padrão de seus relacionamentos era sempre semelhante: ela tentava se envolver (sem saber como) e a outra pessoa erguia barreiras impenetráveis que acabavam fazendo com que ela se sentisse rejeitada e abandonada, o que era seu maior medo, e acabava com sua autoestima no fundo do poço. Teresa sempre se perguntava o que estava fazendo de errado. Como o Coiote quando não conseguia pegar o Papa-Léguas.

Na terapia, percebemos que Teresa tinha aprendido a se relacionar com os outros de uma forma bastante disfuncional e que, ao mesmo tempo, no fundo, ela sentia que merecia afeição ou amor "incompletos". Por que isso acontecia? Detectamos que tudo isso estava intimamente relacionado à grande ferida de abandono que se abriu em sua infância, porque ela via seus pais como cuidadores inacessíveis, que não sabiam como atender às suas necessidades quando criança (afeto, escuta, brincadeira e reconhecimento) e tendiam a negá-las e rotulá-las como caprichos ou culpá-las por sua imaturidade, impertinência etc. Assim, Teresa aprendeu que, se pedisse o que precisava, estaria sendo imatura e, é claro, se fosse imatura, não estaria sendo boazinha. Então, a única maneira que ela encontrou para se sentir (ficticiamente) segura nos relacionamentos foi ser a pessoa que o outro esperava que ela fosse: "Você espera que eu cuide de você o tempo todo e não peça nada em troca? Então serei assim. Você espera que eu finja que esse vínculo não é tão importante para mim, embora eu esteja sempre disponível para você? Então é isso que farei".

Nesse cenário, Teresa aprendeu que esconder suas necessidades era a única maneira de se vincular de forma minimamente satisfatória (recorrendo à frase já mencionada "quando estamos bem, estamos muito bem") e, além disso, ela tendia a permanecer nos vínculos em que havia ambivalência, porque, embora angustiantes, eram aqueles com os quais ela estava familiarizada (porque haviam sido seus primeiros vínculos de referência em sua vida) e isso lhe dava certa segurança, uma segurança que ela não sentia quando alguém lhe dava atenção, afeto e envolvimento genuínos, embora fosse exatamente isso que ela quisesse, parecia "estranho" para ela e, como resultado, acreditava que não era real. Dessa forma, ela sabotou todos os possíveis relacionamentos saudáveis e totalmente satisfatórios que surgiram em sua vida.

O caso de Teresa reflete alguns dos principais motivos pelos quais as pessoas com a síndrome da boa garota acabam em relacionamentos insatisfatórios, que elas percebem como ambivalentes, mutáveis ou sem compromisso, mesmo que não seja isso que estejam procurando (pelo menos conscientemente). Que outros fatores costumam influenciar algumas boas moças a acabarem em relacionamentos líquidos?

- **Ter cuidadores ausentes ou emocionalmente distantes na infância**. Pessoas que vivenciaram isso na infância podem inconscientemente buscar isso em seus relacionamentos adultos, porque é familiar e faz com que se sintam seguras;

- **Ter sofrido muito em um relacionamento importante de suas vidas**. Embora anseiem por afeto e proximidade, essas pessoas podem acabar entrando inconscientemente em relacionamentos superficiais, porque o cérebro entende que, se você não aprofundar o vínculo, não poderá se machucar;

- **Sentir-se insuficiente e falha**. Isso as leva a escolher relacionamentos semelhantes, que elas acham que merecem;

- **Ter vivido relacionamentos que demandaram muito delas (codependentes, por exemplo)**. Nesses relacionamentos, elas aprendem que amor ou amizade são sinônimos de perder-se de si mesmas e, para que isso não aconteça, acabam escolhendo alguém que não as escolhe ou que não está emocionalmente disponível para elas como precisam;

- **Ter como referência de sua infância pessoas que se relacionavam com violência.** Pessoas que crescem nesses ambientes desenvolvem um hiperalerta que as avisa quando alguém quer se apegar profundamente a elas e as empurra para fugir e ficar com quem não está tão envolvido, porque entendem os relacionamentos profundos como um risco.

Cão e gato: relacionamentos tempestuosos

Seja verdade ou não, costuma-se dizer que cães e gatos estão sempre brigando, em constante conflito, por isso eu os uso como metáfora para falar sobre os chamados relacionamentos tempestuosos, que são relacionamentos baseados em conflitos e reconciliações posteriores, que duram pouco tempo, até o próximo conflito. Existem inúmeros exemplos de relacionamentos desse tipo em séries e filmes, que tendem a romantizá-los e a sugerir que o amor mais puro e intenso é aquele que envolve constantes desentendimentos e idas e vindas. Chegam até mesmo a retratá-lo como engraçado e carinhoso: "no fundo eles se amam", "brigam porque se amam demais". De todos os relacionamentos que discutimos, esse talvez seja o mais influenciado pelos chamados mitos do amor romântico, que são crenças sociais sobre o que é o amor e que, assim como muitas das crenças que temos a respeito da bondade, são muito distorcidas, pois tentam nos fazer acreditar que o amor dói, que estar em um relacionamento com alguém já basta (sem a necessidade de outros ingredientes fundamentais, como o respeito, por exemplo), que precisamos perdoar qualquer coisa vindo da pessoa amada ou que isso implica sacrifícios extremos (até mesmo perder a saúde mental), entre outras coisas. Essas ideias banalizam o comportamento tóxico nos relacionamentos e romantizam relacionamentos disfuncionais ou até mesmo abusivos. Um exemplo de relacionamento tempestuoso em séries seria, por exemplo, o de Chuck e Blair em *Gossip Girl*.

Com tudo o que sabe agora, pode pensar que relacionamentos tempestuosos não se encaixam na síndrome da boa garota, porque são baseados em conflitos, que já dissemos ser algo que a boa moça evita a todo custo. Entretanto, precisamos nos lembrar que não existe um padrão único que define todos os comportamentos, pensamentos e decisões de uma pessoa ao longo de sua vida (nem mesmo da boazinha), porque os seres humanos são complexos demais para que uma única causa explique todas as nossas ações. Mas, se você se lembrar de como a boa garota geralmente lida com sua raiva, entenderá que, de vez em quando, ela não consegue contê-la e a dispara na forma de uma explosão com outras pessoas. Com quem? Geralmente com as pessoas mais próximas e com as que mais a irritam. Assim, dependendo do interlocutor e do contexto, uma boazinha pode estabelecer relacionamentos tempestuosos, e a dinâmica geralmente se mantém ao longo do tempo porque é criado um círculo vicioso que consiste no seguinte:

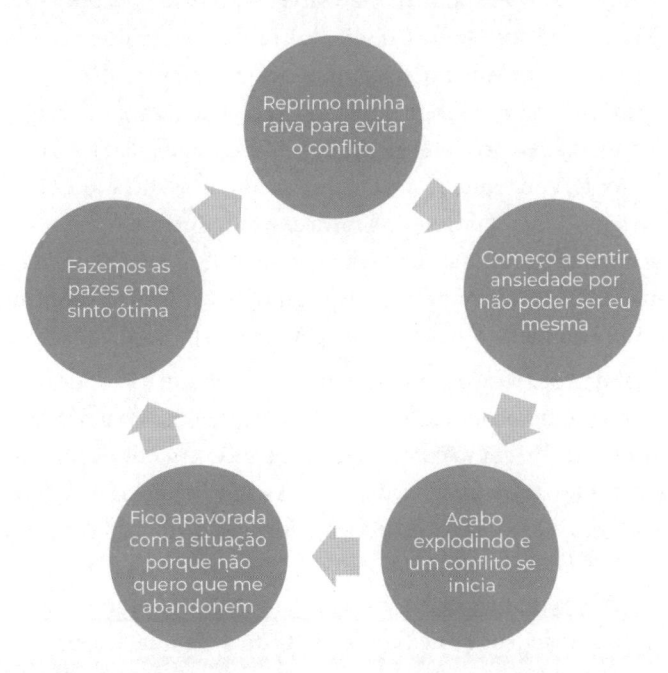

Como pode ver, as explosões de raiva e as discussões constantes acabam fortalecendo e sustentando o relacionamento, principalmente por causa desses fatores:

- A boa garota encontra um lugar para expressar sua raiva sem ser abandonada (porque o relacionamento estabeleceu um ciclo constante de brigas e reconciliações) e normaliza a situação como uma rota de fuga. Isso deve soar familiar se seu pai, sua mãe ou outro parente próximo já lhe disse: "com seus amiguinhos você não fala assim, não é?", e é comum ter normalizado relacionamentos tempestuosos com um membro da família, justamente porque fora de casa não ousamos estabelecer os mesmos limites que dentro, ou talvez simplesmente porque temos a sensação de que em casa podemos expressar a raiva que sentimos;

- As reconciliações geram uma enorme descarga de oxitocina e serotonina (hormônios envolvidos na percepção do amor e da confiança e também na sensação de bem-estar) que nos prendem ao vínculo por meio do mecanismo de reforço intermitente que você já conhece. O relacionamento se transforma em um daqueles passeios de montanha-russa que lhe são apresentados como desejáveis em séries, filmes, livros, reality-shows etc.;

- Embora a boazinha "confirme" que nunca será abandonada nesse ciclo de discussões, ela também não sabe como parar de controlar sua raiva, caso um dia uma explosão saia do controle e ela acabe sendo abandonada. Isso também pode ser influenciado por uma distorção cognitiva conhecida na psicologia como a "ilusão de controle", muito comum quando há reforço intermitente, que diz: "bem, da próxima vez vai ser diferente, vou tentar relaxar e ignorar as coisas que me afetam", ou seja, "vou continuar reprimindo a raiva e, em algum momento, vou conseguir me manter assim e será o fim dos conflitos". É assim que a boazinha continua tentando reprimir sua raiva como mecanismo de controle e acaba sempre no mesmo ciclo de repressão-explosão-reconciliação-repressão;

- Quando você se acostuma com o ciclo de altos e baixos desses relacionamentos, começa a internalizar que é assim que funciona um "relacionamento de verdade" e, como consequência, quando em outros relacionamentos você sente paz e tranquilidade, começa a achá-los entediantes, sente falta da "vida" das brigas constantes e da intensidade da montanha-russa emocional.

Tenho certeza de que agora você entende melhor o que é um relacionamento tempestuoso e por que tem se apegado a ele quando, na verdade, não gosta de conflitos. No entanto, não quero terminar sem antes listar as quatro características mais comuns desse tipo de relacionamento, que podem ocorrer em qualquer tipo de vínculo próximo (amizade, casal e família), mas que são bem típicas tanto em relacionamentos amorosos sérios quanto os mais casuais:

- O estado natural do relacionamento é de conflito e discussões constantes, e não de calma, o que seria saudável e o que normalmente esperamos de um relacionamento. Assim, quase tudo, por menor que seja, costuma ocasionar uma discussão, porque as expectativas em relação à outra pessoa são muito rígidas e facilmente frustradas e, além disso, costuma haver uma má administração de emoções como o ciúme, que é comum em todos os relacionamentos marcados pelos mitos do amor romântico (porque um deles diz que "o ciúme é um sinal de amor");

- Normalização de infidelidades e outros desrespeitos, falta de lealdade e qualquer transgressão dos valores básicos do relacionamento. À medida que as discussões aumentam em intensidade e frequência, mais e mais motivos são normalizados, às vezes triviais e cotidianos, como água derramada de um copo que molhou o sofá, mas outros são muito mais sérios, como infidelidade, mentiras, humilhações etc. Assim, os limites saudáveis do relacionamento começam a relaxar, tornam-se mais flexíveis e, às vezes, acabam desaparecendo. Nem preciso dizer o quanto é perigoso entrar nessa dinâmica;

- Existe um reforço constante e intermitente que consiste em romper e retomar continuamente o relacionamento, com a ideia de que dessa vez será diferente, que "na terceira (ou 85ª) vez será melhor", que "somos predestinados, por isso sempre vamos voltar" e um longo etc. de crenças baseadas nos mitos do amor romântico;

- Sendo o sexo a única coisa que funciona bem nas reconciliações, também é uma das coisas que nos impede de sair do relacionamento. Temos muito a aprender como sociedade em relação ao que é "sexo bom", principalmente para as pessoas com síndrome da boa garota (em especial mulheres de qualquer orientação sexual e homens homossexuais) porque, pelo menos atualmente, é comum que tenham vivido sua sexualidade com vergonha, desconhecendo seu próprio prazer e presumindo que são objetos para a satisfação dos outros, e não pessoas que também merecem prazer. Por esse motivo, às vezes se satisfazem com pouco e acham que o sexo que fazem com aquele parceiro problemático é incrível, que não podem perdê-lo, que nunca terão tanta química com outra pessoa, e assim por diante. E tudo isso, junto com a liberação de endorfinas (hormônio do prazer), que ocorre durante uma relação sexual, é a mistura perfeita para idealizar e ficar naquele relacionamento péssimo. É por isso que é importante saber que os conflitos só podem ser resolvidos adequadamente através da comunicação e de ações que sejam consistentes com o que foi acordado. Assim como um band-aid não pode curar uma ferida que requer cirurgia, sexo também não resolve conflitos de relacionamento.

Poxa, amiga, fico muito feliz em dizer que, se você chegou até aqui, já sabe o mais importante: reconhecer a síndrome da boa garota, entender como ela se formou em você, como ela se mantém e todos os problemas que ela acarreta. Espero que essa experiência de autoconhecimento tenha sido boa para você, mas ainda não acabou, porque agora vem a melhor parte: construir seu futuro. Na próxima e última parte do livro, vou fornecer a você os recursos para lidar com tudo o que aprendeu de si mesma e que comprometeu a qualidade da sua autoestima e dos seus vínculos, do seu relacionamento consigo mesma e que, em suma, a impede de ser feliz. Prepare-se para deixar para trás sua versão antiga, a boa garota, e dar as boas-vindas à nova você: a mulher livre.

Um empurrãozinho para o seu eu de agora: que coisas você nunca mais quer vivenciar, nem consigo mesma nem com os outros?

Você se lembra da atividade que propus no final da primeira parte do livro? Bem, quero que você volte a ela agora, pois vamos acrescentar uma pergunta às duas que já respondeu e usaremos todas essas informações na última parte do livro, quando veremos juntas muitos recursos para verificar tudo o que anotou.

Pegue uma caneta ou lápis e papel e, a partir das perguntas acima, responda o seguinte:

1. Descreva, à sua maneira e de forma resumida, as ideias deste capítulo com as quais você se identificou por achar que estiveram presentes tanto em seu relacionamento consigo mesma quanto nos relacionamentos que teve com outras pessoas.
    a. Por exemplo: *Eu me pergunto com muita frequência por que não estou feliz e identifiquei que tenho várias*

distorções cognitivas, como a filtragem, que afetam principalmente minha percepção de mim mesma no trabalho.

b. Outro exemplo: *Tive muitos relacionamentos tóxicos e não sei como construir um tipo diferente de relacionamento, porque em relacionamentos que deveriam ser saudáveis, muitas vezes fico entediada ou descubro que não me sinto bem o suficiente para estar naquele relacionamento.*

2. Depois de estudar cada uma das ideias que você anotou no ponto anterior, indique quais desses padrões, relacionamentos, pensamentos etc. você não quer repetir, por que e o que gostaria de conseguir com eles:

a. Por exemplo: *Quero me libertar das muitas supostas obrigações e descobrir com o que quero passar mais tempo no meu dia a dia, encontrar algo que eu realmente goste de fazer, que me dê um propósito para levantar todas as manhãs. Quero me libertar disso porque me faz sentir muito insatisfeita e cria pressão e ansiedade porque passo muito tempo com obrigações e muito pouco com o que realmente gosto.*

b. Outro exemplo: *Não quero voltar a ter um relacionamento com alguém para que ele seja uma válvula de escape para liberar minha raiva, porque me faz sofrer e desgasta minha autoestima. Quero poder administrar bem meus conflitos e me sentir amada e valorizada pelas pessoas que realmente me amam e valorizam.*

O objetivo desta atividade é que você identifique suas necessidades a fim de aplicar melhor os recursos e as ferramentas que explicarei nesta última parte do livro.

PARTE 4

CONSTRUINDO SEU FUTURO

De boa garota a mulher livre

Se você chegou até aqui, significa que já reviu seu passado e espero que tenha compreendido um pouco melhor e tenha conseguido decifrar muitas incógnitas que a acompanham no presente e estão relacionadas àquele desconforto vital que você arrastava consigo, mas que não sabia muito bem de onde vinha ou por que se instalou em sua vida. Embora agora seja mais provável que você diga: "está bem, entendi muitas coisas, mas... o que faço agora para sair dessa situação? O que devo fazer para sair de onde estou? Bem, não vou mentir para você, a terapia é necessária ou benéfica na maioria dos casos de síndrome da boa garota porque, como você já viu, os fatores que a formam e a sustentam são múltiplos e cada caso é único, por isso é importante que um profissional a oriente e acompanhe em seu processo de reconstrução e libertação desse padrão.

No entanto, existem várias ferramentas que posso lhe passar neste livro, que você pode adaptar e aplicar a si mesma e à sua situação, que acredito que podem ajudá-la muito a, pelo menos, dar o primeiro passo para sair da situação em que se encontra, melhorar sua qualidade de vida e identificar muitos dos pontos que talvez queira trabalhar em terapia em algum momento, o que será muito útil para você, porque nem sempre temos clareza a respeito do que precisamos prestar atenção para nos curarmos ou trabalharmos em nós mesmos.

Uma pergunta que me fazem com frequência na terapia é o que exatamente quero dizer com ferramentas, porque trabalhar com a mente pode parecer muito abstrato e a palavra ferramenta se refere a coisas concretas. Portanto, posso dizer que são recursos que a ajudarão a mudar sua forma de pensar e de se relacionar por meio do autoconhecimento, da autoaceitação, da regulação e do gerenciamento emocional, da comunicação, dos limites etc. Tudo isso será integrado à sua forma de perceber a realidade, modificará a maneira como você filtra e interpreta o que acontece com você e, portanto, suas respostas e comportamentos, o que resultará em uma experiência de vida totalmente diferente da que você teve até então. É ao que me refiro quando falo de ferramentas, e é a isso que vamos dedicar este capítulo, no qual construiremos esse belo futuro que a espera como uma mulher que não se submete mais a um conceito de bondade que a sufoca, e que ao invés disso é governada por um conceito de liberdade que lhe permite extrair o máximo da vida.

Antes de começar a falar com você a respeito do seu futuro como mulher livre, quero lhe dizer uma coisa, porque eu a conheço (ou é o que sinto, depois de passar tanto tempo conversando a respeito de questões tão profundas). É muito provável que, como a boa garota que você é, essa parte do livro ative sua autoexigência e o que deveria ser um passo para deixar a boa garota e se tornar uma mulher livre acabe em uma boazinha que se transforma em uma garota livre perfeita. Deixe-me explicar: estou ciente de que uma parte importante dessa síndrome se baseia em querer fazer tudo muito, muito bem, sem permitir margem para erro, e é por isso que quero pedir a você que, por favor, não veja esta parte do livro como um castigo, uma prova ou outro desafio, nem tente colocar em prática perfeitamente tudo o que vou lhe propor, porque você só vai reforçar os mesmos padrões de sempre. Em vez disso, fique à vontade, leia com calma e comece a aplicar as ferramentas em sua vida com a mesma calma, em passos bem pequenos, no seu próprio ritmo e somente o que você acha que pode usar. Não force a si mesma a ir de oito a oitenta em dois dias, nem se desconstruir em duas horas, ou se libertar em cinco minutos. Dê a si um tempo, seja gentil consigo mesma e permita-se fracassar e recomeçar quantas vezes for necessário. A vida e ser humana é assim. Isso é ser livre.

Seu futuro com você mesma

Como a pessoa mais importante com quem compartilhará sua vida é você mesma, vamos primeiro nos concentrar em construir um futuro (que espero que em breve seja um presente) com ferramentas que lhe permitam ser livre e conviver consigo mesma, ser sua melhor amiga e tratá-la como tal: abraçando-a quando precisar, corrigindo-a com compaixão e amor, sorrindo e garga-lhando quando tiver vontade, sem medo de parecer escandalosa, e chorando e se irritando quando precisar, sabendo que o mundo não vai acabar por isso e que sua vida assim ficará mais fácil.

Os objetivos das ferramentas que veremos a seguir são três, três habilidades básicas para viver uma vida plena e três estágios de seu caminho para ser a mulher livre que você merece ser: conhecer a si mesma, aceitar-se e aprender viver consigo mesma nessa jornada chamada vida. Vamos examinar esses estágios de sua jornada, um por um:

Conheça a si mesma

Se consultarmos o dicionário, conhecer significa "descobrir, pelo exercício das faculdades intelectuais, a natureza, as qualidades e as relações das coisas". Dentre outras diversas possibilidades, mas a palavra *autoconhecimento* (conhecer a si mesma) não aparece acoplada diretamente nas possibilidades, o que indica a pouca importância que damos a algo tão crucial em nossas vidas, afinal, o que não é nomeado, não existe. É por isso que quero dizer que, quando digo para você se conhecer ou conhecer a si mesma, quero dizer para descobrir quem você é e todos os elementos que a compõem: como você costuma agir em determinadas situações, o que costuma sentir e pensar em determinado momento, quais são seus pontos fortes e fracos, e assim por diante. E, para conhecer a si mesma, existem dois elementos fundamentais que são importantes para encontrar e entender: sua essência e seu propósito.

Como encontrar sua essência

Sei que essência é algo difícil de se definir, mas poderíamos resumi-la como tudo o que somos e que nos torna nós mesmos e não outra pessoa, aquilo que nos diferencia dos outros e que permanece relativamente inalterado ao longo da vida, sua identidade mais pura. Como sabe, caso tenha se identificado com a síndrome da boa garota, encontrar sua identidade pode não ser uma tarefa fácil, porque essa sua essência foi enterrada sob uma pilha de expectativas do seu ambiente em relação a você, suas crenças quanto ao que os outros esperam de você, os preceitos sociais mais presentes em seu contexto etc.

Para ajudá-la a encontrar sua essência e entender melhor o que exatamente esse conceito abstrato significa, aqui está uma lista de alguns dos elementos que compõem a essência para que você possa procurá-los em si mesma:

- Seus valores. Ou seja, suas ideias a respeito das diferentes áreas da vida: justiça, ética, solidariedade, amizade, respeito etc.;

- Seu modo de expressão. Ou seja, o padrão geral de palavras, gestos, ações, estética etc., que você considera coerente consigo mesma ao se comunicar com o mundo;

- Seu temperamento. Já falamos disso, lembra? É a maneira, relativamente estável, como costuma reagir ao que acontece com você e ao seu redor ao longo de sua vida;

- Seus interesses. Ou seja, tudo o que chama sua atenção e ao qual você gostaria de dedicar todo o tempo do mundo, por exemplo, arte, esporte, leitura, animais etc.;

- Seus compromissos de vida. Isso se refere às causas sociais ou pessoais com as quais você está muito envolvida e que, de certa forma, movem sua vida ou mexem tanto com você emocionalmente que é levada a agir para alcançar um mundo melhor do que aquele que encontrou, por exemplo, cuidar dos animais, lutar contra certas formas de discriminação, cuidar do meio ambiente etc.

Já pensou no papel que esses elementos desempenham em sua vida? Bem, agora está um pouco mais perto de sua essência. Para seguir em frente, vamos analisar juntas os principais recursos que podem ajudá-la a encontrar e ter consciência da sua essência:

- Pergunte a si mesma: Estou onde quero estar, gostaria ou preciso mudar algo em minha vida, e isso é possível? Se sim, qual a melhor maneira de fazer isso? Gosto do meu dia a dia? Gosto de quem sou? É fácil conviver comigo? Sou saudável para mim mesma? Sou saudável para os outros?

- Confie nas suas ideias. Parece óbvio, mas quantas vezes na vida já disse a si mesma que o que você imagina é impossível? Ou que a sua ideia é boba e vão rir de você se tentar colocá-la em prática? Com certeza, dada a vergonha preventiva que é tão característica de uma boa garota, você já fez isso mais de uma vez. Mas a verdade é que, se não confiar nas suas ideias, quem é que vai? Sei que essa frase é clichê, mas pense bem nisso, no sentido mais literal. Quanta coisa não está realizando porque não confia no que você quer ou na sua capacidade de tentar? Não vou ficar aqui dizendo que nada é impossível ou que deve seguir seus sonhos até o fim, porque não acho que isso seja saudável ou realista (positividade tóxica, lembra?), porque nem tudo é possível e não vale a pena comprometer sua saúde e sua vida por qualquer sonho, mas o melhor é continuar atualizando-os e adaptando-os às diferentes versões de você que está se tornando. Mas o que eu vou lhe dizer é que, mesmo que você erre mil vezes, o que acontece se você acertar apenas uma vez com o que agora é só uma ideia e um dia pode ser a realidade que alegrará grande parte da sua existência?

- Permitir-se ter momentos sem fazer nada. Sim, é isso mesmo. É muito difícil se conectar consigo mesma e com quem você é se estiver sempre imersa em obrigações cotidianas, atividades, socialização etc. Tudo isso é necessário, mas na medida certa. Há quanto tempo você não passa um momento quietinha? Sem fazer nada, ouvindo o que está dentro de você? Se só de pensar nisso você já fica com preguiça ou parece uma perda de tempo, aconselho que reveja o porquê. Você tem preguiça de estar com a pessoa que mais ama ou com a pessoa de quem mais gosta? Por que tem preguiça de estar com você mesma? O que tem em você que teme ou que não quer ver? Quanto mais você evitar estar com você, mais se afastará de você mesma e mais difícil será para dar a si mesma o que precisa para ser feliz. Confie em mim, tire um momento por dia para não fazer nada. Depois você me conta o resultado.

- Encontre algo que goste de fazer para movimentar seu corpo. Sim, quero dizer exercício, mas prefiro chamá-lo de movimento porque, do contrário, nossas cabecinhas vão direto para a corrida na esteira ou para a musculação e, bem, se você gosta disso, que ótimo, mas existem muitos outros tipos de movimento que às vezes não levamos em conta, mas que adoramos e que podem dar ao seu corpinho tudo o que ele precisa: energia, força, tempo para se conectar consigo mesma, cuidado, liberdade, agilidade, leveza... E, como deve estar pensando, ou assim espero, não estou falando de sucumbir à violência estética de que já falamos, muito pelo contrário. Associamos o fato de que cuidar do nosso corpo ou movimentá-lo significa puni-lo com mil coisas de que não gostamos ou que não nos dão nenhum tipo de prazer, apenas para nos adequarmos aos padrões estéticos. Mas eu proponho o oposto, que é movimentar seu corpo com amor, dar a ele o que ele precisa com carinho e, ao fazer isso, aprender a ter mais consciência dele, de sua postura, de seu lugar no mundo. Porque conectar-se com seu corpo também é autoconhecimento. Além disso, exercitar-se ou movimentar o corpo geralmente requer um bom controle da respiração para poder fazê-lo com tranquilidade, e a respiração é um ato que também nos conecta muito com o presente e com nós mesmos. Eu a encorajo a prestar atenção à sua respiração ao movimentar seu corpo, a sentir as inspirações pelo nariz, como se estivesse enchendo um balão na barriga, e a soltar o ar pela boca, como se estivesse esvaziando-o, para perceber a sensação agradável que a respiração traz, da qual raramente temos consciência. Recomendo que faça isso quando estiver se movimentando, mas também quando estiver em repouso. Faça três ou quatro respirações completas como a que acabei de descrever (é chamada de respiração abdominal) no começo e no final do dia, deitada na cama, porque isso ajuda mais do que parece a se conectar consigo mesma, a relaxar e desacelerar. Aqui estão algumas ideias de movimento para seu corpo que talvez você não tenha pensado: caminhar, dançar, pular corda, fazer caminhadas em lugares que você gosta, andar de bicicleta, fazer faxina no ritmo da sua música favorita, fazer uma atividade física que você adorava quando era criança, nadar no mar, rio ou piscina, visitar lugares dentro ou fora da sua cidade, alongamento, ioga ou pilates, entre tantas outras coisas.

- Desmantelar preceitos familiares e sociais. Como vimos ao longo do livro, algo que influencia significativamente a construção de nossa identidade são os preceitos sociais e familiares que nos cercam, ou seja, o conjunto de crenças integradas e normalizadas na família ou na sociedade que regem nosso comportamento e nossas decisões, geralmente sem que paremos para questionar se fazem sentido para nós, porque presumimos que "sempre foi assim". É por isso que, para encontrar sua essência, é fundamental questionar tudo o que você aprendeu com sua família e na sociedade que eram verdades absolutas e avaliar se elas se encaixam com quem você é. Exemplos disso seria questionar se é tão importante para você que seu parceiro tenha determinadas características que sempre foram exigidas, se é conveniente ser tão complacente com os outros para se sentir segura (*spoiler*: agora você já sabe que não é), se as opiniões da sua família de sangue sobre o caminho que você deve seguir são verdades absolutas ou se existem outros caminhos possíveis que a satisfazem mais, mesmo que isso signifique discordar deles etc. Para questionar preceitos familiares e sociais, sugiro os seguintes passos:

1. Identifique os mais presentes ou os que têm mais impacto na sua vida;

2. Identifique os que causam mais mal-estar ou fazem com que você se sinta menos livre ao segui-los;

3. Pense nas alternativas que existem para viver sem esse preceito e tente implementá-las na sua vida.

Nas consultas, fazemos esse exercício com frequência, por isso vou dar um exemplo para ajudá-la. Um dos preceitos que teve maior impacto na vida de Patrícia foi o de que "era preciso ter uma carreira e uma vida bem-sucedida para ser feliz", por ser algo que sempre ouviu de sua família, considerava essa a única opção possível para se existir. Na verdade, tanto seus pais quanto seus irmãos mais velhos tinham um diploma e, além disso, era um preceito que ela sempre via na sociedade: quando ela via alguém na TV defendendo seu valor através de seus diplomas; quando davam prêmios aos melhores alunos do ensino médio, que assim conseguiam entrar nas melhores universidades; quando alguém aparecia em um filme dizendo que você só poderia ter um futuro se fosse para a faculdade... Patrícia estava em seu terceiro ano da faculdade de administração e, até então, estudar para obter um diploma tinha sido um pesadelo. Percebeu que esse preceito gerava muito desconforto e que a fazia se sentir muito pouco livre, pois nunca gostou de estudar, apesar de ter feito toda a educação básica, pois sabia que era importante ter uma base de estudos e cultura geral para se virar na vida. Mais tarde, ela ingressou nessa carreira porque era a coisa certa a fazer, mas nunca se interessou por ela e nunca se sentiu à vontade nela, embora se iludisse dizendo a si mesma que era muito preguiçosa, que tinha de ser mais disciplinada ou perderia todo o potencial que sempre lhe disseram que tinha se não estudasse "o que precisava estudar". Juntas, pensamos em quais alternativas existiam para viver sem esse preceito: terminar o curso, mas depois procurar um emprego que a interessasse mais do que algo na área da faculdade; largar a faculdade e viajar para conhecer o mundo e absorver outras culturas e ideias que a ajudariam a redirecionar seu futuro profissional; largar a faculdade e se profissionalizar em outras áreas, como em algo relacionado à arte, que era o que ela sempre amou etc. Por fim, Patrícia encontrou a alternativa de que precisava e finalmente se conectou com sua verdadeira essência sem o filtro do preceito familiar e social que sempre a perseguiu.

- Conecte-se com o seu presente. Quantas vezes sua mente está focada só no que você está fazendo e vivendo? E quantas outras vezes está assistindo a uma série e jogando no celular ao mesmo tempo ou mandando mensagem para uma amiga? Quantas vezes você está em uma festa se divertindo muito, mas se lembra de que amanhã tem mil obrigações que não tem vontade de fazer? Quantas vezes sua ansiedade a leva a pensar em todos os possíveis cenários catastróficos que podem acontecer na sua vida em um futuro próximo? Em geral, é muito difícil para nós estarmos realmente conectados ao presente. Isso tem a ver com o ritmo frenético de vida a que estamos sujeitos nesta sociedade capitalista e, no caso da síndrome da boa garota, também tem muito a ver com a avaliação contínua que você faz para confirmar que é o que deveria ser para os outros, que está sendo boa o suficiente, e um longo etc., que não permite que você esteja totalmente presente com seus cinco sentidos no momento, faz com que você se conecte muito pouco com seu mundo interior e, no final, dificulta que você se conheça. Imagine se você nunca ouvisse seu parceiro ou seu melhor amigo, se estivesse sempre pensando em outras coisas quando eles lhe dissessem algo: você provavelmente não os conheceria, não saberia seus gostos, medos, sonhos, preocupações… Bem, o mesmo acontece com você. Talvez não passe tempo suficiente com você mesma no agora, que é a única coisa que realmente existe e que a impede de chegar até você. Deixo aqui um exercício muito útil para praticar a conexão com o agora:

1. Técnica *grounding*. A palavra *grounding* em inglês significa algo como "colocar os pés no chão", o que, se parar para pensar, é o que queremos: que você deixe a nuvem de pensamentos do passado ou o futuro e desça à terra para ver o que está acontecendo agora. Essa técnica, muito usada em consultas, principalmente para o tratamento da ansiedade, é muito simples e se baseia no fato de que, através dos sentidos, sua atividade mental se concentra no que está acontecendo e você não tem mais a capacidade mental de desviar o cérebro para outros pensamentos. O processo é o seguinte:

   a. Observe cinco coisas que você está vendo neste momento. Por exemplo, agora, estou olhando as letras na tela do meu computador, a própria tela, minha mesa, meu teclado e meus dedos digitando;

   b. Em seguida, pense em quatro coisas que você pode tocar e faça isso. Neste momento, posso sentir a textura e a temperatura das teclas, a maciez do moletom que estou usando, o relevo dos contornos da minha mesa e a suavidade do copo de vidro que tenho aqui para beber;

   c. Em seguida, concentre-se em três coisas que você ouve. Estou ouvindo o latido de um cachorro na rua, o som das teclas enquanto digito isso para você e um vizinho falando ao telefone;

   d. Agora, encontre duas coisas que você possa cheirar. No meu caso, estou me concentrando no cheiro da vela de baunilha que sempre tenho aqui no escritório e no cheiro que o xampu deixou no meu cabelo hoje;

   e. Por fim, recrie um sabor em sua cabeça ou, se puder, sinta-o. Pode fazer isso se tiver algum alimento por perto, como um chiclete ou uma bala. Como não tenho nada no momento, estou sentindo o gosto da pasta de dentes de quando escovei os dentes há algumas horas (não está muito perceptível, mas estou recriando-o na minha cabeça).

O que você ganha com isso? Notar mil coisas que normalmente não reparamos no presente e, graças a isso, conectar-se com o agora, o que dificulta que você se perca em pensamentos catastróficos e assim por diante. Isso a ajuda a estar com você mesma, a perceber como está neste momento, o que a faz se sentir bem agora, o que a faz se sentir mal, além de ser mais uma maneira de se conectar com sua essência.

Outras ações que podem ajudá-la a estar mais presente com você mesma são:

- Faça suas atividades diárias mais devagar. Por exemplo, saboreie a comida muito bem, com calma, mastigando lentamente, observando a textura, a temperatura, os diferentes sabores etc.;

- Ouça os outros sem pensar no que vai dizer quando a pessoa terminar de falar, concentre-se na fala dela e pense no que você quer transmitir quando ela terminar;

- Escreva um diário onde registra o que acontece com você todos os dias: como se sente, o que pensa, que decisões quer tomar etc. Isso garante que você tenha um momento consigo mesma todos os dias para estar no agora e se conectar com seu mundo interior para se conhecer melhor. Não precisa escrever muito se estiver cansada ou não quiser mexer muito com suas emoções. Às vezes, fazendo isso, mesmo que seja apenas dez minutos por dia, já vai notar grandes mudanças.

Como encontrar seu propósito

Quando respondemos à pergunta em relação a por que você não é feliz, dissemos que, com toda a certeza, um dos motivos era que você não sabia para que estava vivendo, e isso está intimamente relacionado aos propósitos da vida. Quais são eles exatamente? Bem, poderíamos defini-los como as metas ou motivos que dão sentido à vida, que nos conectam com a esperança ou a força necessária para nos levantarmos todos os dias e para cuja realização direcionamos parte de nosso tempo e energia, porque sentimos que preenchem nossa existência com significado.

Alguns exemplos de propósitos de vida são: trabalhar no que você quer, atingir metas importantes para uma causa relevante para você, ver seus filhos crescerem felizes, criar um projeto profissional, viver onde você deseja etc.

Já dissemos que nem sempre é fácil para as pessoas com síndrome da boa garota encontrar seu propósito, porque elas aprendem rapidamente que seu principal objetivo na vida é ser "boazinha" (com tudo o que isso implica), então agora quero ajudá-la a encontrar seu verdadeiro propósito, porque sei que talvez você nem saiba por onde começar e está inundada de pensamentos e emoções, inclusive medo. Um medo que é natural, porque o que estou propondo é uma mudança. Por outro lado, quero perguntar uma coisa: não se sente mal por viver com todas essas questões que já discutimos e com a insatisfação que geram? Afinal, foi isso que você fez até agora e já sabe quais foram os resultados. Por que não tentar algo novo? Por isso, peço que pelo menos se dê a oportunidade de pensar nessas perguntas, respondê-las e repetir esse processo quantas vezes forem necessárias, pois é importante entender que propósitos de vida não são fixos, mas mudam à medida que você evolui, para se adaptar às suas necessidades, situação e assim por diante. Vamos começar com as perguntas:

- Tem alguma coisa que continua adiando, mas que é algo que você adora? Já fiz essa pergunta antes para que você pudesse pensar a respeito. Esse algo a que estou me referindo pode ser aquelas aulas de canto que você sempre quis fazer, comprar telas e tintas para começar a pintar ou reservar um espaço semanal para fazer algum trabalho voluntário que você há anos queria fazer. E talvez esse algo seja exatamente um dos propósitos que pode tornar sua vida um pouco mais gratificante quando começar a dar espaço para isso no dia a dia;

- O que realmente a motiva na vida? Já dissemos que dois dos elementos que compõem sua essência são seus interesses e seus propósitos, portanto, aí estão as primeiras pistas para pensar na resposta. E por "mover" quero dizer as coisas que lhe dão a sensação de avançar na vida, de não estar sempre no mesmo lugar se não for isso que você quer, as coisas que a fazem crescer e evoluir como pessoa, sentir que você é uma versão melhor de si mesma sem cair na autoexigência extrema etc. Por exemplo, uma das coisas que me movem é ajudar as pessoas a encontrar seu bem-estar e liberdade, e faço isso tanto em consultas quanto através dos meus livros, portanto sei que essas duas coisas fazem parte dos meus propósitos de vida;

- No que você é boa e o que gosta de fazer? O importante aqui é que atendam a ambos os requisitos, porque são coisas que a motivam duplamente, de modo que é mais fácil para você encontrar tempo para se dedicar a elas a longo prazo;

- Que coisas os outros valorizam em você que você não? E como imagino que, como qualquer mortal, você não pode ler a mente das outras pessoas, sugiro que pergunte a elas. Porque, às vezes, os outros veem com mais clareza do que nós o que nos move na vida, para o que parecemos ter sido feitas ou o que ilumina nossos olhos com entusiasmo;

- O que você faria no seu dia a dia se tivesse todo o tempo do mundo e nenhuma obrigação? Sei que isso é impossível de acontecer na vida real, independentemente da sua situação, mas imaginar algo assim pode ajudá-la a enxergar além da névoa da rotina e das obrigações diárias. Talvez o que você vê seja difícil de conciliar com sua vida no momento, mas talvez você possa dividi-lo em pequenas etapas ou realizá-lo em pequena escala. Por exemplo: se a sua resposta foi que gostaria de viajar pelo mundo e conhecer outras culturas a fundo, isso pode ser difícil de conciliar com seu trabalho, família, rede social ou qualquer outro elemento de sua vida que a obrigue a passar parte do tempo no mesmo lugar ou a manter certa estabilidade, mas talvez possa pensar em usar seus próximos dias de folga, mesmo que sejam poucos, para fazer uma viagem, que não precisa ser para longe, e fazer planos que não sejam muito turísticos e que a conectem com a vida no local. Para isso, você pode se propor a economizar o máximo de dinheiro que puder, pouco a pouco, até mesmo tirando-o de outras coisas do seu dia a dia que não são tão importantes para você e que são dispensáveis. Esse é apenas um exemplo, é claro. Sei que há situações em que o que acabei de dizer não é possível. Minha intenção é inspirá-la a pensar e encontrar maneiras de adaptar a ideia à sua situação;

- O que costuma invejar nos outros? Sei que essa pergunta é incômoda, afinal não gostamos de admitir que sentimos inveja dos outros, mas é uma emoção tão natural quanto qualquer outra, e muito necessária, pois sua função é apontar coisas que nos interessam, desejos, necessidades, deficiências etc. Mas, como todas as outras emoções, ela deve ser administrada de forma saudável, o que, nesse caso, significa transformá-la em inspiração. E como fazer isso? Bem, em primeiro lugar, sendo muito sincera e reconhecendo que você tem inveja de algo ou de alguém, pois é isso que lhe permitirá saber o que você quer. E então, mesmo que sua primeira reação seja ficar "obcecada" com essa pessoa ou até tentar prejudicá-la, mesmo que seja de forma sutil e leve, tente redirecionar essa energia para pensar no que poderia fazer para conseguir o que inveja. Obviamente, você nem sempre conseguirá obter o que deseja, seja por falta de meios, por ser contra sua ética ou por não ter ideia de como fazê-lo, mas talvez seu desejo não esteja literalmente indo na direção para a qual sua inveja está apontando. Por exemplo, talvez o que você inveje não seja o emprego que sua amiga tem, mas o fato de ela gostar muito dele, de o salário ser ótimo, de ela ter um ótimo horário para conciliar o trabalho com a vida pessoal etc. E talvez não seja realista para você aspirar a um emprego com todas essas características, mas talvez possa se perguntar o que é mais atrativo para você: o horário, o salário, o prestígio, o tipo de trabalho? Isso pode lhe dar pistas sobre o que você quer e o que você poderia tentar mudar ou incluir em sua vida.

E agora, vamos parar de pensar e partir para a ação. Porque talvez você já tenha pensado em todos os itens acima, mesmo antes de ler este livro, mas não fez mais nada e ainda está lá, pensando, sem fazer nada por medo do desconhecido, do fracasso, do seu próprio medo, porque está com vergonha etc. Portanto, neste ponto, eu a incentivo a parar de pensar tanto e começar a fazer. Sim, eu sei que parece pavoroso, mas é a única maneira de sair de onde você está. Como dizem, nada mudará enquanto você não der o primeiro passo. Então, ouse dar o primeiro passo. Não precisa ser um grande passo, pode ser um pequeno, e então talvez você possa refazê-lo ou mudar de direção se não gostar do caminho que ele abre. Mas dê o passo. Por exemplo: se está sempre pensando em fazer aulas de inglês só porque adoraria aprender ou talvez porque quer ir morar por um tempo em um país de língua inglesa, mas não faz isso porque tem vergonha de falar na frente de outras pessoas, tem medo de não conseguir aprender bem ou prioriza outras coisas que não fazem tanto sentido para você quanto isso, procure escolas on-line ou ligue para uma delas só para ter mais informações. Esse será seu primeiro passo e você terá feito mais do que no dia anterior rumo ao seu objetivo.

Aceite-se

Se consultarmos o dicionário mais uma vez, veremos que a palavra aceitar significa "receber voluntariamente ou sem oposição o que é dado, oferecido ou confiado". Portanto, quando digo no título "aceite-se", o que estou dizendo é para você se receber como é, sem oposição. E vou ressaltar que "sem oposição" não significa que você goste de tudo a seu respeito, uma nuance que deve ser levada em conta quando se fala de autoestima e aceitação.

Aceitar-se significa viver consigo mesma da melhor maneira possível, sem negar partes de si ou querer ser outra coisa o tempo todo. Não significa que não possa pensar em melhorar, crescer ou progredir (se assim fosse não faria sentido ler este livro), porque nada disso é incompatível com a aceitação da sua essência, de quem você é, em todos os sentidos. E, como dissemos, para conseguir isso, você não precisa amar tudo em si mesma, porque talvez não consiga. Você não escolhe o que sente, só se pode escolher o que se faz disso. É por isso que não intitulei esta seção como "ame a si mesma", porque não acho que seja tão fácil assim, como se bastasse acionar um interruptor e pronto. Por isso prefiro que você primeiro trabalhe na aceitação de si mesma, com suas luzes e sombras, o que é um trabalho muito mais realista e a base para que você venha a se amar tanto quanto ama sua melhor amiga, que também pode ser você mesma.

Como reescrever sua voz interior

Ao longo do livro, mencionamos mais de uma vez sua voz interior ou diálogo interior, ou seja, o que diz a si mesma de você, dos outros e sobre as coisas que lhe acontecem na vida. Se tem algo importante para aprender a se aceitar e parar de tentar ser aquela boazinha que não a faz feliz, é mudar sua voz interior, que é como se fosse a trilha sonora da sua autoestima. O que geralmente acontece quando você ouve uma música triste da qual você nem sequer gosta? Com toda a certeza, você fica mais sensível. O que acontece quando você ouve um podcast entediante sobre um assunto que não lhe interessa nem um pouco? E o que acontece quando você ouve sua música favorita para se motivar antes de ir para a balada, por exemplo? Bem, você fica animada e sente que pode fazer qualquer coisa, não é? Pois então, algo semelhante acontece com sua voz interior, que é um dos elementos que contribuem para sua autoestima.

Durante meus anos de trabalho em consultas, e levando em conta que a voz interior geralmente emerge com força durante as sessões, identifiquei certas tendências e padrões que classifiquei, de forma semelhante às facetas da boa garota que já discutimos, porque são muito úteis para se trabalhar. Claro que ninguém se encaixa cem por cento em uma tendência ou padrão, porque cada pessoa é um mundo cheio de nuances e complexidades, mas conhecê-los o ajudará a analisar melhor sua voz interior e a detectar as consequências desse diálogo interno, o que a ajudará a começar a estabelecer uma comunicação mais gentil e realista consigo mesma. Então, vamos dar uma olhada nelas.

A VOZ VITIMISTA

Sei que ninguém gosta de se reconhecer em um papel ou padrão de comportamento vitimista, então, quero que saiba que, se já agiu dessa forma ou se essa é sua maneira de se comunicar consigo mesma e até com os outros, pode ser porque não teve as ferramentas para fazer o contrário e, talvez, porque fazer isso foi a única coisa que você pensou que poderia salvá-la e protegê-la em determinados momentos: "se me virem como vítima, não me machucarão mais", "se me virem como vítima, me darão a atenção e o carinho de que preciso neste momento". Felizmente, se identificar esse padrão, poderá encontrar outras ferramentas que realmente a ajudarão a se sentir protegida e segura, como estabelecer limites, que veremos mais adiante, para não recorrer outra vez à vitimização (pelo menos não repetidamente), que é um padrão que não beneficia você nem os outros.

Antes de prosseguir, acho que é necessário explicar a diferença entre ser vítima de algo e a vitimização ou vitimismo. Uma vítima é uma pessoa com a qual aconteceu algo muito difícil de lidar e que não deveria ter acontecido com ela. Por outro lado, as pessoas que se vitimizam transformam esse evento difícil em sua identidade, ou seja, ficam presas à tristeza, ao desamparo, à raiva etc. que o evento lhes causa, o que dificulta se darem a oportunidade de buscar novamente a felicidade e construir outras facetas que não a de vítima, o que, ao mesmo tempo, faz com que negligenciem habilidades sociais básicas e a responsabilidade afetiva com os outros, como, por exemplo, assumir a responsabilidade por suas emoções, erros, autocuidado etc. É por isso que disse que a vitimização não é saudável em nenhum sentido. No entanto, é saudável reconhecer-se como vítima, pois isso permite que você dê espaço à sua dor e a valide, não para que ela a defina ou determine sua vida, e sim para que possa seguir em frente e entender que é uma pessoa com muitas facetas e que ser uma "vítima" é apenas mais uma delas.

Como reconhecer uma voz interior com tendência à vitimização?

- Você se sente muito incompreendida e acha que os outros deveriam entendê-la sem ter de explicar: "Ninguém me entende ou se esforça para entender";
- Não tem esperança no futuro: "As coisas não vão mudar, estou fadada a que tudo sempre dê errado para mim";
- Trata-se de uma voz profundamente enraizada na reclamação, que você considera exaustiva, mas da qual não sabe como se livrar: "Tudo é uma droga, no trabalho sempre tem problemas, sempre brigando com o parceiro, minhas amigas sempre cuidando das suas vidas, estou cansada de tudo".

Como pode ver aqui, e isso é comum nas vozes interiores em geral, esse diálogo interno geralmente está cheio de frases prontas, expressões tomadas como verdades absolutas que você repete várias vezes, quando fala consigo mesma, mas também com os outros, e que correm o risco de se integrar como crenças limitantes, ou seja, como referência para entender a si mesma e aos outros, e agir de acordo com isso. As frases prontas típicas da voz vitimista são, entre outras: "tudo sempre dá errado para mim", "ninguém me ama/entende", "sou uma infeliz mesmo" ou "estou cansada de tudo".

Como começar a mudar sua voz interior vitimista? Aqui estão três ideias:

1. Sempre que reclamar internamente, tente pensar em algo pelo qual seja grata, mesmo que esteja relacionado a outra coisa. Por exemplo: "Que droga de dia chuvoso, ainda bem que à tarde não preciso sair de casa e posso passar algum tempo lendo com a chuva ao fundo, o que vai ser ótimo";

2. Sempre que culpar alguém internamente, tente se perguntar se você também não tem parte da responsabilidade pelo que aconteceu, pois garanto que, mesmo quando a tiverem prejudicado e não tiver nenhuma culpa, você pode encontrar uma parte da responsabilidade que a fará se sentir mais capacitada e segura (por exemplo, estabelecer um limite para essa pessoa), que é a ideia aqui. Muitas vezes, achamos que, ao assumir a responsabilidade, estamos diminuindo a responsabilidade dos outros ou que isso nos fará sentir culpa, mas se fizermos isso com equilíbrio, autocompaixão, empatia e sinceridade, nos sentiremos muito mais seguras e livres. Por exemplo: "Meu colega de trabalho é um preguiçoso, sempre acabo fazendo todo o trabalho que ele não faz bem e isso me irrita. Mas isso já passou, da próxima vez vou dizer que não posso fazer mais nada para ele, porque vai me sobrecarregar";

3. Em vez de quebrar a cabeça procurando culpados pelas coisas que deram errado (mesmo que você se culpe), tente procurar soluções, o que fará com que você se sinta mais confiante e permitirá que saia do ciclo de pensamentos negativos: "Sou uma burra por ter sido grosseira com Raul naquele momento, por que não consegui controlar minha raiva? Sou péssima. Mas acho que enfrentar o problema e pedir desculpas fará com que eu me sinta melhor. Sou humana e posso cometer erros, e a única coisa que posso fazer agora para me redimir é pedir desculpas sinceras"

A VOZ CATASTROFISTA

Assim como a voz vitimista e todas as outras que veremos, está intimamente relacionada à necessidade de controle tão comum na boa garota, e seu objetivo é protegê-la. Do mesmo jeito que muitas boazinhas se conectam facilmente com a culpa traiçoeira, muitas outras o fazem com o catastrofismo, ou seja, sempre se colocam na pior situação possível porque acham que, se imaginarem o pior, estarão mais preparadas para enfrentá-la se acontecer. Lembra-se daquela pessoa no ensino médio que sempre reclamava que foi mal na prova e ia ser reprovada, mas depois tirava uma nota ótima? Pois bem, essa pessoa provavelmente usava o catastrofismo como medida de controle diante de uma situação que gerava muito estresse, apesar de ter os recursos necessários para enfrentá-la, que nesse caso seriam ter estudado mais, dominar o que vai cair na prova etc.

Às vezes, usamos esse catastrofismo supostamente protetor como uma defesa isolada, mas em outras ocasiões se torna nossa voz interior e preenche todos os espaços de nossa psique. Assim, longe de nos dar uma sensação de controle sobre as coisas ruins que podem acontecer, mergulhamos em uma espiral de pensamentos negativos que não nos deixam aproveitar o presente ou enfrentar o futuro com tranquilidade, o que nos faz estar sempre preocupados. Esse é o grande problema da voz interior catastrofista. Como reconhecer se ela está muito presente em você? Vejamos:

- Acredita que, se algo pode dar errado, dará errado: *Se minha mãe ainda não me ligou, é porque ela sofreu um acidente de carro;*
- Tem a sensação de que nunca consegue fazer nada direito, ou mesmo bem: *Sou um desastre mesmo, não sei fazer nada, nem sei o que estou fazendo neste trabalho;*
- Vive com medo de que todas as coisas boas que tem em sua vida não sejam reais e que a qualquer momento algo terrível aconteça: *Não acho que uma pessoa tão maravilhosa como meu parceiro realmente me ame, tenho certeza de que ele já está pensando em me largar.*

Algumas das frases mais comuns dessa voz interior catastrofista são: "Sou um desastre", "você vai ver, não vai dar certo", "Isso é terrível", "E se... [insira o pior cenário possível]?".

Agora que consegue reconhecer a voz interior catastrofista, vamos ver o que fazer para começar a transformá-la:

1. Substitua superlativos como horrível, terrível, péssimo, desastre, catástrofe, "o pior" por uma definição mais restrita do que está acontecendo ou pode acontecer com você em termos menos categóricos. Pode parecer uma bobagem, mas a linguagem modula muito nossas emoções, portanto, se moderarmos nossas palavras, também moderaremos nossos sentimentos. Então, em vez de dizer "está um desastre", diga "não deu muito certo";

2. Em vez de afirmar o que vai acontecer em termos extremos como uma previsão, faça-o na forma de um receio. Acabamos de dizer que a voz catastrofista está relacionada ao nosso medo do que não controlamos, por isso tentamos nos colocar na pior situação possível, para já anteciparmos o que há de vir. O que aconteceria se, em vez de considerarmos

como certo que o pior vai acontecer, expressássemos nosso receio de que isso aconteça? Bem, em vez de nossas emoções se prepararem para lidar com uma catástrofe (porque o cérebro não faz distinção entre o que acontece e o que supomos que acontecerá, ele codifica ambos como realidades), e assim terá que lidar com o medo, sabendo que não é real. Portanto, em vez de dizer "a entrevista de emprego vai ser péssima", diga "receio que a entrevista não vá muito bem";

3. Quando o cenário "e se?" aparecer na sua cabeça seguido de uma catástrofe, tente pensar em outros "e se?" positivos para ajudar seu cérebro a ver que existem mais alternativas possíveis para essa situação. No início, terá uma sensação de perda de controle, mas garanto que, a longo prazo, permitirá que você aproveite muito mais o presente com uma visão realista, não catastrofista, da vida. Portanto, em vez de dizer "e se eu for mal na prova", diga "e se eu for bem na prova", "e se eu for mal, mas puder recuperar depois", "e se no dia eu estiver muito mais calma do que acho que estarei?"

A VOZ AUTOCRÍTICA

A autocrítica também tem uma função protetora através da tomada de controle, pois se supõe socialmente que quanto mais nos criticarmos, mais melhoraremos, porque acredita-se que, se aumentarmos a autocrítica, também aumentaremos a autoexigência, o que resulta em melhores resultados.

Se essa dinâmica for transformada em nossa voz interior e não pararmos de nos criticar por quase tudo o que fazemos e somos... surpresa! Não só não nos faz necessariamente melhorar, mas, pouco a pouco, diminui nossa autoestima e nos afoga na autoexigência, de modo que começamos a dizer coisas como "se eu não conseguir isso, não tenho valor", "se eu não for capaz de fazer isso dessa maneira, não sou válida" e assim por diante. Essa é a armadilha da autoexigência e autocrítica excessivas: quando tentamos melhorar nossa autoestima alcançando o que nos propusemos a fazer, acabamos destruindo-a.

Como todas as vozes internas, embora nesse caso seja um fator particularmente importante, a voz autocrítica às vezes é construída pelo que ouve dizer a seu respeito desde muito pequena. Ou seja, se seus entes queridos a criticavam muito, não é incomum que você também o faça, porque aprendeu a se ver dessa forma. Como reconhecer se essa voz está presente em seu diálogo interno? Preste atenção:

- Você acredita que se não estiver melhorando continuamente ou sendo "a sua melhor versão", não estará "se saindo bem na vida" e, portanto, não terá sucesso ou coisas boas não acontecerão com você: *Não posso me dar ao luxo de cometer um único erro sequer;*

- Acha que precisa ser implacável consigo mesma e que o fato de não atender às suas expectativas a define negativamente: *Se eu não for capaz de alcançar isso, é porque sou um fracasso;*
- Tende a se comparar com outras pessoas de forma injusta, ou seja, foca apenas nas virtudes delas e as superestima, por isso sempre saí perdendo: *Noelia tem a mesma idade que eu e já conseguiu tudo isso, não estou indo bem.*

As frases prontas mais comuns nessa voz autocrítica são: "Não vou descansar até fazer melhor", "Sempre faço tudo errado", "Tenho que ser capaz de fazer tudo sozinha" e "essa conquista foi só sorte".

E agora, a pergunta de ouro: como transformar sua voz autocrítica em uma voz interior mais gentil e compassiva?

1. Tente mudar o "tenho que" e o "preciso de" para frases que comecem com "gostaria de" ou "estou aprendendo a". Por exemplo, em vez de dizer "Eu não deveria cometer erros", tente dizer "Gostaria de fazer o melhor que puder com as ferramentas que tenho", ou em vez de dizer "Tenho que ser a melhor nisso", tente dizer a si mesma "Estou aprendendo a fazer isso". Essa pequena mudança permite que seu cérebro abra a porta para a flexibilidade e se desprenda um pouco da rigidez e do senso de obrigação que os outros discursos geram de forma tão implacável com você;

2. Em vez de julgar a si mesma, tente entender o que está por trás de seus comportamentos. É comum que sua voz autocrítica a julgue e coloque rótulos que a definem com base em um determinado comportamento ou situação. Portanto, eu a aconselho a transformar esses julgamentos em oportunidades de conhecer melhor suas necessidades e deficiências, o que, diga-se de passagem, é geralmente muito necessário para a boazinha. Por exemplo, em vez de dizer a si mesma: "Sou sempre tão desastrada", pense: "Por que sou desastrada nesse tipo de situação, o que me faz ter tanto medo e ficar tão tensa a ponto de afetar meu comportamento?;

3. Sempre que se criticar, pergunte a si mesma: "Isso está me ajudando a alcançar alguma coisa?" Na maioria das vezes, verá que além de não a ajudar, também a faz se sentir pior. Por exemplo, quando diz a si mesma que nunca conseguirá um bom emprego porque é um desastre, pare e pense: "Essa crítica está me ajudando a conseguir um bom emprego ou apenas fazendo com que eu me sinta péssima?"

A VOZ INDOLENTE

O que essa voz tenta fazer, sempre com o objetivo de protegê-la, é desconectá-la de suas emoções caso você não seja capaz de suportá-las, o que, como você sabe, é muito comum na boa garota, que tende a reprimi-las. A voz indolente é um discurso interno que parte da premissa "não estou nem aí" e constitui um tipo de autoengano que tenta convencê-la de que nada é tão importante e que você não perderá seu tempo sofrendo e experimentando emoções desagradáveis porque, de acordo com essa voz, não tem porquê. O problema quando essa voz se torna seu diálogo interno é que ela faz com que você as reprima, e já vimos os problemas que isso causa. Vamos ver como detectá-la:

- Você acha que sentir emoções desagradáveis é uma perda de tempo que não levará a nada de útil: *Não vou perder meu tempo ficando mal*;
- Acha que se tentar ignorar suas emoções desagradáveis e não as expressar, elas desaparecerão: *Chorar não vai ajudar em nada*;
- Você acha que prestar atenção às suas emoções desagradáveis faz de você uma pessoa fraca: *Chorar é para os fracos.*

Algumas das frases prontas que caracterizam essa voz interior são: "Não estou nem aí", "Não vou perder meu tempo com bobagens", "Já passei por coisas bem piores".

Se acha que essa voz está muito presente no seu interior, sugiro estas três formas de começar a transformá-la em uma voz mais saudável para você:

1. Quando detectar que algo a está machucando, tente interromper seu impulso natural, que será dizer a si mesma "deixe para lá, vamos focar em outra coisa, não perca seu tempo", em vez disso, tente contar a alguém de confiança o que está acontecendo. Entendo que pode parecer difícil, mas garanto que muitas vezes o que não sabemos explicar para nós mesmas, conseguimos explicar para os outros assim que nos abrimos e começamos a dar voz ao caos mental que temos e que achamos que não sabemos como expressar. Isso permitirá que você aprenda a se conectar com suas experiências e, em parte, também com suas emoções, para que, pelo menos, não as negue. Esse é o primeiro passo.

2. Quando sentir que não se importa com algo, pare por um momento e pense em quais aspectos da situação você preferiria que fossem diferentes, mesmo que sinta que, na verdade, você "não está nem aí". Isso a ajudará a se conectar com suas necessidades reais, que estarão muito reprimidas por

tudo o que você já sabe sobre a síndrome da boa garota e, acima de tudo, pela sua voz indolente. Pode fazer isso em situações totalmente cotidianas, por exemplo, quando estiver com seus amigos decidindo que tipo de comida gostaria de comer no jantar. A princípio, você pode dizer que não se importa, mas se parar para pensar em termos de preferências em vez de desejos ou necessidades, poderá descobrir que "tanto faz, só que na verdade não gosto muito de comida japonesa e talvez eu prefira que essa não seja uma possibilidade". Parece um exercício absurdo, mas garanto que a ajudará a se conectar com outra voz interior que expressa com mais clareza seus desejos e necessidades e que foi silenciada por muito tempo. Começar com situações triviais ajuda a normalizá-la para que, mais tarde, possa aplicá-la a situações emocionalmente mais importantes para você.

3. Essa pode parecer muito óbvia, mas se estiver reprimindo emoções há muito tempo, não é. Quando sentir vontade de chorar, chore, não se contenha. Sei que é assustador e que você pode pensar que suas emoções vão transbordar, mas e se você se deixar levar? Experimente e me conte. Talvez, ao pensar nisso, você tenha uma dúvida (muito comum em consultas) que é: "e o que eu faço se, mesmo querendo, não conseguir chorar?" Bem, existem vários truques que podem ajudá-la, baseados na conexão com suas emoções por meio de estímulos mais poderosos do que apenas pensar no que aconteceu. Por exemplo, tocar uma música que toque seu coração enquanto você pensa no que está acontecendo, olhar fotos antigas que a façam se conectar com versões anteriores de si mesma, assistir a um episódio de uma série que você já tenha visto e cujo enredo narre algo semelhante ao que está acontecendo com você... Esses truques geralmente são eficazes porque "enganam" o cérebro e a convencem de que você pode se libertar emocionalmente porque estará liberando emoções que não têm nada a ver com sua própria situação. Como há um intermediário (a foto, a música ou a série), ele sente que é "seguro" chorar ou simplesmente se conectar com a emoção por um tempo. Com o tempo, seu cérebro aprenderá que pode se permitir conectar e liberar emoções desagradáveis sem que isso seja uma ameaça.

A VOZ INVALIDANTE

Essa voz tem pontos em comum com a voz indolente que tenta reprimir as emoções, mas, em vez de fazê-lo dizendo "não estou nem aí", invalida diretamente a emoção, ou seja, com a ideia de que, se você sente emoções desagradáveis, é porque não sabe o que fazer com elas, porque percebe tudo com "intensidade demais", porque não é positiva o suficiente, porque é sensível demais etc. Em outras palavras, essa voz nos culpa por sentirmos o que sentimos, pelo que acontece conosco, pelo modo como somos, e assim por diante.

Embora seus meios possam ser diferentes, sua função protetora é a mesma da voz indolente: tentar reprimir as emoções que você não quer sentir porque as considera uma ameaça à sua paz e à imagem de pessoa forte e autoconfiante que quer ter de si mesma e que, como já sabe, é algo que as pessoas com síndrome da boa garota buscam o tempo todo. Como reconhecer se essa voz está muito presente em você?

- Com frequência, quando está triste, irritada, frustrada ou decepcionada com alguma coisa, tende a acreditar que está exagerando: *Se eu não fosse tão exagerada, não me sentiria assim;*
- Você acha que regular suas emoções equivale a negá-las ou minimizá-las com frases como "não é grande coisa";
- Acredita que seus sentimentos dependem apenas da sua vontade: *A culpa é minha por me sentir assim, deveria ser mais forte.*

Outras frases prontas que caracterizam essa voz interna são: "não é nada demais", "isso me afeta porque sou muito sensível", "tem pessoas em situação pior do que a minha e elas não reclamam tanto".

Mais adiante aprenderemos a validar as emoções, o que é fundamental para não as reprimir, mas agora proponho três ideias que você pode aplicar já para mudar essa voz interna:

1. Sempre que questionar algo que está sentindo, lembre-se de que todos temos o direito de sentir o que sentimos, porque não é algo que podemos controlar, mesmo que possamos controlar o que fazemos com a emoção depois. Lembre-se de que emoção e ação são dois conceitos totalmente diferentes, e que aceitar que você tem o direito de ficar com raiva não significa que você vai incendiar a casa daquele homem que falou mal de você no banco hoje. Portanto, eu a aconselho a começar a mudar "Não quero sentir raiva" para "Tenho o direito de me sentir assim, mesmo que não goste da sensação";

2. Quando uma pessoa que você ama muito lhe diz como se sente, você responde a ela como responde a si mesma internamente quando tem sentimentos desagradáveis? Provavelmente não. Recomendo que imagine que o que está acontecendo com você está acontecendo com a pessoa que você mais ama; desenhe duas colunas em uma folha de papel e escreva em cada uma delas o que você diria a essa pessoa e o que

diria a si mesma. É a mesma coisa? Se não for, provavelmente precisa começar a dizer a si mesma um pouco do que diz a essa pessoa, pois é muito provável que você seja muito mais gentil e compassiva com essa pessoa do que consigo mesma;

3. Assim como fazemos com a voz autocrítica, pergunte a si mesma: não me permitir sentir assim ajuda em alguma coisa?

A VOZ DESCONFIADA

Essa voz interna é a que se concentra mais no externo, ou seja, nas expectativas negativas, no medo e na hipervigilância em relação aos outros, cujas intenções você desconfia porque teme que eles a magoem, se aproveitem de você etc. Eu a citei como uma voz interna porque, às vezes, todo o nosso diálogo interno está centrado na análise excessiva e na desconfiança em relação aos outros, o que, no caso de pessoas com a síndrome da boa garota, decorre de sua sensação de impotência e desamparo. Elas se veem como incapazes de perceber adequadamente o mundo ao seu redor e de se proteger se alguém tiver a intenção de prejudicá-las, por isso empregam essas defesas psicológicas de hipervigilância que estabelecem o tom para todo o seu diálogo interno. Como é de se esperar, é comum que essa voz se desenvolva ou seja reforçada depois de sofrer muitas traições por parte de pessoas importantes, seja na infância, na adolescência ou na idade adulta. Como saber se essa voz está muito presente em você?

- Você passa grande parte do dia tentando adivinhar as intenções das outras pessoas e analisando o que elas dizem e fazem, mas ainda assim não consegue relaxar: *O que será que Rosa quis dizer quando falou isso para mim hoje?*;
- Costuma dar instruções internas a si mesma para estar sempre atenta com os outros: *Não confie neles, você não os conhece bem o suficiente;*
- Tem uma crença geral de que todas as pessoas pensam apenas em si mesmas e não se importam em machucar ninguém ao longo do caminho: *Todo mundo só pensa no próprio umbigo.*

Outras frases prontas comuns nessa voz são: "não dá para confiar em ninguém", "não confio nem na minha própria sombra", "se você der o braço, vão querer o pé".

Como melhorar esse discurso? Dê uma olhada:

1. Faça uma lista de todos os motivos pelos quais você desconfia das outras pessoas. Em seguida, pergunte a si mesma: eles se aplicam a

todos ao meu redor? Provavelmente, você se sentirá mais segura em alguns relacionamentos do que em outros, o que lhe permitirá discernir entre motivos objetivos para desconfiar de alguém, que você observará nos relacionamentos em que se sente menos segura, e desconfiança preventiva, que é aquela que você ativa automaticamente em sua mente para se proteger e que, às vezes, aparece em relacionamentos em que os motivos que você anotou em sua lista não estão presentes;

2. Sempre que disser uma frase pronta para si mesma, tente transformá-la em algo concreto. Por exemplo, em vez de dizer "não dá para confiar em homens/mulheres", tente dizer "meu/minha ex me mostrou que não deveria ter confiado nele/nela, mas isso não define todas as pessoas de um gênero";

3. Defina o que você precisa para confiar em alguém: como devem ser meus relacionamentos para que eu me sinta segura?

Agora que conhece os principais padrões de voz interior que observei em consultas, talvez esteja se perguntando como é um diálogo interno saudável. De modo geral, uma voz interior "saudável" é caracterizada por ser **consciente, realista, compassiva, esperançosa e responsável.** Como se consegue isso? Basicamente, aplicando as sugestões específicas que indicamos para cada uma das vozes, mas também existem algumas diretrizes gerais que analisaremos agora e que são aplicáveis mesmo que você não tenha conseguido detectar qual é a sua voz interior predominante, mas sabe que ela é negativa. Atente-se aos seguintes pontos:

- Detecte quais distorções cognitivas influenciam sua linguagem. Para fazer isso, releia a seção "Por que nunca fui completamente feliz", mais especificamente, a parte dedicada aos filmes mentais que nós mesmas criamos. Quais são os que mais predominam em sua voz interior? Depois de identificá-los, faça as seguintes perguntas para cada um deles:

  ◊ Tenho evidências para confirmar que isso é verdade? E para contrariar? E por evidência quero dizer fatos que são difíceis de refutar. Vamos dar um exemplo. Imagine que um de seus filmes mentais habituais seja a "interpretação de pensamentos" e que, neste momento, você esteja pensando no fato de que hoje seu vizinho não a cumprimentou porque não gosta de você. Que evidências você tem para confirmar isso? Uma delas poderia ser o fato de ele ter dito isso a você em algum momento. Que evidências você tem para refutar isso? Um exemplo pode ser que, em geral, ele a cumprimenta, e com um sorriso;

◊ Existem outras maneiras de explicar o que aconteceu? Neste exemplo, que o seu vizinho não a viu, que ele está sem voz, que não teve vontade de cumprimentá-la porque estava de mau humor, que ele geralmente é mal-educado etc.;

◊ Um pensamento é o mesmo que um fato? Por exemplo: pensar que seu vizinho não gosta de você é o mesmo que ele de fato não gostar de você? Pensar em algo torna isso verdade?;

◊ O mesmo linguajar que uso com os outros é o que uso comigo mesma? Por exemplo, se alguém próximo a mim me explicasse isso, eu responderia sem rodeios: "Com certeza seu vizinho não gosta mesmo de você"?;

◊ Os fatos me definem como pessoa? Por exemplo, se o seu vizinho realmente não gosta de você, o que acontece, isso significa que você é uma pessoa "indesejável" para todos?;

◊ É benéfico para mim pensar dessa forma? Por exemplo, é benéfico para você saber que seu vizinho pode não gostar de você? Isso faz com que você se sinta melhor? Isso permite que você se comporte de uma maneira que você acha que é "melhor" para você? Isso lhe dará um desconto no supermercado?

Você provavelmente não terá dificuldades em responder a algumas dessas perguntas, afinal já falamos delas, quando falamos sobre vozes separadamente, mas às vezes vale a pena se fazer todas essas perguntas, porque elas a ajudam a se reestruturar cognitivamente.

O que é reestruturação cognitiva? Uma técnica de psicoterapia proposta pelo psicólogo Aaron Beck, que tem muitas evidências científicas de sua eficácia, por isso é muito usada por psicólogos em consultas para moldar e mudar pensamentos negativos e limitantes. A técnica não consiste apenas em fazer perguntas a si mesma, é muito mais ampla e complexa, por isso só deve ser aplicada por profissionais qualificados, mas essa versão simplificada que proponho é um bom ponto de partida e pode ajudá-la.

- Tente falar consigo mesma como falaria com a pessoa que você mais ama no mundo.

- Coloque uma foto da criança que você era em um espelho onde se olhe todos os dias e lembre-se de que toda vez que você diz algo muito prejudicial a si mesma, também está dizendo isso a ela, e o mesmo acontece quando diz algo agradável. Sempre recomendo muito na terapia que se tenha "conversas no espelho", ou seja, que converse consigo mesma de vez em quando, olhando para seu rosto. Geralmente, nosso diálogo interno ocorre enquanto realizamos nossas tarefas diárias, o que significa que não estamos nos vendo quando conversamos. E, por mais difícil que seja acreditar, isso acarreta nossa despersonalização, por isso, somos muito mais duras com nós mesmas. Por outro lado, se conversar consigo mesma de vez em quando, mesmo que seja apenas para ver como está, para agradecer por algo ou para repensar alguma coisa, olhando-se no espelho, as coisas mudam e talvez você se conecte mais com o autocuidado, porque, no final das contas, você é uma pessoa que está fazendo o melhor que pode. Se acrescentar a essas conversas no espelho a imagem de sua versão criança, provavelmente se conectará ainda mais com sua parte vulnerável, aquela garotinha que precisava da mulher livre e forte que estamos construindo agora, e isso permitirá que fale consigo mesma como merece que todos falem com você, inclusive você mesma: com respeito, gentileza, empatia e, se possível, carinho.

- Reserve algum tempo todos os dias, ou de vez em quando, para sentar-se consigo mesma e completar as frases a seguir:
  ◊ *Estou orgulhosa de mim mesma por [...]*
  ◊ *Agradeço a mim mesma por [...]*
  ◊ *Isso me torna valiosa [...]*
  ◊ *Meu eu passado conseguiu [...]*
  ◊ *Sou capaz de [...]*

  A ideia desse exercício é dar mais espaço para as coisas positivas em sua vida, porque quando está imersa em um diálogo interno negativo, tende a ficar presa nesse ciclo. Por outro lado, ao se forçar a verbalizar as coisas positivas (e garanto que sempre existem algumas), você estará, de certa forma, "reeducando" sua mente para tornar esses pensamentos sobre você mais acessíveis também.

- Evite se rotular ou definir por suas ações ou por coisas que acontecem, ou seja, coisas específicas que não podem definir algo estável como sua essência, pois isso não seria justo.

Como ser sua melhor amiga

Agora que já trabalhamos com seu diálogo interno, que é um dos elementos que mais influenciam a qualidade de sua autoestima, vamos analisar outros aspectos importantes que costumam ser conflitantes para as pessoas com a síndrome da boa garota e cuja má administração contribui para a deterioração da sua autoestima. Intitulei esta parte de "como ser sua melhor amiga" porque é isso que queremos, não apenas que fale consigo mesma como falaria com a pessoa que mais ama, e sim que seja a pessoa que mais ama, pelo menos em termos de aceitação incondicional. Que você se dê bem consigo mesma, que se sinta confortável em sua própria pele, de qualquer maneira, e que possa finalmente priorizar a si mesma e parar de agradar indiscriminadamente aos outros.

Falamos em autoestima ao longo do livro todo, mas ainda não a definimos. A autoestima é a ideia e a valorização de si, o afeto e o respeito que tem por você mesma. De modo geral, tendemos a pensar na autoestima como sendo uma percepção de que você é maravilhosa interna e externamente, mas não é bem isso. Autoestima não se trata de adorar tudo em você, e sim de aceitar e respeitar a si mesma com suas luzes e sombras. Autoestima não significa nunca cometer erros, e sim saber como lidar consigo mesma quando está errada. E, definitivamente, a autoestima não significa amar tanto a si mesmo a ponto de ser indestrutível, mas como cuidar de si mesma e se proteger daqueles que a magoaram ou estão magoando. Agora que você sabe o que autoestima significa, talvez entenda melhor por que estou falando sobre ser sua "melhor amiga", porque uma melhor amiga é exatamente o que acabamos de explicar. Pense nisso: sua melhor amiga pode garantir que nada de ruim aconteça com você? Ou fica com você, cuida de você e a acolhe da melhor forma possível quando isso acontece? É por isso que, ao trabalhar em tudo o que estamos buscando para construir seu futuro com você, ou seja, para conhecê-la, aceitá-la e estar consigo mesma, também estamos trabalhando em diferentes aspectos da sua autoestima, pois ela será o principal suporte para que essa mulher livre que estamos construindo não precise mais ser a boazinha para se sentir segura.

Além do diálogo interno que acabamos de discutir, vamos ver quais outros elementos que foram filtrados por essa síndrome durante toda a sua vida podem ser trabalhados para fortalecer sua autoestima:

- Cuidado com comparações. Se tem uma coisa que acaba com a nossa autoestima são as comparações. Por quê? Você deve me perguntar. Simplesmente porque a fazem rejeitar quem você é. Em geral, quando nos comparamos, não saímos fortalecidas, e sim feridas, isso acontece porque tendemos a comparar o que não gostamos em nós mesmas com o que gostamos em outra pessoa (que nem sabemos se é cem por cento verdadeiro, porque a idealização também entra em jogo aqui) e que, além disso, é apenas uma pequena parte de quem ela é. É exatamente por isso que sempre perdemos nas comparações, e essa frustração nos leva a administrar emoções como a inveja, por exemplo, de uma forma muito pouco saudável, o que nos prejudica ainda mais. O que pode fazer para limitar as comparações?

◊ Pense mais no que você é e menos no que lhe falta.

◊ Transforme a inveja em inspiração, como já explicamos.

◊ Limpe suas redes sociais. Hoje em dia, passamos tantas horas nas redes sociais que o que consumimos nelas é tanto ou mais do que o que consumimos fora delas e, na Internet, há infinitos estímulos que geram ideias do que deveríamos ser, do que deveríamos ter, de como nossa vida deveria ser etc. Então, recomendo que avalie com muito cuidado quais contas segue e quais não segue. Você se sente melhor ou pior depois de ver determinado conteúdo? Consumir o conteúdo de alguém em particular faz com que se sinta insatisfeita consigo mesma ou com sua vida? Acha que se sentiria melhor se não recebesse inputs dessa pessoa todos os dias? Essas são algumas perguntas que pode fazer a si mesma para fazer essa filtragem.

• Cuidado com o perfeccionismo. A esta altura, já sabe muito bem que o perfeccionismo excessivo e a autoexigência levam a ciclos prejudiciais à saúde. Portanto, vamos dar uma olhada em alguns recursos para começar a equilibrar seu perfeccionismo e transformá-lo em seu aliado, e não em um inimigo que a sufoca a ponto de fazer você se sentir inútil. Vejamos:

◊ Ajuste suas expectativas. Antes de fazer qualquer coisa, avalie seu estado (cansaço, humor etc.), sua experiência anterior nessa área, o tempo que tem disponível, se é urgente ou não, se é importante para os outros ou para você etc. Para isso, o exercício de mudar os "deveria" e "tenho que" para "gostaria de", que vimos anteriormente, pode ajudá-la.

◊ Aceite que cometer erros é uma parte tão natural da vida quanto acertar, e que todos nós cometemos erros porque não somos máquinas infalíveis. Ao integrar esse pensamento em suas crenças básicas, você começa a ressignificar os erros, redimensionar suas consequências e, em geral, a ser um pouco mais compassiva consigo mesma.

◊ Feito é melhor do que perfeito. Como já vimos, o perfeccionismo geralmente leva à procrastinação, e a procrastinação nos faz sentir ainda mais inadequadas, porque achamos que estamos procrastinando por preguiça ou falta de habilidade, quando na verdade é porque estamos exigindo demais de nós mesmas. É por isso que eu a incentivo a se arriscar de vez em quando, porque uma coisa feita é melhor do que perfeita.

◊ Reduza o planejamento. Sim, eu sei que o planejamento lhe dá aquela sensação de controle que é tão importante para uma boa garota, mas a realidade é que a melhor maneira de perder o controle é tentar controlar tudo, porque isso é impossível e, se todos os seus esforços forem direcionados para este fim, você acabará exausta e frustrada. É por isso que eu a incentivo a de vez em quando tentar ficar sem tanto planejamento. Isso também a ajudará a ajustar as expectativas que mencionei anteriormente, porque, com menos planejamento, suas expectativas não serão tão rígidas e, portanto, você se poupará de muita frustração que, de outra forma, a faria culpar seu suposto baixo valor próprio.

- Ria de si mesma. Quando temos uma autoestima muito baixa e somos muito exigentes, é comum ser muito difícil rir de nós mesmas, porque vemos isso como uma forma de enfatizar nossos defeitos e quase torná--los maiores. A verdade é que não é bem assim, muito pelo contrário. Rir de si mesma nos liberta da obrigação de sermos sempre impecáveis, de nunca conseguirmos fazer papel de boba, permite que digamos algo inapropriado, que sejamos desajeitadas e assim por diante; e já que essas coisas acontecem com todos os seres humanos de tempos em tempos, por que continuar a escondê-las e estigmatizá-las, por que não transformar um momento de sofrimento evitável em um momento de humor e relaxamento? É por isso que é muito importante para nossa autoestima poder rir de nós mesmas, sabendo que isso não é um crime, e sim uma libertação. Aqui estão algumas perguntas que pode fazer a si mesma para começar a rir um pouco mais de si e consigo mesma:

  ◊ Aquilo que a envergonha tanto pareceria tão ruim para você se outra pessoa o tivesse feito?

  ◊ De que adianta você se lembrar com sofrimento daquele erro ou daquela coisa ridícula que fez há mil anos? Você não pode fazer nada a respeito, isso não a define, deixe para lá.

  ◊ Se você às vezes ri das ações de outras pessoas e sabe que isso não as torna menos válidas, por que não pode fazer o mesmo consigo mesma?

- Cuidado com a síndrome da impostora. Como você sabe, a síndrome da impostora é tanto uma causa quanto uma consequência da baixa autoestima e limita você em muitas áreas que podem ser muito importantes para você e sua felicidade: trabalho, social, relacionamento consigo mesma etc. Para entender como se livrar da síndrome da impostora, é importante compreender como funcionam dois processos fundamentais e simples, que são os mais influentes na manutenção dessa síndrome: o ciclo do perfeccionismo e o ciclo da evasão e procrastinação:

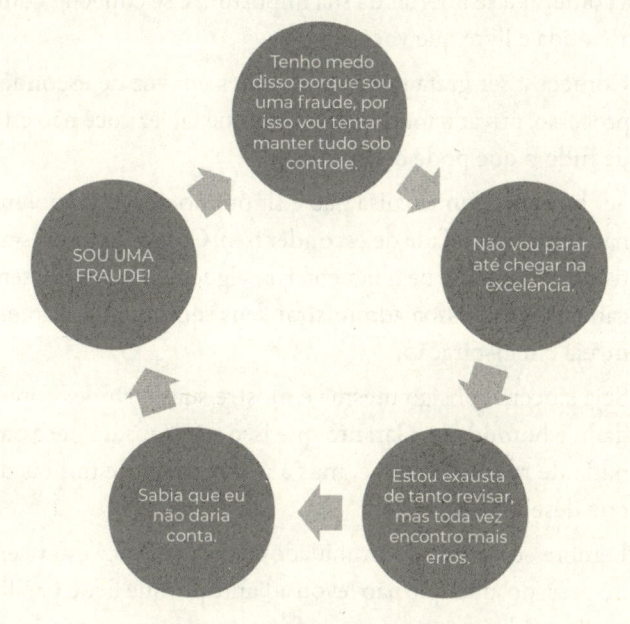

Este é um ciclo do perfeccionismo

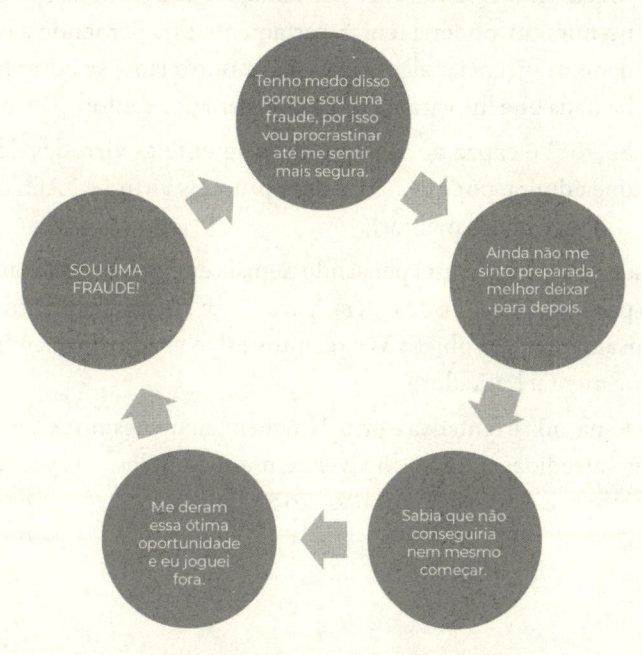

Este é um ciclo da procrastinação ou da evasão

Como pode ver, a falta de confiança em quão adequada são nossas ações, seja devido ao perfeccionismo ou à evasão, sempre nos leva à mesma conclusão: que somos uma fraude. Aqui estão algumas ideias para começar a se libertar da sua impostora e se conectar com a pessoa forte, válida e livre que você é:

◊ Comece a ser grata por suas virtudes em vez de escondê-las e, no processo, privar o mundo delas, porque talvez você não esteja ciente de tudo o que pode contribuir;

◊ Ser boa em alguma coisa não é sinônimo de ser prepotente, então, não tem necessidade de esconder isso. Como já vimos: seu brilhantismo não apaga o de ninguém. E se alguém fizer você se sentir assim, cabe à outra pessoa administrar seus sentimentos e transformar a inveja em inspiração;

◊ Seja sincera consigo mesma e mostre suas virtudes com assertividade e humildade. Garanto que isso não causará necessariamente nada de ruim para você, mas a aproximará de muitas das coisas que deseja;

◊ Lembre-se de uma oportunidade com a qual você estava empolgada no passado, mas que não levou adiante porque ficou paralisada pelo medo: realmente não queria fazer aquilo ou o que não queria era "fracassar"? Quando você não faz algo que a entusiasma e sabe que, no mínimo, poderia tentar, certamente está perdendo a oportunidade de vivenciar algo incrível. Por outro lado, se ousar fazer, não há nada que lhe garanta o fracasso cem por cento;

◊ Se você é capaz de avaliar objetivamente as virtudes de alguém que admira, por que não as suas próprias virtudes? Afinal, você as conhece muito melhor!;

• Quando sentir que está pensando demais em uma decisão ou situação do passado, belisque-se e diga "pare". Pare e reavalie quantos de seus pensamentos são objetivos e quantos estão se transformando em um filme mental limitador;

• Tudo na vida é tentativa e erro. Ninguém, nem mesmo as pessoas mais bem-sucedidas do mundo vivem em um completo mar de rosas sem espinhos. E esses espinhos não vão matar você.

Seja sua própria companhia

De acordo com o dicionário, companhia significa "presença de algo ou alguém que acompanha" e também "ficar junto (de alguém) para que não esteja ou se sinta só". Como as anteriores, essas definições falam de ações que você realiza para outra pessoa, mas, mais uma vez, vamos ver como ser sua própria companhia porque, o que poderia ser mais importante do que saber como ser companhia da pessoa com quem você vai ficar pelo resto da vida? E eu entenderia se você achasse que estou ficando muito filosófica, mas ser sua própria companhia não é uma opção, afinal não temos outra escolha. Mas garanto que ser sua própria companhia de forma saudável ou não faz toda a diferença, como você já viu, por exemplo, ao falar sobre o impacto do diálogo interno na autoestima.

Para saber como ser sua própria companhia de forma saudável e que lhe permita ser livre, precisa dominar três funções básicas: cuidar de si mesma, relacionar-se com seu mundo emocional e tomar suas próprias decisões, e, como você sabe, esses são três assuntos espinhosos para a boa garota, portanto, agora vamos ver como passar por eles com louvor (ou pelo menos com nota média, afinal já dissemos que nesse processo não tem espaço para a autoexigência).

Antes de começarmos a analisar cada aspecto, quero lembrá-la de algo que será o fio da meada desta seção inteira: agora você está no comando de si mesma, e isso é uma boa notícia. Você não é mais a criança de quem se esperava submissão, perfeição ou silêncio, ou que se sentia desprotegida, desamparada e sozinha. Agora você é uma adulta, forte, livre e inteligente. Agora você cuida de si mesma e pode se dar o que os outros não foram capazes de lhe dar como você precisava, embora às vezes tenham tentado. Confie que você pode cuidar de si mesma. Vejamos como:

Como cuidar de si mesma

Por que pessoas com síndrome da boa garota não costumam aprender a cuidarem de si mesmas da melhor maneira possível? Imagino que, a esta altura, você já saiba a resposta. É muito difícil dedicar tempo e energia ao autocuidado quando seu ambiente exige tão intensamente que você cuide dele; então você aprende que só se sente amada e válida quando cuida dos outros e, como dedica tanta energia e tempo a estar presente para os outros, sobra pouco tempo para identificar suas necessidades, sejam elas emocionais, físicas, sociais, espirituais ou mentais.

Mas o que exatamente é autocuidado? Bem, é o conjunto de ações que derivam da sua capacidade de prestar atenção ao que acontece com você, ao que você pensa e sente, e que têm como objetivo proteger-se e alcançar o bem-estar ou o equilíbrio em todas as áreas importantes da sua vida. O autocuidado não é importante apenas para ter a vida mais plena possível, mas também para evitar problemas de saúde física ou mental. É compreensível que, neste momento, possa pensar que o autocuidado que falta à boazinha é tomar banhos de espuma, aplicar cremes ou viajar, mas garanto que, muito provavelmente, as deficiências dela estão relacionadas aos cuidados mais básicos, como, por exemplo, se alimentar bem, ir ao médico ou estabelecer limites em seus relacionamentos para evitar desequilíbrios e até mesmo abusos. E é exatamente por isso que, nesta parte do livro, vou falar sobre os principais tipos de autocuidado, dos mais básicos aos nem tanto, para que você tenha uma grande variedade de ideias à mão para atender às suas necessidades.

AUTOCUIDADO FÍSICO

Esse autocuidado requer muita cautela, já que provavelmente é o cuidado que nos ensinaram a encarar da pior maneira como sociedade. Por que digo isso? Porque tenho certeza de que a primeira coisa em que você pensa quando lê "autocuidado físico" é restringir certos alimentos e se matar na academia, mesmo que não goste da atividade física que faz lá, para ficar o mais magra e tonificada possível. Não se preocupe, é normal que tenha pensado assim, é o que nos ensinaram que significa "cuidar de nós mesmas", mas, como quase sempre acontece quando falamos em cuidar de nós mesmas, esquecemos que a saúde também é mental, não apenas física, e que se cuidarmos de nós mesmas com ódio (do nosso corpo, de determinados alimentos ou exercícios etc.), não estaremos fazendo isso direito, porque não é possível cuidar do que não se aceita e não é possível aceitar o que se odeia.

Esse assunto é muito amplo e complexo, portanto, minha intenção aqui é orientá-la em termos gerais para que possa escolher os recursos que mais lhe convêm. E, é claro, nesta seção você não encontrará dietas ou listas de exercícios, afinal iremos além do seu corpo (que não é a única coisa "física" em você) e tentaremos tratá-lo com o máximo de cuidado, flexibilidade e responsabilidade que pudermos, para não cair na violência estética de que falamos, que é um lobo em pele de cordeiro quando se trata do cuidado físico.

Uma das consequências desse tipo de autocuidado é sentir-se muito **mais forte**. Quais aspectos compõem o seu autocuidado físico? Basicamente, aqueles relacionados a:

- Sua alimentação e seu relacionamento com ela;
- O movimento de seu corpo e sua relação com ele;
- A qualidade do seu sono e descanso;

- Atenção a possíveis dores ou problemas físicos, bem como a necessidades corporais específicas;
- Atenção à sua higiene pessoal.

Vamos dar uma olhada em algumas ideias para começar a implementar ou melhorar seu autocuidado físico:

1. Tente basear sua alimentação em refeições nutritivas e completas que incluam vários grupos básicos de alimentos: vegetais, proteínas, carboidratos etc. Varie as receitas o quanto for necessário. Coma devagar e saboreie cada garfada. Aproveite a comida. Tente comer fora de vez em quando e experimente novos sabores, ou peça sua comida favorita em casa.

2. Encontre um exercício de que goste (já explicamos como fazê-lo). Tente reservar períodos mais ou menos fixos durante a semana para se dedicar a ele e lembre-se de que a motivação nem sempre aparece antes de você começar a fazê-lo, mas muitas vezes precisamos começar a fazer algo para só então nos motivar. É por isso que a disciplina é importante aqui, e será muito mais fácil se fizer algo que goste, em vez de se forçar e contar os minutos para acabar logo.

3. Tente dormir cerca de oito horas todas as noites. Faça algo relaxante antes de ir para a cama e, se tiver dificuldade para adormecer porque tende a pensar obsessivamente nas coisas que precisa fazer no dia seguinte, reserve um momento, por exemplo, depois do jantar, para anotar todas elas em um pedaço de papel. Esse é um exercício muito simples que permitirá que seu cérebro "estacione" as preocupações para não irem para a cama com você (ou pelo menos não de forma tão intensa). À noite, prepare suas roupas e tudo o que precisa para o dia seguinte para não acordar estressada e muito mais cedo do que o necessário.

4. Pare de adiar aquela consulta médica pendente. Ligue logo, agora, depois continue lendo. Faça check-ups de tempos em tempos e, se toma algum medicamento, tente facilitar a ingestão deles com uma caixa de pílulas onde você os mantenha em ordem, e tente tomá-los todos os dias no mesmo horário para evitar esquecê-los. E também, embora o que vou lhe dizer possa parecer básico, agasalhe-se bem quando estiver com frio, tire o casaco quando estiver com calor, coma quando estiver com fome, beba quando estiver com sede, não retenha a urina por muitas horas etc. Como já mencionei, sei que esses últimos pontos parecem

muito básicos e óbvios, mas às vezes estamos tão acostumadas a não prestar atenção a eles que acabamos internalizando-os e automatizando--os e, justamente por parecerem óbvios para nós, pensamos que "se eu não prestar atenção a isso, não é nada demais", mas quando isso se torna rotina, as consequências podem ser bem ruins.

5. Reserve um tempo do seu dia para tomar um bom banho, escovar os dentes após cada refeição, pentear os cabelos, lavar as roupas, passar desodorante e perfume. Embora isso possa parecer básico, garanto que existem pessoas que têm dificuldade em fazer isso porque estão cansadas demais da vida. É por isso que quero lembrá-la de que seu corpo é sua casa, e todos nós vivemos muito mais confortavelmente em uma casa limpa e arrumada. Dê a si mesma esse mimo, permita-se viver como merece.

AUTOCUIDADO EMOCIONAL

Esse autocuidado está relacionado à consciência de suas emoções e de seu relacionamento com elas, o que também permite que você delimite suas necessidades emocionais e lhes dê espaço. Se você é uma pessoa com a síndrome da boa garota, já sabe que provavelmente passou a vida inteira se forçando a silenciar todas as suas emoções e necessidades para estar cem por cento disponível para as dos outros, e é por isso que é tão importante entender o que esse autocuidado envolve e como implementá-lo com várias ideias que a ajudarão, entre outras coisas, a se sentir **menos desprotegida**. Em termos gerais, podemos dizer que seu autocuidado emocional se baseia em:

- Saber como se conectar com suas emoções, permitir-se passar por elas, expressá-las e regulá-las de acordo com suas necessidades;

- Saber como validar suas emoções, ou seja, entender que você tem o direito de senti-las e que são válidas, quer você goste delas ou não, porque elas desempenham um papel importante em sua saúde e em sua busca pelo bem-estar;

- Entender a função de suas emoções (discutiremos isso em profundidade na seção que fala das emoções mais difíceis de administrar para uma boa garota).

Como já disse, entendo perfeitamente que é difícil para você saber como começar a cuidar de si mesma no âmbito emocional, por isso vou lhe dar várias ideias para começar que, garanto, farão a diferença. Não precisa aplicar todas elas, nem todas de uma vez, mas aconselho tentar uma com a qual se sinta confortável ou que considere sustentável ao longo do tempo:

1. Comece um diário emocional, ou seja, todos os dias, mesmo que sejam apenas quinze minutos, escreva quais emoções predominaram no dia. Isso a ajudará a começar a reconhecê-las e a associá-las a determinados eventos ou situações, o que estabelece as bases para trabalhar na regulação delas;

2. Se você puder, comece a fazer psicoterapia. Não digo isso por ser psicóloga, e sim porque nada melhor do que um processo personalizado com alguém que acompanha e orienta você para conhecer seu mundo emocional e saber o que fazer com ele;

3. Passe um tempo de qualidade com seus relacionamentos de qualidade. E não tenha medo de se abrir com eles e falar sobre o que você sente, mesmo que não saiba por onde começar ou como explicar. Verá que, pouco a pouco, tudo virá à tona e dizer as coisas em voz alta ajuda muito a entendê-las, aceitá-las e até mesmo a tomar decisões a seu respeito;

4. Tire um tempo para rir. Sim, é isso mesmo, pode ser com vídeos da internet, séries de comédia de que você gosta, lembrando de piadas com as quais você riu muito no seu dia etc.;

5. Tire um tempo para chorar. Sei que tanto essa quanto a anterior são expressões emocionais que geralmente saem sozinhas, mas às vezes nos sentimos emocionalmente "amarradas" (é assim que minha mãe definia e eu sempre gostei da expressão) e uma boa maneira de nos desamarrarmos é, como já mencionamos antes, com música, filmes, lembranças etc.;

6. Aceite suas emoções sem julgá-las. Essa é a primeira etapa para aprender a validá-las; explicarei o que fazer em seguida;

7. Procure canais de "liberação emocional". Ou seja, atividades em que, através do movimento, suas emoções também sejam mobilizadas: dançar, correr, caminhar etc.;

8. Descubra suas necessidades emocionais. Embora eu já tenha falado sobre esse termo antes, sei que ele é ambíguo, por isso é interessante que você leia a tabela a seguir, que contém exemplos das principais necessidades emocionais existentes e podem ajudá-la a identificar quais delas estão mais presentes em um determinado momento.

Espaço	Respeito	Calma	Apoio	Afeto
Independência	Compreensão	Reconhecimento	Ativação cerebral	Consciência
Pertencimento	Ordem	Empatia	Diversão	Distração
Presença	Companhia	Contato físico	Segurança	Comunicação
Intimidade	Estabilidade	Expressão	Realização	Confiança

AUTOCUIDADO MENTAL

Assim como o autocuidado físico "alimenta" o corpo e o autocuidado emocional "alimenta" a alma ou o mundo emocional, o autocuidado mental estimula a mente e dá a ela a atividade necessária para se sentir "em forma". Entre outras coisas, cuidar de si mesma nessa área a ajudará **a aliviar a sensação de ser trouxa**, da qual já falamos com tanta frequência em pessoas com a síndrome da boa garota. Vejamos os aspectos que compõem o autocuidado mental:

- Manter a mente ativa, ou seja, usá-la e aproveitá-la ao máximo através de atividades que desenvolvam as funções cerebrais;
- Dar espaço para o aprendizado;
- Estudar áreas que tem significado pessoal para você.

Que ideias você pode colocar em prática para cuidar de sua mente? Aqui estão algumas:

1. Ouça podcasts educativos sobre algo de seu interesse enquanto realiza tarefas cotidianas, dirige, faz exercícios ou não faz nada e apenas ouve. Ou, se preferir, você pode ler livros ou artigos, bem como seguir contas nas mídias sociais focadas em tópicos de seu interesse;
2. Faça artesanato ou outras atividades que estimulem sua criatividade, tente se soltar e criar o que vier à sua cabeça, sem regras ou diretrizes;
3. Inscreva-se em aulas ou workshops sobre um tópico de seu interesse ou sobre o qual você gostaria de aprender mais;
4. Mude suas rotinas de tempos em tempos. Isso é simples e estimula a mente mais do que você imagina. Por exemplo, em vez de fazer compras antes de ir para o trabalho, faça-as depois e passe esse tempo fazendo outra coisa, vá por um caminho diferente para o trabalho, para a academia ou para qualquer outro lugar que você costume ir etc.;

5. Se quiser, faça caça-palavras, palavras cruzadas, quebra-cabeças ou sudoku.

AUTOCUIDADO SOCIAL

Esse autocuidado se baseia em vínculos pessoais ou de grupo com outras pessoas e está relacionado às necessidades emocionais de pertencimento e à necessidade de companhia, de se sentir compreendida e segura. Sua aplicação o ajudará a se sentir **menos solitária**. Vejamos no que consiste:

- Conectar-se com outras pessoas para ter a sensação de pertencimento e compartilhar a vida;
- Trabalhar a empatia;
- Aprender e saber como pedir e oferecer ajuda.

Vejamos algumas ideias para colocar em prática:

1. Marque um encontro com aquela pessoa ou pessoas que recarregam sua energia e fazem você se sentir bem, mas que você não vê há muito tempo porque vive deixando para depois;
2. Ligue ou escreva para as pessoas com quem você tem vontade de conversar ou com quem não fala há muito tempo e está com saudades;
3. Fique atenta ao nível da sua bateria social. Ou seja, assim como é importante reservar tempo para a sua esfera social, também é importante saber quando você precisa reservar tempo para si mesma porque a socialização a está desgastando. Para isso, pode ser útil limitar ao máximo as coisas que você faz por compromisso, passar o mínimo de tempo possível (se não tiver outra opção) com pessoas com as quais não se sente confortável ou com as quais não pode ser você mesma, ou regular o tempo que passa em ambientes com estímulos demais, como multidões, lugares barulhentos com pouco espaço etc.;
4. Participe de uma nova atividade que lhe permita conhecer pessoas com interesses comuns e se sentir parte de uma comunidade;
5. Se fizer você se sentir bem, saia de casa de vez em quando apenas para ver pessoas e se sentir rodeada de gente. Por exemplo, você pode ir a um parque, a um show ou a um museu;
6. De tempos em tempos, filtre ou reorganize a posição de seus vínculos em sua vida: pergunte a si mesma se com determinadas pessoas você ainda pode ser você, se ainda se sente conectada a elas, se sente que

estão em mundos muito diferentes para que os encontros sejam agradáveis e não um tédio, e assim por diante. Por mais difícil que seja, garanto que fazer isso é mais saudável para ambas as partes, assim ninguém será obrigado a fazer algo que não tenha vontade e poderão aproveitar mais os encontros sociais que tiverem.

AUTOCUIDADO ESPIRITUAL

Esse autocuidado é mais importante para algumas pessoas do que para outras e cada um o aborda à sua maneira, mas basicamente é o autocuidado que permite que você se conecte com sua **essência**, com quem você realmente é, e faça atividades consistentes com ela que permitam que você se sinta mais conectado consigo mesma e com seus ideais. Portanto, esse autocuidado se baseia em:

- Conectar-se com seus valores e colocá-los em prática;
- Praticar o altruísmo;
- Estar presente aqui e agora.

Vamos dar uma olhada em algumas ideias que podem ajudá-la a abrir espaço para isso no dia a dia:

1. Se tiver alguma crença ou fé religiosa, alguma espiritualidade, dedique um tempo a ela, seja sozinha ou com outras pessoas, em uma instituição ou não;
2. Faça algum tipo de voluntariado. Acima de tudo, se estiver relacionado a uma causa com a qual você se sinta realmente envolvida ou que a sensibilize;
3. Se isso a motivar, funde uma associação, organize uma atividade ou um workshop em defesa de uma causa que a interesse, na qual acredite ser enriquecedora ou importante para explicar àqueles que possam se interessar ou se beneficiar dela;
4. Se gostar, conecte-se com a natureza, isso a ajudará a perceber algo de que nem sempre temos consciência, ou seja, que fazemos parte de algo muito maior;
5. Reserve um tempo para "conversar" com as pessoas que não estão mais com você. Pode fazer isso mentalmente, no cemitério, através de cartas etc. Isso a ajudará a mantê-las "vivas" em sua mente e a se sentir próxima delas, mesmo que não estejam mais neste mundo;
6. Seja grata pelo que tem, quer considere ser muito ou pouco. Pode ser útil escrever algumas frases por dia ou sempre que tiver vontade;

7. Busque inspiração em tópicos de seu interesse, por exemplo, o que outras pessoas com interesses semelhantes aos seus fizeram ou estão fazendo.

Antes de encerrar o assunto do autocuidado, vou deixar aqui dois exercícios que costumo propor em consultas e que são bastante poderosos para se conectar com a sua capacidade de autocuidado como adulta, que, como você sabe, foi sobrecarregada em parte por esse sentimento de falta de proteção e desamparo que você provavelmente carrega consigo desde a infância ou adolescência.

A cadeira em que sua "criança" está

O primeiro exercício é baseado em uma técnica muito comum na psicoterapia, chamada de cadeira vazia, muito usada em conflitos emocionais ou de luto para mobilizar emoções, reordenar pensamentos e resolver bloqueios ou ciclos emocionais. Neste caso, vamos aplicá-la da seguinte maneira: sente-se em uma cadeira e coloque uma cadeira vazia à sua frente. Nessa cadeira vazia, imagine a criança que você era e tente vê-la sentada ali: evoque seu rosto e a expressão de seus olhos e lábios, como é o cabelo dela, suas roupas, em que postura está sentada, para onde está olhando, o que está fazendo com as mãos; e imagine como ela se sente, em que momento da vida está etc. Quanto mais detalhes puder imaginar para "recriar" a situação da forma mais realista possível melhor será.

Depois de visualizar bem a sua "criança" e sentá-la na cadeira, converse com ela sobre três coisas, sempre se dirigindo a ela na segunda pessoa:

1. Pelo que você é grata a ela;

2. O que ela não tinha e o que precisava;

3. O que você vai dar a ela de agora em diante.

Esse exercício pode abalá-la muito emocionalmente, mas é muito útil para se conectar com a criança que você foi, com tudo o que ela precisava e, acima de tudo, para se conectar com sua capacidade de dar isso a ela e dar isso a si mesma agora, porque agora você é adulta e eu lhe asseguro que você tem muitas capacidades e habilidades para assumir o controle de si mesma, mesmo que sempre tenha achado que não. Você está no comando agora.

Sua vida em fotos

Este outro exercício também está relacionado à sua infância e a ajudará a entender o que a fez se sentir incapaz de cuidar de si mesma. Nesse caso, precisará de fotos de quando era criança. Se você as tiver, tente tirar uma ou duas de cada idade, ou de cada ano, que sejam significativas para você. Você pode estar sozinha, com sua família, com amigos, em viagens, o que quiser. Observe-as uma a uma e reflita sobre as perguntas a seguir:

1. O que estava acontecendo em cada foto?

2. Como você se lembra de estar em cada uma delas?

3. Do que você precisava ou sentia falta em cada época refletida nas fotos?

4. Pelo que você era grata (a si mesmo ou aos outros) em cada época das fotos?

5. Que papéis cada pessoa desempenha nas fotos? Essa última pergunta é útil, por exemplo, para observar os membros de sua família: sua mãe, seu pai, seus irmãos ou você mesma. Vocês são próximos uns dos outros, tem alguém que está quase sempre no centro, há demonstrações de afeto etc. Claro que uma única foto não quer dizer nada, mas com as informações e o contexto que você tem sobre as pessoas com quem compartilha sua vida, a análise de fotos pode esclarecer coisas de que você nunca tinha pensado.

Se estiver fazendo terapia, pode sugerir ao seu psicólogo ou psicóloga que façam essa atividade juntos e que ele(a) faça as perguntas. Fazer isso pode mobilizar muitas emoções em você que, às vezes, são difíceis de serem reveladas em uma conversa, pois a contribuição visual das fotos é muito poderosa emocionalmente. Essa atividade é basicamente voltada para o autoconhecimento e para a obtenção de uma compreensão mais profunda de sua infância e de seus entes queridos.

Como se relacionar com suas emoções

Como pode imaginar, o mundo das emoções e como se relacionar com elas é muito amplo, portanto, aqui vamos nos concentrar em dois de seus aspectos essenciais, que são os que você provavelmente precisa ter claros e à mão se for uma boazinha: a validação de suas próprias emoções como primeiro passo para evitar a repressão instantânea à qual você provavelmente está tão acostumada, e ideias para gerenciar as emoções com as quais você provavelmente tem um relacionamento mais complicado: raiva, vergonha, culpa e ansiedade.

Vamos falar sobre a validação de suas próprias emoções, afinal, como eu disse, essa é a principal porta de entrada para identificá-las em vez de reprimi--las, que é o que vem mais "naturalmente" para você devido ao seu histórico de aprendizado. Em que consiste essa validação de suas emoções? Basicamente, aceitar o que você sente, saber que tem o direito de senti-lo e que, portanto, é válido sentir-se assim, porque essa emoção tem alguma função importante. Então, quando você a valida, não está tentando ignorar a emoção ou escondê-la, e sim ouvindo-a com base na aceitação incondicional.

Como começar a validar suas emoções? Vejamos:

1. Dê um nome ao que você sente. Em geral, tendemos a dizer que nos sentimos "bem" ou "mal", portanto, eu a aconselho a tentar aplicar um rótulo mais concreto, pois isso facilitará as etapas seguintes. Por exemplo, se você se sentir "mal", pare e pense sobre o que é esse "mal": frustração, raiva, tristeza, decepção, medo...?

2. Tente determinar o possível gatilho ou causa dessa emoção. Talvez seja uma experiência, ou algo que lhe disseram, ou o fato de ter de lidar com algo? Se não conseguir encontrar a causa, passe para o próximo ponto;

3. É possível que você tenha acumulado uma emoção reprimida por muito tempo? Muitas vezes, quando não conseguimos encontrar um gatilho para nossas emoções desagradáveis, é porque as estamos acumulando há algum tempo. Como você sabe, é comum as pessoas com a síndrome da

boa garota ficarem com muita raiva. Tente se lembrar de quantas vezes você ficou com raiva, por exemplo, no último mês, e não a expressou, ou quantas vezes ficou triste e mais do mesmo. Se foram mais de duas ou três vezes, provavelmente há um acúmulo;

4. Tente entender para que a emoção está aparecendo agora. Ao longo do livro, mencionamos as funções de cada emoção e, para validá-las, será de grande ajuda determinar o que estão tentando comunicar;

5. Dê a si mesma tempo para passar pela emoção. Ou seja, quando perceber que está se sentindo de uma determinada maneira, reserve um tempo para ouvir a si mesma, pois isso permitirá que você deixe a emoção ali, sem julgá-la, negá-la ou querer transformá-la em outra coisa no momento;

6. Encontre o que você precisa para regulá-la. Quando estiver totalmente conectada com sua emoção, tente descobrir o que pode ajudá-la a cumprir sua função e, portanto, a regulá-la. Por exemplo, uma emoção como a raiva pode estar pedindo que você estabeleça limites, mas antes que você possa fazer isso, talvez precise de uma etapa intermediária de regulação da própria raiva, para que possa estabelecer esses limites de forma saudável. Essa etapa intermediária pode ser, por exemplo, fazer uma caminhada com uma música de que você goste, o que a ajudará a diminuir a intensidade da emoção e, assim, poderá tomar decisões de forma mais serena.

Outro aspecto muito importante quando se trata de validar as emoções é a nossa linguagem interna sobre elas, por isso vou deixar aqui uma tabela com as frases que mais usamos para invalidar nossas emoções e, ao lado, proponho alternativas muito mais validadoras, que acredito que a ajudarão muito a iniciar esse processo de validação emocional:

É assim que você se invalida	É assim que você se valida
Não é para tanto...	Isso tem sido difícil para mim, portanto, vou me dar o tempo necessário para sentir e me recuperar no meu próprio ritmo.
Não devia ficar triste por essa bobeira	Nada é bobagem se me afeta, vou me permitir sentir isso e depois verei o que posso fazer.

Pareço idiota, tem muita gente em uma situação pior que a minha...	Meus problemas são importantes para mim e tenho o direito de vivê-los da maneira que puder. Posso "relativizar" pensando nos outros, se isso me ajudar, mas também me permito chorar pelo que está acontecendo comigo.
Se eu tivesse feito diferente, não estaria me sentindo assim agora.	Fiz o melhor que sabia e podia na época.
Tenho certeza de que estou exagerando.	Se estou me sentindo assim com tamanha intensidade, é porque isso é natural para mim neste momento. Julgar a mim mesma não me ajuda, porque é válido me sentir assim.
Tenho certeza de que outra pessoa já teria seguido em frente	Não sou os outros. Tenho meu próprio ritmo e isso é bom. Tentar acelerar os processos naturais só me levará a reprimir minhas emoções e a piorar o problema.
Eu não deveria ser tão sensível	Tenho minha própria maneira de sentir, como todo mundo tem a sua, e isso é bom, não é negativo. Sentir não é perigoso, estou segura comigo mesma.

Agora que já pode começar a validar suas emoções, vamos analisar as mais difíceis de serem administradas por uma boa garota, para que você possa aprender a lidar com elas, expressá-las e regulá-las de forma saudável para si mesma e para os outros. Como sempre digo, lembre-se de que esses recursos podem ser difíceis de aplicar sem a ajuda de uma psicóloga que a acompanhe e estude seu caso em específico, mas eles podem servir como ponto de partida ou para entender no que você precisa trabalhar.

RAIVA

Como já vimos, as principais funções da raiva são de proteção, por exemplo, para mostrar alguma injustiça ou situação em que você precisa estabelecer limites, pessoas ou circunstâncias das quais deve se afastar etc. É por isso que é tão importante não reprimir a raiva, pois ela fornece informações valiosas. Vamos ver como lidar com ela e regulá-la de forma saudável.

1. Evite deixar que chegue a um ponto sem volta

Já explicamos que o sequestro da amígdala é o momento em que o cérebro "paralisa" alguns processamentos relacionados à sua parte mais racional para que a parte mais visceral ou emocional possa emergir e tentar nos proteger. Bem, no caso da raiva, o sequestro da amígdala é um ponto sem volta, no sentido de que, uma vez atingido um determinado nível de raiva, é praticamente impossível "controlar" nossas ações do mesmo jeito que faríamos em qualquer outro momento.

Suponho que esteja pensando que é difícil saber onde está o ponto sem volta para desacelerar antes e tomar decisões mais conscientes e tranquilas. Bem, vou lhe contar um truque: quando perceber que começa a ficar com raiva de uma situação ou de uma pessoa, tente avaliar de 0 a 10 o nível de intensidade que você acha que sua raiva tem naquele momento. Quando perceber que o nível está próximo de 7, é hora de se retirar, se possível. Isso é o que chamamos em psicologia de "timeout", que consiste em dizer à pessoa com quem você está discutindo que vai sair por um tempo e que retomará a conversa mais tarde, porque se deu conta de que sua raiva está aumentando e está prestes a sair do controle. Para executar esse intervalo, você pode sair da sala ou do local onde está, dar uma volta ou o que for possível. Se não puder sair fisicamente da situação, como às vezes acontece no ambiente de trabalho, pode ser útil concentrar-se na respiração e respirar bem devagar (algo como focar na sua respiração), tocar música ou caminhar (o movimento ajuda a reduzir o desencadeamento). Quando perceber que a intensidade da sua raiva está abaixo de 4 ou 5, pode voltar à situação ou à conversa.

2. Movimente-se

A raiva ou fúria é uma emoção muito ativa, no sentido de que geralmente se manifesta com palpitações rápidas, sensação de calor, suor e necessidade de se movimentar. Por esse motivo, muitas vezes aprendemos erroneamente a lidar com ela quebrando coisas, gritando, batendo etc., porque essas são atividades que liberam movimento ou intensidade. É por isso que devemos procurar formas saudáveis de movimento que não prejudiquem ou incutam medo em outras pessoas (como gritar ou bater nos móveis), nem nos prejudiquem (como dar um soco na parede). Por exemplo: qualquer tipo de exercício físico, escrita automática (o que sair, sem pensar se está bem escrito ou "bonito"), desenhar ou pintar (o que nos permite transformar a raiva em algo "tangível" e "separado" de nós) e assim por diante.

3. Depois de aplicar os pontos acima, pergunte a si mesma:

- Tem alguma coisa que me deixa irritada com frequência? Isso a ajudará a detectar situações que não são boas para você, bem como momentos em que você tende a reprimir sua raiva.

- O que você precisa fazer com essa raiva agora? Essa pergunta a ajudará a ver sua função e a determinar se precisa estabelecer limites, distanciar-se de alguém, parar de se forçar a fazer certas coisas (porque às vezes a raiva é consigo mesma, não com os outros ou com algo externo).

4. Analise o que acontece depois

Uma coisa que costuma ajudar muito na criação de um plano de regulação mais saudável da raiva é responder a algumas perguntas, mentalmente ou por escrito, depois de ter administrado uma situação de raiva:

- O que exatamente você sentiu?
- O que você pensou?
- O que você fez?

Em seguida, pense ou escreva o que gostaria de fazer na próxima vez que algo semelhante acontecer com seus pensamentos e ações.

5. Por último, mas não menos importante, fale aos poucos sobre o que está acontecendo com você

Ou seja, se são as ações de outras pessoas que a deixam irritada, mesmo que pareçam bobas para você, fale, pois isso permitirá que você não exploda e pode até aumentar seu senso de vínculo com os outros, pois falar sobre essas pequenas coisas a ajudará a ter uma comunicação melhor e mais fluida.

VERGONHA

Como sabe, a vergonha é uma daquelas emoções que a boa garota geralmente não reprime, porque ela lhe dá um "disfarce" protetor. No entanto, o fato de não reprimir a vergonha não significa que ela a esteja regulando de forma saudável, muito pelo contrário. A vergonha tem a função adaptativa de nos ajudar a inibir comportamentos que podem ser socialmente rejeitados, portanto, sua função é social: ela nos ajuda a nos ajustarmos à vida em sociedade. No entanto, quando nos refugiamos demais nela para não nos expormos como seres imperfeitos, que é o que somos, essa emoção nos limita e ocorre o paradoxo de que ela nos faz sentir tudo o que estamos tentando evitar: que somos falhas, sem valor, socialmente desajeitadas etc.

Para regular a vergonha de forma saudável, precisamos nos permitir senti-la, como qualquer outra emoção, mas garantir que dar espaço a ela não nos impeça de mostrar também nosso lado forte, determinado e livre. E sei que é difícil para você enxergar isso, mas garanto que você tem esse lado, e é nisso que estamos trabalhando. Então, preste atenção às seguintes ideias para controlar a vergonha, acho que a ajudarão muito a se conectar com essa parte de você, mesmo que às vezes sinta vergonha, como todo mundo.

Fale a respeito do que está sentindo

Sei que soa clichê, mas quero que você entenda esse contexto. Se você tem vergonha de algo, costuma esconder, mas quando uma pessoa começa a expressar em voz alta suas inseguranças, medos, constrangimentos, dúvidas etc., longe de se sentir mais defeituosa e insegura, geralmente acontece o contrário. Compartilhar nosso mundo emocional com os outros nos ajuda a ver que, na verdade, não somos tão diferentes, que existem muitas pessoas com as mesmas inseguranças e medos, que também erram ou são desajeitadas às vezes, e está tudo bem. Compartilhar tudo isso em um ambiente seguro (pessoas em quem você confia e que você sabe que não a julgarão) a ajudará muito a não ficar presa à vergonha e a se aceitar muito melhor.

Faça terapia do riso

Quando eu era mais jovem e via as pessoas fazendo terapia do riso, sempre pensava: "Meu Deus, que vergonha fazer isso, por que fazem isso, qual é o objetivo?" E acontece que a terapia do riso tem justamente a função, entre outras, de perder a vergonha por um tempo, fazer parte de algo maior (estar com mais pessoas), nos desinibirmos e nos permitirmos ser e estar no momento seguindo o que nosso corpo nos pede, de liberar a tensão etc. Se você não sabe do que estou falando, a terapia do riso é uma técnica que consiste em se reunir com outras pessoas e começar a rir juntos, sem mais nem menos. Isso faz com que as pessoas se retroalimentem e, geralmente, após um desses encontros, todos se sentem mais relaxados e felizes. Aconselho que procure workshops ou simplesmente se reúna um dia com pessoas próximas a você que tenham vontade de se divertir e experimentar. Participar de uma atividade como o teatro também pode ajudar muito a lidar com a vergonha, pois permite que você se mostre em público por meio de um personagem, permitindo que se exponha sem ficar tão "nua". Tanto a terapia do riso quanto atividades como o teatro a ajudarão muito com a "vergonha preventiva" da qual já falamos, aquela que faz com que você se avalie o tempo todo para ter uma sensação de controle ao detectar falhas.

Descubra quais situações da vida você considera mais importantes para tentar demonstrar uma postura impecável somente nelas

O que quero dizer com isso é que muitas vezes nos forçamos a mostrar uma correção impecável em situações que também não são tão importantes para nós, como quando estamos aprendendo algo novo, por exemplo, e ficamos envergonhadas por não saber ao certo como fazê-lo, quando isso é a coisa mais normal do mundo! Isso a ajudará a ser mais flexível consigo mesma e a minimizar as situações que não são tão importantes para você, o que permitirá que você se exponha a elas de forma mais relaxada.

Pare de usar sua "voz simpática" e mostre sua voz firme

Adoro esse ponto e acho que ele é muito importante não apenas para lidar com a vergonha, mas para a síndrome da boa garota no geral. Muitas vezes, as boazinhas têm a tendência de se comunicar, principalmente em situações com estranhos ou quando vão pedir algo, com uma voz muito doce, baixinha e até infantil. Um exemplo disso é o que acontece tipicamente quando usamos uma voz diferente ao falar ao telefone. Isso acontece com você? Bem, embora possa parecer bobagem, usar um tom de voz mais firme e adulto, sem suavizá-lo, eliminará essa sensação de constrangimento constante e lhe dará a confiança que você procura quando se expõe a estranhos, precisa pedir algo etc. Além disso, seus interlocutores também perceberão inconscientemente essa segurança em você, o que provavelmente fará com que a levem mais a sério. É assim que nosso pequeno cérebro funciona.

Permita-se ser autêntica

Sei que isso nem sempre é fácil, mas comece tentando com pequenas coisas, como fazer uma piada em um ambiente seguro, dar sua opinião com mais frequência, mesmo que seja sobre assuntos banais, rir quando algo é engraçado e assim por diante. Isso é muito importante para o gerenciamento da vergonha porque seu cérebro descobrirá que, ao mostrar-se como você é, na maioria das vezes não acontecerá nada tão catastrófico quanto ele prevê através de distorções cognitivas. Isso reforçará que você pode ser cada vez mais autêntica e, portanto, não precisa se apegar tanto à vergonha, o que a fará se sentir mais livre.

CULPA

Como já sabe, a função social da culpa é semelhante à da vergonha: detectar quando nos comportamos de forma "inadequada" e tentar consertá-la, se possível. No caso de pessoas com a síndrome da boa garota, como você sabe, a função da culpa é muito voltada para tentar restaurar a "imagem de bondade" que elas acreditam que pode ir por água abaixo se um dia extravasarem ao saírem para a balada com as amigas, ou se a raiva explodir depois de terem reprimido demais, ou, no caso da culpa que chamamos de traiçoeira, quando querem buscar o controle porque alguém as machucou.

Como todas as emoções, a culpa não deve ser eliminada, mas devemos saber como ajustá-la e regulá-la bem à situação que estamos enfrentando e, para isso, vou propor várias ideias que espero que a ajudem a começar a administrá-la muito melhor, para que ela possa ser o mais útil possível em qualquer momento:

1. Transformá-la em responsabilidade

No começo do livro, vimos que a culpa a deixa presa na inatividade, enquanto a responsabilidade permite que você siga em frente. Como transformar uma coisa na outra? Em primeiro lugar, aceitando que você é humana e comete erros, portanto, muitas vezes se sentirá culpada; mas o importante é que você assuma a responsabilidade por seu erro, nem mais nem menos, sabendo que não pode fazer nada para remediá-lo, mas pode aprender com a situação e talvez repará-la pedindo desculpas, fazendo as coisas de forma diferente em outra ocasião, reconhecendo o dano causado, perguntando o que pode fazer para remediá-lo etc.

2. Se expor a não ter controle

Mais uma vez, sei que estou pedindo que você faça algo que é muito difícil de fazer logo de cara, mas é a única opção que você tem para começar a se libertar da culpa traiçoeira. Para fazer isso, terá que se permitir assumir o papel de vítima quando tiver sido vítima (e você sabe que se reconhecer como vítima não é o mesmo que se vitimizar) e, a partir daí, assumir a responsabilidade pelo que pode fazer para se curar, sentir-se melhor ou continuar com sua vida da melhor maneira possível, chame como quiser. Em outras palavras, assumir a responsabilidade pelo dano que sofreu não significa culpar a si mesma, e sim fazer tudo o que puder para sobreviver a isso e dar a si mesma o que merece depois.

3. Pare de se punir

Se você tem se punido com frequência através da culpa, eu lhe pergunto: isso lhe fez bem ou só fez com que você se sentisse cada vez mais triste, desprotegida e com raiva de si mesma? É hora de perdoar a si mesma por não ser a versão impossível de si que foi criada ou forçada a ser. Você é humana, e está tudo bem, nunca me cansarei de lhe dizer isso. Tente se perdoar, como perdoou muitas pessoas que talvez nem merecessem esse perdão tanto quanto você. Se não o fizer, estará sempre em guerra consigo mesma, e você precisa de si, e muito. Lembre-se de que ninguém pode cuidar de você melhor do que você mesma.

4. Ouse dizer "isso não é minha responsabilidade"

Para conseguir isso, tanto consigo mesma quanto com os outros, e para se livrar de muitos fardos que nunca foram seus, mas pelos quais se sentiu culpada quando não conseguiu administrá-los, é essencial que saiba quais aspectos da vida estão sob seu controle e quais não. Para fazer isso, convido-a a consultar a tabela a seguir, que recomendo que tenha sempre à mão, para que, quando estiver se culpando por coisas que não dependem de você, possa dizer: "isso não é minha responsabilidade", que é uma frase curta, mas muito poderosa, porque a tira do ciclo de autoexigência de carregar coisas que não cabem a você fazê-lo. Dê uma olhada:

Isso está sob seu controle	Isso não está sob seu controle
Suas ações.	As palavras dos outros.
Seus erros.	As expectativas dos outros.
Suas ideias.	As ações dos outros.
Suas palavras.	Os sentimentos dos outros.
Seu esforço.	As decisões dos outros.
Suas decisões.	As reações dos outros.
A regulação de suas emoções.	Os erros dos outros.

ANSIEDADE

Quando falamos antes do papel que a ansiedade costuma desempenhar na boazinha, eu disse que agora explicaria como começar a administrá-la de uma maneira diferente e, embora eu lhe dê alguns elementos para isso, nesse caso, o principal é que aprenda a não a administrar porque, para conviver melhor com ela, é quase mais importante parar de fazer as coisas que a mantêm e a reforçam sem que você saiba, do que começar a fazer mil coisas novas. Então, vamos ver quais formas comuns de controle da ansiedade incentivam a ansiedade a se tornar patológica e o que a priva de sua função, que é apenas alertá-la de ameaças externas ou internas. Esses são alguns dos mecanismos que podem estar reforçando sua ansiedade:

Evasão

Consiste em evitar situações que a deixam ansiosa, com a ideia de que, ao evitar o estímulo, você evitará a emoção e todos ficarão felizes. Um exemplo possível seria uma pessoa com síndrome da boa garota que começa a evitar falar em público para que os outros não a avaliem e ela não se sinta mais ansiosa com os julgamentos deles. A curto prazo, essa estratégia pode funcionar, mas, no longo prazo, o que provavelmente acontecerá é que ela deixará de falar em público em geral, o que fará com que se sinta cada vez menos habilidosa e a ansiedade aumentará.

Verificação

Trata-se de revisar algo repetidamente para confirmar o que quer que seja que a esteja deixando ansiosa para não se sentir insegura e, portanto, sem controle (o que você sabe que é um fator essencial para a boa garota). Um exemplo é verificar constantemente se a pessoa em quem você está interessado está on-line nas redes sociais, porque tem medo de que ela não responda ou não fale com você novamente e essa incerteza está lhe prejudicando tanto que você prefere se encontrar uma e outra vez com o "on-line" e confirmar que ela não respondeu. O que você ganha a longo prazo com as verificações? Acontece que inconscientemente elas fazem com que concentremos cada vez mais nossa atenção no que está nos causando ansiedade, o que favorece a geração de mais pensamentos obsessivos, como "ele está on-line novamente e não me respondeu, é porque não está interessado em mim" e cada vez mais ansiedade.

Ficar remoendo as coisas

Essa é outra forma de tentar assumir o controle, que consiste em não parar de pensar e analisar algo que foi dito ou feito a você, possíveis cenários futuros etc. Isso lhe dá uma sensação de falso controle, pois faz com que você esteja constantemente em contato com a questão que a está incomodando e acredite que está considerando todas as opções possíveis para entendê-la melhor. Um exemplo disso é ficar pensando no fato de que sua parceira a deixou, tentando encontrar a fórmula mágica para voltar a ficar com ela e esquecer toda a situação. No final, você só acaba acumulando preocupação e ansiedade porque o que está tentando fazer é assumir o controle de algo que não está em suas mãos (nesse caso, a decisão de outra pessoa).

Reprimir

Essa você já conhece, falei muito disso ao longo do livro e não poderia deixar de mencionar aqui também, embora a ansiedade não seja exatamente uma emoção que a boazinha tende a reprimir tanto, como você sabe. Reprimir é dizer a si mesma coisas como: "Não devo ficar ansiosa agora porque preciso me concentrar na prova, então, não vou me sentir assim". No entanto, você não pode controlar como se sente, porque essa ansiedade está lhe dando uma mensagem (nesse caso, que a prova é importante para você e é essa importância que a deixa nervosa: seu corpo está avisando que precisará de todos os seus recursos agora). O que acontece com a repressão da ansiedade a longo prazo é que você acaba ficando viciada nela, porque é isso que acontece quando tentamos reprimir emoções, que emergem de outra forma, seja na forma de sintomas físicos ou psicológicos.

Comportamentos de segurança

Consiste em procurar algo externo que permita "anestesiar" a ansiedade ou ter a opção de fazer isso se necessário, de modo que, como você nunca a enfrenta, ela sempre volta. Um exemplo comum é carregar sempre consigo comprimidos para ansiedade e tomar um toda vez que ela aparece, sem trabalhar psicologicamente essa emoção para saber o que ela quer transmitir, ou consumir álcool, ou alguma outra droga antes de fazer algo que gera muita ansiedade, como falar em público por exemplo.

Bem, agora que você sabe claramente o que não ajuda a regular sua ansiedade de forma saudável e por quê, vamos ver como substituir esses comportamentos expondo-se à ansiedade, ou seja, deixando de lado a ideia de se livrar dela o mais rápido possível e por qualquer método (e estou ciente de que isso é difícil porque é muito desagradável, mas, confie em mim, valerá a pena) e permitindo-se senti-la. Para isso, é provável que precise de ajuda profissional para orientá-la e acompanhá-la.

Traduza sua ansiedade

Ou seja, quando sentir ansiedade, pergunte a si mesma: o que pode ter desencadeado seu aparecimento, sempre aparece depois que algo específico acontece, quando começou, tem algo no meu ambiente que me deixa ansiosa com frequência, tem alguma coisa recorrente na minha vida diária que me deixa ansiosa ou nervosa, tem algo em mim ou em como me relaciono comigo mesma que me deixa ansiosa?

Todas essas perguntas são fundamentais para refletir sobre a origem da sua ansiedade, para poder "traduzir" o que ela parece estar tentando lhe comunicar, para tratá-la e, assim, pouco a pouco, fazê-la desaparecer. Sei que isso parece um pouco estranho e difícil, por isso vou lhe dar uma tabela com exemplos de possíveis pensamentos negativos que passam pela sua mente quando você tem ansiedade e algumas de suas possíveis traduções, para que você possa ver como é feito, embora seja perfeitamente natural que precise de ajuda profissional para isso.

O que seu corpo está lhe dizendo através da ansiedade	O que sua ansiedade realmente está lhe dizendo
Veja como seu coração está batendo forte, você vai ter um ataque cardíaco e morrer.	Você precisa viver sua vida mais devagar, precisa diminuir o ritmo do seu dia a dia.
Não está conseguindo respirar direito, vai morrer sufocada.	Ouça mais a si mesma, o que você realmente precisa neste momento?
Agora não está com nenhum sintoma, mas vão voltar e você não conseguirá se livrar deles. Fique em alerta.	É hora de começar a trabalhar esses medos e feridas que fazem com que você fique em alerta o tempo todo.
Você não consegue pensar direito, sua cabeça não para de pensar em trinta e sete coisas ao mesmo tempo.	Comece a priorizar a si mesma e pare de tentar abraçar o mundo, nem sempre é possível atender às expectativas de todos.
A ansiedade é horrível, a pior coisa do mundo, deixa você trêmula.	A ansiedade se torna horrível se você não a ouvir, mas se aprender a ouvi-la, como agora, ela deixará de ser tão intensa e você até ficará grata por todos os avisos que ela lhe envia.

Relaxe

Não fique brava comigo, prometo que não vou lhe dizer a frase típica e odiosa que muitas vezes é dita às pessoas com ansiedade: "você só precisa relaxar um pouco". Ah, sim, como se fosse fácil. Claro que não é, mas quero propor várias ideias para tentar desacelerar seu sistema nervoso, o que a ajudará, pelo menos por um tempo, a deixar de lado o controle, a autoexigência e todos os padrões que você já sabe que têm muita influência no aumento da ansiedade.

- Visualize um momento ou lugar do passado em que você se sentiu confortável e bem-vinda; é uma forma de criar uma espécie de "lugar seguro" em seu cérebro para onde você pode voltar sempre que estiver muito ansiosa;
- Respire devagar, isso a ajudará a regular a respiração e a frequência cardíaca, que são tão influentes nos sintomas comuns da ansiedade, como palpitações ou falta de ar. Faça a respiração abdominal que, se você se lembrar, se baseia em: tentar inspirar pelo nariz por quatro segundos, como se sua intenção fosse encher um balão na barriga, segurar o ar por três segundos e depois soltá-lo. Expire lentamente pela boca, abrindo levemente os lábios para que o ar saia devagar;

- Lembre-se de que, até agora, você superou cem por cento dos seus momentos de ansiedade;
- Use a técnica de *grounding* que expliquei a você quando falamos sobre conectar-se com o agora para encontrar sua essência.

Exponha-se aos poucos

Sei que é difícil se expor ao que você teme, mas essa é a única maneira de superar muitos dos medos e ansiedades que já estão profundamente enraizados em você. É importante praticar isso sempre com a supervisão de um profissional, mas farei um breve resumo da técnica para entender no que consiste. Basicamente, trata-se de se expor, passo a passo, às coisas que lhe causam ansiedade recorrente. Digamos que, para você, o problema seja falar em público. Nesse caso, seria útil fazer um plano em que primeiro se expusesse a falar em voz alta sozinha no seu quarto para ver o nível de ansiedade que isso lhe causa. Em seguida, falaria na frente de uma pessoa de confiança e, quando seu nível de ansiedade diminuísse um pouco nessa situação, passaria para a próxima, que poderia ser falar em público na frente de três pessoas, uma das quais não é muito próxima a você, e assim por diante, até conseguir se expor a falar em público sem que isso gere uma ansiedade patológica que você não sabe como administrar.

Como tomar decisões

Nesta jornada que estamos fazendo juntas para que você aprenda a ser sua própria companhia, não poderíamos deixar de mencionar uma das grandes dificuldades da boa garota: tomar suas próprias decisões. Como já vimos, a tomada de decisões é um dos aspectos que podem ajudá-la a se sentir confiante e no comando de si mesma.

É por isso que, neste momento, quero oferecer a você os recursos com os quais costumamos trabalhar em consulta para aprender a tomar decisões, e a primeira coisa que vamos analisar é a base de tudo: o pensamento crítico. No início do livro, falei de todos os benefícios de desenvolver o pensamento crítico e agora quero lhe dar ideias para começar a desenvolvê-lo ou, se você tiver a sorte de já tê-lo, para fortalecê-lo. O pensamento crítico é a defesa de sua autonomia e segurança, e também permite que você detecte e se proteja da manipulação. Como desenvolvê-lo? Vejamos:

1. A primeira coisa que precisa fazer é abrir a cabeça o máximo que puder, ou seja, investigar, pensar ou se interessar por novas ideias, mesmo que não concorde ou que pareçam absurdas a princípio;

2. Faça perguntas a si mesma: não bata o pé logo de cara a respeito de um tópico sem antes fazer a si mesma perguntas que sejam importantes para você (e não para os outros);

3. Informe-se, se possível, quanto as perguntas que faz a si mesma. Para isso, procure informações de diferentes fontes em relação ao que gostaria de decidir, mesmo que essas fontes não a convençam no início. Por exemplo, se quiser aprender a cuidar de plantas, tente ler diferentes blogs ou livros sobre o assunto, verifique as informações que receber etc. Não estou dizendo que precisa fazer isso sempre que quiser aprender algo novo, é apenas um exemplo que pode ser usado para desenvolver o pensamento crítico;

4. Com todas as informações reunidas e contrastadas e levando em conta suas crenças, necessidades e habilidades, tire suas próprias conclusões ou forme sua própria opinião a respeito do tópico que está analisando;

5. Expressar a opinião que você construiu para outras pessoas a ajudará a enriquecer seu discurso, modificá-lo se considerar necessário etc.

Precisará aplicar todas essas etapas mais de uma vez e a diferentes questões para construir e treinar seu pensamento crítico, mas, depois de adquirir essa base, será mais fácil tomar decisões de uma forma mais conectada às suas necessidades e circunstâncias. Vamos dar uma olhada em como esse processo funciona:

- Quando quiser tomar uma decisão, pergunte a si mesma: estou tomando por mim mesma ou pela pressão social, quem vai viver minha vida, eu ou os outros? Isso a ajudará a priorizar seu ponto de vista;

- Quando estiver avaliando as diferentes consequências que uma decisão pode ter, aconselho a anotar todas elas em uma folha de papel e classificar a importância de 0 (sem importância) a 10 (muito importante), os prós e os contras que cada uma delas tem para você neste momento da sua vida. Pode escrever o quanto quiser. Esse exercício a ajudará a prever como a decisão pode afetar sua vida para ver se é muito arriscada, se está disposta a correr esses riscos, se tem alguma consequência negativa que supere os possíveis benefícios etc.;

- Em seguida, você também pode anotar os recursos pessoais que acha que tem para lidar ou administrar cada uma das consequências ou alternativas da mesma situação. Isso a ajudará a avaliar objetivamente se está ou não preparada para lidar com determinadas decisões e, portanto, a ajudará a fazer uma escolha;

- Compartilhe sua decisão com pessoas importantes para você, não para guiá-la, e sim para lhe apoiarem. Essa é uma forma de se dar voz e reforçar o compromisso com você mesma de decidir por conta própria. Mesmo que seja assustador agora, garanto que isso lhe dará muita segurança a longo prazo e fará com que seja mais fácil continuar tomando decisões.

Seu futuro com os outros

Como seres sociais, é importante aprender a conviver uns com os outros em equilíbrio e, na medida do possível, deixar nossa jornada pela vida mais agradável. Porque tudo o que é prejudicado nos vínculos também é curado por eles. E eu entendo perfeitamente que, se você sofreu em seus relacionamentos amorosos, familiares ou de amizade, tem medo de se reconectar no mesmo nível anterior, ou está tão cansada do mundo que acha que não vale a pena voltar a confiar em ninguém, ou deseja se sentir realmente conectada e apoiada, mas sente que sempre acaba acontecendo a mesma coisa com você nos relacionamentos, é sempre você que se machuca e acaba sofrendo.

É natural que tudo isso aconteça com você, porque pode ter passado mais de uma vez por alguns dos tipos de relacionamentos que vimos no capítulo 5 e, agora que você sabe como esses vínculos funcionam e as marcas que podem deixar em você, não me surpreenderia se achasse que nunca vai encontrar outro tipo de relacionamento. Mas a boa notícia é que isso não é verdade, eu lhe garanto. É claro que quando nos relacionamos com outras pessoas, muitos fatores que entram em jogo não estão em nossas mãos, como, por exemplo, ter a sorte de cruzar o caminho com pessoas boas, mas devo dizer que, felizmente, existem muitas outras coisas que você pode controlar ao decidir onde ficar ou não.

Na psicologia, fala-se muito em "escolher um parceiro", palavras que sugerem que esse é um processo que está totalmente sob nosso controle. Entretanto, é claro que não podemos controlar totalmente se nos sentimos ou não atraídos por uma pessoa (embora seja útil saber o que está acontecendo inconscientemente quando nos sentimos atraídos por uma determinada pessoa e se isso está relacionado a alguma de nossas feridas emocionais). Mas é muito mais controlável do que pensamos identificar em que tipo de vínculos estamos e se queremos permanecer neles ou não. E é a isso que vou dedicar esta última parte do capítulo: fornecer a você as ferramentas necessárias para deixar de ser uma boa garota para o mundo e seus relacionamentos, o que quase sempre a deixa em situações de desequilíbrio que a fazem sofrer e se sentir insignificante.

Em vez disso, quero que seja a garota forte e livre que se permite desfrutar de seus relacionamentos, ao mesmo tempo em que diz "não" quando é preciso e consegue discutir o que for necessário para fazer o vínculo crescer, para que ninguém se machuque e por fim leve ao seu rompimento. Também adoraria que aprendesse a fazer algo que teme fazer, que não se importe com a desaprovação dos outros, para que veja que isso não é o fim do mundo, e sim o primeiro passo para construir seu amor-próprio; para que você sinta que o que dá e recebe em seus relacionamentos está equilibrado e não tenha mais medo de pedir o que precisa. Embora isso pareça um pouco "grosseiro", também quero que você aprenda a mandar as pessoas à merda, pois garanto que não há nada mais libertador. E, sim, eu disse "mandar a merda", e não "cortar os laços", porque chega de ser certinha, você tem o direito de se conectar com sua raiva (e você precisa dela) para poder enfrentar as manipulações que talvez esteja suportando em várias áreas de sua vida e, além disso, para deixar ir ou traçar uma linha para todas aquelas pessoas que a amam muito, mas só quando elas estão em primeiro lugar. É você que precisa de si em primeiro lugar, e quem não entende isso é porque se beneficiou do fato de você ser um personagem secundário em sua própria vida. Você merece alguém que a ame como a protagonista de sua própria história.

Priorize a si mesma e proteja-se

Tem de concordar que é muito difícil proteger aquilo com o que não se importa. Pense em quando você compra um novo celular. Não sei se isso acontece com você, mas eu geralmente compro a melhor capa, pago o seguro e, nos primeiros dias, uso o aparelho com delicadeza tamanha que mais parece que estou tocando uma bomba prestes a explodir. Por quê? Porque, para mim, algo tão novo e que me custou tanto esforço, nesse caso, financeiro, é importante.

Peço desculpas por ter usado algo material como exemplo, mas acho que isso deixa claro que, quando você se esforça para obter algo que é importante para você, acaba priorizando e protegendo aquilo a todo custo (para continuar com o exemplo, eu não jogo meu celular novo na cama de qualquer jeito, nem compro uma capa frágil e barata para ele e um longo etc. de coisas que faço quando o celular está velho e não é mais uma prioridade). Bem, minha amiga, o que eu quero é que você se trate como eu trato meu celular novo. Quero que se priorize todos os dias como se fosse a primeira vez que se vê, como se enxergasse claramente o enorme valor que tem. Quero que cuide de si mesma porque, se não o fizer, vai acabar quebrando a tela e o conserto é bem caro. Bem, chega de metáforas, basicamente quero que se cuide e se proteja, porque, se não o fizer, vai se machucar nos relacionamentos, mesmo com aqueles que a amam de verdade, porque é inevitável que todos nós nos deixemos levar de vez em quando por nossas necessidades, mágoas e impulsos mais inconscientes e egoístas e, nesses momentos, precisamos de alguém que estabeleça o limite "até aqui", para que possamos continuar somando em vez de subtrair até não sobrar mais nada.

É por isso que quero que aprenda a traçar essas linhas, porque você já apagou o suficiente delas ao longo de sua vida para que ninguém deixasse de amá-la. E quero que entenda uma coisa: quem a ama de verdade aceitará seus limites (por mais difícil que seja para eles), porque priorizarão sua presença na vida deles e se adaptarão às suas necessidades. Quem não o fizer é porque prioriza outras coisas que não seu relacionamento. E está tudo bem. Mas tudo bem também você não querer alguém na sua vida que finge ser a única pessoa nesse relacionamento. Vamos ver juntas como começar a perder o medo de traçar essas linhas imaginárias chamadas limites que, longe de nos separar como um muro, são mais como uma ponte onde podemos nos encontrar e também dar espaço um ao outro quando precisarmos.

Como dizer aquele "não" que está entalado em sua garganta: estabelecendo limites

Para nos situarmos, limites saudáveis são as "condições" que colocamos em nossos vínculos para indicar quais comportamentos são aceitáveis no relacionamento, quais não são de forma alguma e quais terão de ser negociados e readaptados dependendo da situação. Por que são tão importantes? Porque são fundamentais para o autocuidado social que mencionei anteriormente, já que relacionamentos nos quais limites não são impostos resultam em pessoas que se aproveitarão de você (consciente ou inconscientemente), surgirão conflitos que se repetirão várias vezes, situações em que você poderá não se sentir tão respeitada e segura quanto precisa etc. Por isso é tão importante estabelecer nossos limites e ouvir e aceitar os dos outros, desde que essas pessoas não tentem nos manipular ou chantagear (porque nesse caso não estaríamos falando de um limite saudável, e sim de uma técnica para controlar o outro).

Neste livro, vou focar em ensiná-la a estabelecer limites e não tanto em aprender a aceitar os limites dos outros, porque, em geral, tende a ser a maior dificuldade das pessoas com síndrome da boa garota, enquanto já têm o costume de respeitar os limites estabelecidos para manter o vínculo e não se sentirem abandonadas ou rejeitadas. Para isso, primeiro quero dar algumas ideias gerais para que você saiba quais aspectos e tipos de vínculo pode abordar para começar a estabelecer certos limites (porque, às vezes, nem sabemos por onde começar) e, em seguida, darei exemplos específicos de como fazer isso em cada um dos principais vínculos da sua vida, se você os tiver: parceiro, amigos, família e ambiente de trabalho ou acadêmico. Como sempre, adapte meus exemplos às suas circunstâncias pessoais, ou seja, mantenha a essência e a ideia e traduza as questões para sua vida com suas próprias palavras.

Como começar a estabelecer limites saudáveis? Vejamos:

- Respeitar e atender às suas preferências e necessidades com sinceridade. Por exemplo, dizer "não estou a fim", porque esse é um motivo mais do que válido para não fazer algo, e dizer isso já é estabelecer um limite saudável.

- Não assumir o que não é seu, mesmo que a pessoa insista. Como já mencionamos, "isso não é minha responsabilidade" é uma frase fantástica neste caso.

- Buscar respeito em vez de aprovação. Um exemplo para estabelecer limites aqui pode ser: "Não espero que você concorde comigo, mas espero que você me respeite", porque você não precisa concordar com algo ou entendê-lo perfeitamente para aceitá-lo.

- Não permitir ser questionada sobre coisas que são inquestionáveis porque não podem ser controladas, por exemplo, como você se sente. "Minha maneira de sentir é válida" é uma forma de expressar isso sem entrar em justificativas desnecessárias.

- Tomar suas próprias decisões, do seu jeito e de acordo com seu próprio ritmo: "Obrigada por sua preocupação, mas essa decisão é minha". Esse limite será ótimo para você reafirmar todo o trabalho de tomada de decisão que discutimos na parte anterior do capítulo.

- Deixar claro que você não precisa tolerar, e muito menos responder, perguntas que a deixem desconfortável. Com isso, não me refiro a perguntas importantes para o bem do relacionamento, e sim perguntas de aspectos íntimos que você não quer compartilhar ou exigências de explicações. "Prefiro que não me faça essas perguntas, já que me geram incômodo", por exemplo, é uma boa resposta nestas situações.

Agora que conhece os aspectos gerais, vamos passar para os exemplos específicos nos diferentes relacionamentos da sua vida. Lembre-se sempre de que seus limites são estabelecidos por você, ou seja, que não existe uma lei universal que diga quais e como devem ser os limites para todos, dependerão de suas necessidades em cada momento. Portanto, é importante que você entenda que os limites não são uma punição, e sim um cuidado, pois são essenciais para manter um bem-estar equilibrado no relacionamento para todas as pessoas que fazem parte dele. Além disso, também é importante saber que:

- Pode levar algum tempo para que seus entes queridos aceitem e se adaptem aos seus limites, e isso é bom, desde que eles não passem esse tempo questionando ou negando-os, e sim tentando se ajustar a eles;

- É provável que seus entes queridos fiquem irritados com você muitas vezes quando estabelecer limites, porque assim podem perder papéis com os quais se sentiam confortáveis na sua vida. Entretanto, uma chateação não precisa significar o fim do relacionamento, mas pode ser um reajuste necessário de tempos em tempos;

- Você perderá pessoas, todas elas beneficiadas pela sua falta de limites. Então não é bem "perdê-las", mas "ganhar espaços seguros";

- Mesmo que tenha dificuldade de mantê-los no início, não suavize seus limites se as pessoas não os aceitarem. Essa firmeza a ajudará a filtrar quem realmente quer estar em sua vida e se esforçará para aceitar seus limites, e quem não quer, porque priorizará seu papel cômodo anterior.

LIMITES SAUDÁVEIS PARA SEU PARCEIRO OU FICANTE

- *Sei o que senti e não permito que você questione isso*: útil se alguém tentar fazer *gaslighting* com você ou questionar a intensidade do que você sente, a veracidade do que você vivenciou ou a validade de suas decisões.

- *Não me sinto confortável com essa prática sexual, não vou fazê-la*: essencial para expressar seu consentimento e desejos, ou seja, para um relacionamento sexual onde ambos estão de acordo (o contrário de um estupro). Você pode estabelecer esse limite a qualquer momento durante a relação sexual. O fato de não se sentir mais confortável é motivo mais do que suficiente para parar.

- *Para ficar bem e para que o relacionamento funcione para mim, é essencial ter minha privacidade*: os mitos do amor romântico nos ensinaram que amar é compartilhar tudo, mas isso não é verdade. Você tem o direito de proteger sua privacidade (e isso é saudável) e de não compartilhar certas coisas (como senhas, por exemplo).

- *Não estou com vontade de fazer isso hoje, vamos deixar para sábado?*: estar em um relacionamento com alguém não significa que você sempre tenha vontade de fazer as mesmas coisas ao mesmo tempo ou que sempre tenha de estar no mesmo espaço emocional e físico. Você tem o direito de recusar ou adiar planos.

- *Isso é inegociável para mim*: esse limite serve para comunicar seus limites intransponíveis, o que você não permitirá de forma alguma no relacionamento porque a faz se sentir insegura, desprotegida, desmotivada etc. Alguns exemplos de limites inegociáveis (embora cada pessoa tenha o seu) podem ser: gritar, ofender, punir com tratamento de silêncio etc.

- *Respeito que você não goste de fazer [...] ou sair com [...], mas eu gosto, respeite minha decisão*: você tem o direito de ter seu próprio espaço fora do relacionamento (hobbies, amizades etc.), mesmo que seu parceiro não aprove ou compartilhe deles (isso não se aplica a hábitos prejudiciais, é claro). Você também tem o direito de, às vezes, priorizar essas áreas de sua vida ao invés do seu parceiro e vice-versa.

- *Podemos retomar essa conversa quando estivermos mais calmos?*: já falamos do *timeout* ao explicar o controle da raiva e esse é um exemplo de limite onde se pode aplicar essa técnica para evitar de chegar a um ponto sem volta e a conversa sair do controle e se tornar absurda.

- *É importante para mim falar sobre isso ao invés de fingir que nunca aconteceu*: esse limite permite que você evite que o conflito se alastre e coloque suas necessidades na mesa.

- *Não vou tolerar ordens. Se falar o que está acontecendo com você sem fazer exigências, eu ouvirei*: para que duas pessoas se entendam, elas devem falar com um espírito conciliador, sem atacar a outra ou ficar na defensiva. Esse limite serve exatamente a esse propósito.

LIMITES SAUDÁVEIS PARA SUAS AMIZADES

- *Não quero fazer fofoca, não me sinto à vontade*: ficar presa a fofocas tende a prejudicar as amizades mais do que imaginamos. Não há problema em criticar algo específico ou desabafar em determinado momento, mas ficar presa a fofocas ou críticas não é um hábito saudável.

- *Se a sua sinceridade vai ser um sincericídio, prefiro que você não o faça*: quando seu colega tem o hábito de sempre dizer as coisas na sua cara, sem filtro e sem escolher o momento certo, ele está cometendo sincericídio, que está longe de falar com sinceridade, porque no segundo caso existe empatia, enquanto no primeiro, não. O sincericídio é muito prejudicial, e é por isso que esse limite é importante.

- *Gostaria que respeitasse o fato de eu não sair com você se não tiver com vontade*: é importante passar um tempo de qualidade juntos, mas poder relaxar, praticar um hobby ou conhecer outras pessoas também é.

- *Gostaria que você respeitasse quem eu sou, mesmo que não compartilhemos alguns valores*: não existe relacionamento saudável sem respeito, e respeito não precisa significar compartilhar. Uma amizade saudável começa com o respeito às suas preferências, gostos, orientação sexual, identidade de gênero etc.

- *Tenho o direito de ter outros amigos sem prejudicar nossa amizade*: ter vários grupos diferentes de amigos ou amigas não significa que você não ame nenhum deles, nem que necessariamente os valorize menos. A amizade não é exclusiva, assim como nenhum vínculo deve ser exclusivo por mera imposição.

- *Tenho o direito de não seguir seu conselho, mesmo que eu o valorize e aprecie*: só porque alguém a ouviu, a apoiou e a aconselhou a respeito de algo não significa que você tenha uma dívida com essa pessoa que comprometa suas decisões individuais.

- *Gostaria que nosso relacionamento fosse mais equilibrado, sinto que sou a única que se esforça nele*: o interessante desse limite saudável é que ele permite que você coloque na mesa o motivo pelo qual se sente assim, como a outra pessoa se sente em relação a isso e o que podem fazer juntas e individualmente, se quiserem manter a amizade.

LIMITES SAUDÁVEIS PARA SUA FAMÍLIA

- *Só porque moramos na mesma casa não significa que não devemos ter privacidade*: esse limite pode ser especificado em ações como bater antes de abrir a porta de um cômodo, aceitar que não precisamos contar tudo à nossa família (isso não se aplica a situações que nos colocam em risco, principalmente se você for menor de idade), poder passar um tempo sozinha em nosso quarto quando quisermos, ter privacidade para conversar ao telefone etc.

- *Não irei a reuniões de família se isso colocar minha saúde mental em risco*: você pode estabelecer esse limite, por exemplo, se achar que não tem nada em comum com certas pessoas da família e se sentir muito desconfortável por causa da forma como elas a julgam, porque não aceitam quem você é ou porque alguém a magoou muito (quer os outros saibam disso ou não) e assim por diante. Esse limite também se aplica ao seu direito de ter o espaço pessoal de que precisa, de demonstrar seu afeto a quem quiser e como quiser, de responder apenas às perguntas que considerar apropriadas etc.

- *Sou muitas coisas além de mãe*: já mencionamos que, quando você é pai ou mãe, às vezes sua identidade é reduzida a ser "a mãe de…" em vez de Paula, por exemplo. Portanto, você tem o direito de salientar que também tem suas próprias necessidades e identidade. O mesmo se aplica a qualquer outro papel familiar, mas é especialmente importante no papel de mãe, dada todas as expectativas sociais sobre ele.

- *Só porque sou jovem não significa que não possa tomar minhas próprias decisões*: esse limite não se aplica a decisões arriscadas quando você é menor de idade. No entanto, seja lá quantos anos tiver, você tem o direito de tomar decisões adequadas à sua idade e de ir contra as expectativas das outras pessoas se isso lhe der tranquilidade. Esse limite também é um limite saudável para pessoas mais velhas, que ainda têm o direito de tomar suas próprias decisões de acordo com seu estado mental e físico.

- *Não tenho obrigação de agradar a ninguém*: esse limite ajuda você a quebrar um dos grandes preceitos da boa garota.

- *Não me sinto bem quando você me compara com outros parentes; gostaria que você não fizesse mais isso*: com esse limite, você pede respeito à sua própria singularidade e identidade, para não ser comparada à outras pessoas com diferentes habilidades, gostos e necessidades.

- *Gostaria de ser vista como mais do que minhas notas/desempenho no trabalho*: esse limite evita o reforço de um padrão de validação baseado apenas no desempenho.

- *Não quero me envolver nos problemas que você tem com outros membros da família*: esse limite pode ajudá-lo a romper uma triangulação, por exemplo.

LIMITES SAUDÁVEIS PARA O AMBIENTE DE TRABALHO OU ACADÊMICO

- *É essencial para mim me desconectar, portanto, não atenderei ligações nem responderei e-mails no meu tempo livre*: estabelecer esse limite é essencial para proteger seu descanso e desconexão em ambientes de trabalho que exigem e normalizam a hiperprodutividade e a presença constante.

- *Não é minha responsabilidade fazer com que os outros assumam a responsabilidade deles*: lembre-se de que seu trabalho não é educar, acompanhar ou convencer seus colegas de nada.

- *Estou sobrecarregada, não posso*: sei que nem sempre é fácil dizer isso, dada a precariedade de muitos empregos, mas eu o aconselho a estabelecer esse limite na medida do possível. Lembre-se de que se submeter às exigências dos outros muitas vezes a escraviza.

- *Gostaria que nosso relacionamento se limitasse ao ambiente de trabalho*: relacionamentos verdadeiros podem surgir no trabalho e isso é bom se você tiver vontade, mas se não tiver, está tudo bem também.

- *Ficaria muito grata se você pudesse me informar se há algo mais urgente, para que eu possa priorizar*: esse limite é útil quando lhe pedem para fazer trinta e oito tarefas ao mesmo tempo até anteontem.

- *Não sou perfeita, afinal, sou humana*: na era da hiperprodutividade, é muito importante lembrar que você ainda é uma pessoa e não uma máquina.

- *Tenho o direito de ser paga pelo meu trabalho*: é muito triste ter que acrescentar esse limite aqui, mas tenho certeza de que você sabe tão bem quanto eu que, às vezes, infelizmente, isso é muito necessário.

- *Meu tempo é tão importante quanto o seu*: esse limite se aplica a colegas, chefes, funcionários, clientes, fornecedores etc.

- *Sinto muito, não posso fazer isso, está na hora de ir embora*: outro limite que é muito triste ter que explicitar, mas os horários de trabalho existem por um motivo.

Como argumentar bem: lidando com conflitos

Depois de ver como começar a estabelecer limites em seus relacionamentos para parar de se adaptar demais e agradar, vamos abordar outro aspecto do qual as pessoas com síndrome da boa garota geralmente têm pavor, que, como você sabe, é o conflito. O fato de vermos o conflito como uma ameaça ao vínculo e, portanto, como algo a ser evitado, está muito relacionado ao que acontece quando ele é mal administrado, ou seja, quando leva a gritos, disputas de poder, censuras etc. Mas a realidade é que, se um conflito for bem administrado, por mais doloroso que seja (porque geralmente é, ou pelo menos incômodo), é uma grande oportunidade de crescimento e fortalecimento para o relacionamento, seja lá de que tipo for.

O conflito é sempre inevitável em nossos relacionamentos, não importa quão saudável seja o vínculo, mas, como eu disse, isso não é uma má notícia, porque um conflito bem administrado traz todos esses benefícios:

- Permite-nos treinar nossa empatia e sinceridade;
- Permite-nos estar cientes das dinâmicas inconscientes e automáticas que podem estar prejudicando o relacionamento para que possamos lidar com elas;
- Permite-nos aprimorar e ampliar nossas habilidades sociais;

- Permite-nos gerenciar melhor possíveis conflitos futuros, pois cada conflito é uma experiência de aprendizado e nos ajuda a perder o medo deles.

Suponho que agora esteja se fazendo a pergunta de um milhão de dólares: qual a melhor maneira de resolver um conflito? Bem, vou lhe dar um truque que acho que pode ajudá-la bastante: tente aprender e internalizar quais atitudes e comportamentos tornam uma situação de conflito útil e quais não apenas a tornam inútil, mas também influenciam negativamente o relacionamento. Para colocar em prática, recomendo consultar a tabela a seguir:

O conflito é inútil quando...	O conflito é útil quando...
Assim que vê algo de que não gosta já começa a discutir, mesmo que isso não seja realmente importante para você. Por exemplo, exigir que seu parceiro mude aspectos da personalidade dele ou discutir sobre algo cotidiano, como deixar algo fora do lugar em casa em um determinado horário.	Você sabe quais discussões valem a pena e quais não valem. Por exemplo, vale a pena lidar com dinâmicas recorrentes que a prejudicam, como o fato de sua irmã rir de seus infortúnios com o argumento de que "é porque vocês têm intimidade".
Você constantemente expressa isso com frases como "você fez... comigo" ou "você está...". Por exemplo, "você está me ignorando".	Expressa seus sentimentos na primeira pessoa. Por exemplo: "estou me sentindo ignorada".
Entende as discussões como uma briga entre duas pessoas.	Você entende as discussões como duas pessoas enfrentando um problema juntas.
Você só se concentra em defender seu ponto de vista para ter razão.	Usa a técnica de narrar a situação como você acha que a outra pessoa a vê do ponto de vista dela, isso pode realmente ajudar você a ter empatia e a encontrar soluções com a outra pessoa.
Você começa a misturar problemas e a trazer à tona questões do passado que já estavam encerradas ou a usar frases com "sempre" e "nunca". Por exemplo, "você nunca presta atenção em mim".	Você fala sobre um problema de cada vez e tenta se concentrar no "agora". Por exemplo, "neste momento, estou me sentindo ignorada".
Você faz presunções ou acha que sabe como a outra pessoa se sente ou o que ela pensa. Por exemplo, "Eu sei que está pensando em me largar".	Você pergunta à outra pessoa tudo o que precisa saber. Por exemplo, "Tem uma coisa me incomodando, por acaso está pensando em terminar?

Você espera que a outra pessoa adivinhe seu estado. Por exemplo, "você me conhece tão bem que deve saber como estou me sentindo".	Você se comunica com clareza, sinceridade e empatia. Por exemplo, "Estou triste e decepcionada com [...]".
Seus conflitos só acontecem quando você explode depois de ter aguentado e ficado quieta a respeito de muitas coisas que a incomodaram, ou seja, quando sua raiva está totalmente fora de controle.	Tenta se comunicar aos poucos e à medida que acontecem as coisas que a incomodam ou magoam, para que possa falar sobre elas com calma.
Você rotula a outra pessoa. Por exemplo, "você é muito egoísta".	Você rotula os comportamentos e usa apelidos carinhosos (se os usar regularmente, é claro) para reduzir a tensão. Por exemplo, "amor, acho que esse comportamento foi egoísta".
Você entra no piloto automático para falar sobre tudo o que precisa falar, sem ouvir a outra pessoa ou dar espaço a ela.	Você respeita a liberdade de expressão e ouve com atenção.
Você adota um papel de vítima ou de culpada.	Você assume a responsabilidade por suas ações e define bem sua responsabilidade.
Você expressa censuras. Por exemplo, "você nunca me ajuda com nada que é meu".	Você transforma censuras em desejos. Por exemplo, "Gostaria de poder contar com sua ajuda quando eu pedir".

Seja você mesma e deixe-se ser amada

O objetivo principal de tudo o que estamos trabalhando juntas é que possa ser você mesma, sem máscaras, para melhorar seu bem-estar e se sentir digna do amor e do apreço dos outros, sem medo de pedir o que precisa e de dar o que pode sem sentir que está sendo egoísta e ruim.

Porque só tem um jeito de ser a protagonista da sua própria vida: ser quem você é. Afinal, não se pode ser outra pessoa, e tentar ser outra pessoa tem um preço muito alto que você agora já sabe qual é: abrir mão da sua felicidade. Mesmo assim, sei que tudo isso é muito mais fácil de falar do que de fazer, então, embora agora você saiba um pouco mais sobre como melhorar sua autoestima, conhecer a si mesma, cuidar de si etc., acho que chegou a hora de lhe dar algumas chaves para que você possa aprender a parecer ruim aos olhos dos outros, se é esse o preço de ser você mesma, e também a pedir ajuda e dá-la na medida certa, sem sentir que está fazendo algo errado. Quero que sinta que ser você é ótimo, que se sinta confortável e à vontade consigo mesma e que possa se deixar amar. E quem não a amar dessa forma, bem, nós a mandaremos à merda, mas isso será na última parte do capítulo. Por enquanto, vamos aprender a transformar o que as pessoas dizem em uma daquelas músicas ambientes nas quais você não presta muita atenção porque está ocupada com outras coisas, porque é suficiente que seja a trilha sonora da sua vida.

Parecer ruim aos olhos dos outros

Acredite ou não, com tudo o que vimos até agora, você já tem algumas ferramentas para aprender a parecer uma pessoa ruim aos olhos dos outros. São várias as maneiras: estabelecendo limites, sendo confiante, priorizando seu autocuidado, lidando com um conflito, tomando decisões com as quais os outros não concordam etc.

No entanto, às vezes ainda temos muito medo do que os outros dirão, o que dificulta parecermos ruins para os outros a fim de sermos boas para nós mesmas, de dizer "não" aos outros para poder dizer "sim" a nós mesmas. É por isso que quero compartilhar com você algumas reflexões que, espero, a motivem a chutar para longe o que os outros dirão e ousar ser quem você é e fazer o que quiser:

1. Ninguém a conhece melhor do que você, portanto, ninguém pode defini-la, conhecer suas intenções, seu esforço ou suas emoções melhor do que você. As outras pessoas formam uma imagem de você na cabeça delas, que elas tingem com suas crenças, aprendizado anterior, expectativas etc. Quando falarem de você, essas pessoas se referirão a essa imagem sua, mas é importante que saiba que essa imagem não é você.

2. Em relação ao que foi dito acima, precisa se dar conta de que as críticas de outras pessoas geralmente têm muito mais a ver com elas do que com você. Existe um mecanismo de defesa psicológico chamado projeção, que todos nós usamos em algum momento, do qual algumas pessoas abusam sem perceber porque não têm outros recursos para lidar com suas próprias deficiências e frustrações. Quando uma pessoa projeta, o que ela está fazendo é apontar algo em você que ela odeia em si mesma, mas não reconhece. Já aconteceu com você de alguém o repreender continuamente por nunca ir vê-lo, mas ele ou ela também nunca a convidar? Essa pessoa provavelmente está projetando em você a culpa que sente por saber que não passa com você o tempo que ela acha que deveria passar por exemplo.

3. De qualquer forma, nem todo mundo projeta, algumas pessoas são grosseiras, não tratam as demais com respeito e isso não as torna certas, nem é sua responsabilidade.

4. Pergunte a si mesma: todas as opiniões que você recebe dos outros a ajudam a melhorar? Provavelmente não, então por que você dá a elas tanto espaço em sua vida?

5. O que você quer para sua vida? É você quem a viverá, não os outros.

6. Vou lhe dizer uma verdade universal, algo que não costumo fazer porque existem pouquíssimas: é completamente impossível agradar a todos. Quando você aceita isso e sempre tem isso em mente, começa a se libertar e a tentar agradar a si mesmo, o que é possível.

7. Uma ideia a seu respeito é apenas isso, uma ideia, não um repúdio a tudo o que você é.

Para que você possa se aprofundar em seu caso específico, proponho um exercício muito simples que a ajudará a se sentir mais no controle em situações que desencadeiam seu medo de parecer ruim aos olhos dos outros. Para isso, precisa responder às seguintes perguntas:

- Em que situações eu costumo ficar particularmente preocupada em parecer ruim aos olhos dos outros? Faça uma lista de todas as situações que você se lembrar.

- Elas têm algo em comum?

Por exemplo, talvez descubra que todas ou algumas das situações têm em comum o fato de se sentir aflita ao comunicar que não quer ir em algum lugar no qual outros já combinaram. Isso lhe dá uma pista sobre o que você precisa trabalhar, na terapia ou fora dela, que, nesse caso, seria saber dizer não. A longo prazo, aprender a parecer ruim aos olhos dos outros a ajudará a se sentir mais autoconfiante e a parar de pensar tanto no que os outros vão pensar, primeiro porque você entenderá que esse é um direito seu e, segundo, porque terá muito mais clareza sobre os benefícios que isso lhe traz.

Pedir e dar na medida certa

Um dos problemas mais comuns observados no consultório de pessoas com a síndrome da boa garota é a dificuldade de encontrarem um equilíbrio saudável entre o que pedem e o que dão. Agora que entendemos como esse padrão de comportamento funciona, sabemos que isso acontece porque elas têm dificuldade de se conectar com suas necessidades e se sentem culpadas quando as expressam, pois se sentem egoístas e prepotentes. Isso, é claro, torna muito difícil para elas receberem o que merecem ou coisas que sejam positivas para si mesmas.

Tudo o que vimos até agora pode ser aplicado no aprendizado de pedir e dar na medida certa: conectar-se com nossa essência, cuidar de nós mesmas para detectar e atender às nossas necessidades, cuidar de nossa autoestima, estabelecer limites etc. Mas ainda precisamos falar de algo muito importante a esse respeito, que é como nos comunicarmos de forma eficaz. Para isso, gostaria de fazer um breve comentário sobre os principais estilos de comunicação existentes.

Podemos dizer que há quatro estilos principais de comunicação: agressivo, passivo, passivo-agressivo e assertivo. Como verá, a comunicação não se refere apenas à escolha de nossas palavras, mas também à nossa postura corporal, expressão facial, tom de voz etc. Na verdade, a linguagem não verbal pode ser ainda mais importante do que a verbal para a compreensão da mensagem como um todo.

O estilo agressivo de comunicação entende que as próprias necessidades são, de alguma forma, mais importantes do que as dos outros e, portanto, aqueles que a utilizam se caracterizam por:

- Atacar para defender seus direitos;
- Intimidar a outra pessoa pensando que essa é a maneira de ganhar respeito;
- Provocar medo para fazer com que a outra pessoa concorde com suas exigências;
- Usar um tom de voz muito alto;
- Não ouvir a outra pessoa ou não ouvir o suficiente;
- Usar um olhar desafiador e intenso;
- Demonstrar tensão muscular e uma postura corporal imponente;
- Invadir o espaço pessoal da outra pessoa.

Por outro lado, o estilo passivo de comunicação é caracterizado por uma grande dificuldade em expressar as próprias necessidades por medo de parecer ruim. Parece familiar? Realmente, esse é o estilo de comunicação mais comum em pessoas com a síndrome da boa garota. Vamos ver o que fazem as pessoas que usam esse estilo:

- Tendem a não expressar suas próprias ideias ou a duvidar delas;
- Evitam conflitos;
- Não tomam a iniciativa e se adaptam a tudo;

- Tendem a responder com monossílabos ou frases curtas;
- Não são muito fluentes na fala;
- Usam um tom de voz baixinho ou suave;
- Sua postura corporal é tensa e encolhida.

O estilo passivo-agressivo é uma espécie de híbrido dos dois anteriores, embora seja difícil de imaginar. Se baseia na expressão de hostilidade de forma velada, mas óbvia o suficiente para fazer com que você se sinta mal, mesmo que não consiga explicar o motivo. O objetivo desse tipo de comunicação é o mesmo do estilo agressivo, defender a todo custo as próprias necessidades acima das dos outros, mas sem ser muito perceptível, para não ficar mal visto. Esse estilo de comunicação também é bastante comum em pessoas com síndrome da boa garota, principalmente quando a pessoa reprimiu muita raiva e está prestes a explodir, mas ainda se retrai para evitar um conflito aberto. É assim que as pessoas que o utilizam agem:

- Invalidam suas emoções para aliviar a culpa por tê-la deixado nesse estado emocional: *Estou dizendo isso para o seu bem e você já está alterada*;
- Transmitem uma mensagem confusa que acaba fazendo com que você se sinta culpada: *Vou me virar sozinha, como sempre, não se preocupe*;
- Cometem erros de propósito para "tirar" sua razão. Por exemplo, demorar muito para responder a algo importante para você, apesar de ter visto sua mensagem, e depois fingir que não fez nada quando você reclamar;
- Fingem que não estão entendendo para que você se canse da conversa e desista: *Não estou entendendo nada*.

E, por fim, existe o estilo assertivo, que é o que mais nos interessa, pois permite uma comunicação mais eficiente em que você expressa suas próprias necessidades sem pisar nas dos outros, com empatia e lealdade a si mesma. Tudo o que veremos a partir de agora tem o intuito de ajudá-la a aprender a pedir e a dar com um estilo de comunicação assertivo, por isso é importante que você conheça suas características:

- Contato visual direto, mas não fixo;
- Postura corporal ereta e natural;
- Escuta ativa;
- Tom médio e calmo;

- Respostas na primeira pessoa;
- Expressão de seus próprios direitos;
- Firmeza e contundência no que é expresso.

Entendo que tudo isso pode ser um pouco abstrato, então vejamos recursos específicos para treinar seu estilo de comunicação assertiva.

REGULANDO O QUE VOCÊ DÁ

O que exatamente quero dizer com "regular"? Quero dizer que o ato de dar algo aos outros não "tira" sistematicamente algo importante de você. Dar é, sem dúvida, um ato bonito, mas, como quase tudo na vida, deve ser equilibrado para que seja igualmente bonito para todos. O que você deve levar em conta para o que você dá?

- Não se esgote continuamente. Isso é importante se houver pessoas em seu ambiente que sejam muito exigentes e acabem dependendo de você para coisas que são de responsabilidade delas (lembre-se do que dissemos quando falamos sobre codependência), ou se você frequentemente se encontra em situações em que várias pessoas precisam dar uma mão, mas é sempre você que carrega o maior peso.
- Não se negligencie. E não me refiro apenas às suas obrigações, e sim às suas preferências, necessidades ou até mesmo desejos. Um dos direitos universais assertivos (também estão no meu livro anterior) é o direito de fazer menos do que você pode humanamente fazer se quiser, ou seja, que ser capaz de fazer algo não significa que você tenha de fazê-lo, e menos ainda se isso significar negligenciar algo importante para você.
- Não vá contra seus valores. Viver em sintonia com nossa essência e valores é essencial para ter uma vida plena, mas às vezes deixamos isso de lado para obter validação social, supostamente aumentar nossa autoestima, para fins econômicos ou de prestígio etc. Mas eu lhe asseguro que nada é mais valioso do que seus valores, como o próprio nome já diz.
- Não ceda à chantagem. Mais adiante, explicarei como reagir à manipulação, algo que será útil para que você não gaste energia cedendo àqueles que a manipulam.
- Esqueça o bordão "mas não custa nada eu fazer isso". Essa é uma das frases mais comuns usadas pelas pessoas que acompanho em consultas e que têm problemas de complacência e cuidado excessivo com os outros. A linguagem modula nossa realidade, e é por isso que, neste

livro, insisto tanto para que você detecte seus bordões, porque muitas vezes são eles que normalizam ou perpetuam dinâmicas que não são muito saudáveis para você. Como eu disse, o fato de algo "não custar nada" não significa que você tenha de fazê-lo. Além disso, tudo tem um custo, por menor que seja, e você tem o direito de dar mais importância a esse custo do que ao benefício que ele trará para a outra pessoa, principalmente porque se somarmos muitos custos pequenos acabamos com um custo alto. Pense bem, talvez não lhe custe nada buscar seu amigo no trabalho um dia, mas se todos os seus amigos começarem a presumir que você sempre fará isso para todos eles, qual seria o tamanho do custo para você, sua rotina, sua energia...?

PEDINDO O QUE VOCÊ PRECISA E RECEBENDO O QUE MERECE

Agora que está começando a entender como determinar suas necessidades e que tem o direito de reivindicá-las, vejamos como fazer isso. E, para isso, vamos voltar mais uma vez aos bordões porque, muitas vezes, não pedir se traduz em frases habituais que expressam as emoções que você está reprimindo. Portanto, neste exercício, vou pedir que você, em primeiro lugar, identifique seus bordões e depois os transforme em desejos. Vamos ver isso com exemplos, que é a melhor maneira de entender: vou analisar as frases mais comuns em minha prática e em meu ambiente.

- *Nunca te peço nada...* Esse bordão expressa a necessidade de se sentir confiante de que pode pedir o que precisa quando precisar, sabendo que a outra pessoa tem o direito de lhe dar ou não. Como você poderia transformá-la: *Gostaria de saber que posso contar com você para pedir algo quando eu precisar, mesmo que nem sempre possa me dar.*
- *Sou sempre eu que acabo cedendo.* Esse bordão expressa a sensação de que é sempre você quem se adapta. É claro que você é responsável por trabalhar para evitar sempre ceder aos outros, mas pode transmitir seu desejo da seguinte forma: *Gostaria que houvesse um equilíbrio na forma como nos adaptamos um ao outro.*
- *Ninguém nunca me dá nada.* Esse bordão expressa o desejo de se sentir vista, de que alguém leve em conta que você também precisa de coisas às vezes. Você poderia transformá-lo dizendo: *Eu gostaria de me sentir mais cuidada por você em situações como essa.*

- *Sou sempre a esquecida do rolê.* Esse bordão expressa o desejo de ter voz, de saber que suas opiniões e necessidades são importantes e são levadas em conta ou priorizadas quando necessário. Você poderia dizer: *Gostaria que você levasse minha opinião mais em conta, desta vez não quero me adaptar.*

Repare que todas essas afirmações estão enquadradas em um estilo de comunicação passivo-agressivo e, ao explorar o desejo que elas escondem, podem ser transformadas em afirmações assertivas que permitem que você se comunique melhor e esteja mais consciente de suas necessidades.

Outra coisa que se deve ter em mente ao pedir, e que repito muito para meus pacientes, é que pedir não é obrigar. Isso significa que quando você pede algo a alguém, está apenas expressando uma demanda, não está fazendo com que a outra pessoa se comprometa com isso, nem está criando um conflito existencial ou apontando uma arma para que ela faça o que você diz. Está apenas transmitindo seu desejo, que a outra pessoa pode ou não atender. E o mesmo acontece quando ela pede algo a você. Quando digo isso a meus pacientes, muitos deles me respondem: "Mas, Marta, eu ainda sinto que os outros estão se comprometendo quando peço algo a eles, porque é assim que me sinto quando me pedem coisas". Se esse for o seu caso, recomendo que volte à seção que fala de estabelecer limites, afinal se todos nós perdêssemos o medo de dizer não e entendêssemos isso como algo natural, não teríamos tanto medo de pedir, pois naturalizaríamos o fato de receber uma recusa tanto quanto dá-la.

Outro ponto essencial para aprender a pedir de forma assertiva é deixar de lado a voz simpática da qual já conversamos quando falamos da vergonha. Tente se comunicar em um tom de voz forte, mesmo que o ritmo seja calmo, e mantenha uma postura corporal ereta, com os membros relaxados. Essa é a combinação perfeita para pedir algo sem parecer imponente, mas firme. Vamos dar uma olhada em mais algumas dicas:

- Se faz muito tempo que não o faz, recomendo que comece fazendo suas solicitações na forma de uma pergunta. Dessa forma, sentirá que está transmitindo seu desejo de uma maneira mais confortável: *Você poderia/é possível que você chegue na hora?*
- Quando se sentir um pouco mais confortável, você poderá passar para o modo desiderativo, ou seja, expressar seu desejo em palavras exatas: *Eu gostaria que você chegasse no horário, por favor.*
- Se achar que a pessoa questionará sua solicitação ou já o fez, use o modo imperativo: *Poderia chegar na hora, por favor?*. O "por favor" final,

embora um "obrigada" ou "se não se importar" também funcione, acrescenta um toque de polidez que faz com que não pareça uma ordem, enquanto o imperativo acrescenta a firmeza necessária quando alguém quer ignorar seu pedido.

- Seja qual for a maneira que usar, não explique demais e não interprete que você está em dívida com a outra pessoa. Explicar demais pode transmitir insegurança e fornecer argumentos para que a outra pessoa a manipule e a faça acreditar que a questão não é tão importante. Por outro lado, pense que se todas as solicitações gerassem uma dívida, as relações sociais seriam uma dívida contínua, e não é esse o caso, não é? Ou você sempre sente que quando dá algo tem que receber de volta, por menor que seja o gesto?

Por fim, tão importante quanto pedir é saber como receber o que é positivo, mesmo o que não foi pedido. Isso acontece muito com parabenizações ou elogios que, para as pessoas com síndrome da boa garota, costumam ser muito desconfortáveis, pois ativam sua vergonha e, ao mesmo tempo, sua insegurança: elas não sabem como aceitá-los naturalmente e tendem a negá-los, minimizá-los ou ignorá-los. Veja a seguir o que você pode fazer para receber um elogio adequadamente:

- Apenas diga "obrigada". Sem acrescentar "é que…" ou qualquer outra justificativa que prejudique o elogio. Por exemplo, se lhe disserem que você fez um ótimo projeto, simplesmente diga "obrigada" e sorria, se tiver vontade. Não acrescente mais nada, como "tive muita ajuda" ou "é que passei muito tempo fazendo isso".

- Não ignore os elogios, dê espaço a eles sorrindo ou agradecendo, não mude de assunto nem desvie o olhar.

- Não questione os elogios porque, ao fazer isso, você questiona a percepção ou a boa intenção da outra pessoa, o que incentiva você a continuar a não acreditar nela.

- Não retribua o elogio imediatamente. Não há problema em retribuir um elogio por cortesia ou simpatia, mas não o faça imediatamente após recebê-lo como se nada tivesse acontecido. Agradeça primeiro e então prossiga.

Mandar à merda

Amiga, chegamos à última coisa que quero ensinar você a fazer, que às vezes é tão difícil quanto libertadora: mandar as pessoas à merda. Depois de trabalhar em si mesma e em seus relacionamentos importantes, é muito provável que você encontre pessoas que não estejam dispostas a aceitá-la em sua "nova versão", que na verdade é sua versão original. Isso porque, como mencionamos anteriormente, com certeza existem pessoas ao seu redor que, infelizmente, estão se beneficiando da sua falta de limites, da sua complacência, da sua indecisão, da sua necessidade de cuidar e salvar os outros etc.

Talvez você já tenha se deparado com mais de uma pessoa nesse processo, embora algumas delas estejam começando a se adaptar a você, porque decidiram dar mais importância ao vínculo e ao quanto a amam do que ao desconforto de assumir um novo papel muito mais igualitário no seu relacionamento, mesmo que isso implique a perda de certos privilégios. Se for esse o caso, isso é bom. No entanto… O que fazer com aqueles que não fazem nada além de criticar seu comportamento e fazer você duvidar continuamente que ser livre é tão bom assim? Bem, talvez precisem de uma passagem só de ida à merda, para ser mais direta, talvez deva se distanciar deles, mudar o papel deles na sua vida ou até mesmo cortar relações.

Dito isso, quero ensiná-la a enfrentar a manipulação que provavelmente estão ou estiveram usando em um relacionamento tóxico, para que você possa dar a eles o lugar que merecem em sua vida. Isso será útil especialmente em relacionamentos que, seja lá qual for o motivo, você não pode romper agora ou não é tão simples fazê-lo, como aqueles que você tem com um membro da família com quem precisa continuar a viver pelo menos por um tempo; um chefe manipulador; o pai ou a mãe de seus filhos, com quem tem de conviver com frequência, e assim por diante. Não estou dizendo que essas situações sempre envolvem manipulação, o que estou dizendo é que quando alguém não aceita que você mude, pode recorrer à manipulação como estratégia para "consertá-la".

Como enfrentar a manipulação

Quando um relacionamento é totalmente baseado em manipulação, cujos padrões já comentamos, a coisa mais aconselhável a fazer é terminar, mas como existem muitas situações em que isso não é possível, pelo menos a curto prazo, recomendo que você tenha os seguintes recursos à mão para poder enfrentá-la:

- Quando a invalidarem para que se sinta culpada, dizendo, por exemplo, "você está muito mudada", "você não era assim", "você está perdendo o controle" etc., tente normalizar o que estão tentando invalidar. Responda, por exemplo: "Sim, estou mudando porque agora estabeleço limites em meus relacionamentos e me sinto muito melhor". Isso fará com que o manipulador veja que você não se conecta mais com a culpa como antes, o que pode fazer com que ele pare de usar essa técnica ou, pelo menos, não a use tanto com você, porque ela não é mais eficaz.

- Quando alguém usar vitimismo para, mais uma vez, fazer você se sentir culpada e ter poder sobre você através da culpa, tente comunicar o que esse vitimismo transmite a você. Por exemplo, se a pessoa disser: "Estou vendo o quanto você se importa comigo, não presta mais atenção em mim, mas eu consigo me virar sozinha como sempre", você pode responder: "Você está tentando me dizer que se sente negligenciada porque agora muito do meu tempo é para mim mesma, como antes era para você? Acho que a situação está mais justa agora, não acha?" A ideia disso não é justificar suas mudanças de atitude, e sim tornar explícita a dinâmica que está ocorrendo e que a outra pessoa quer que você acredite ser sua "culpa". Assim é mais fácil que ela fique sem argumentos.

- Se alguém estiver fazendo rodeios para confundi-la e enfraquecê-la, tente mostrar que você está identificando exatamente o que ela quer fazer e coloque na mesa a necessidade de conversar a respeito. Um exemplo disso seria se ela lhe der mensagens contraditórias contínuas sobre o quanto você é importante para ela. Você poderia responder a isso com algo como: "Parece que você não está querendo falar claramente disso. Ajudaria se me contasse o motivo, estou ouvindo". Nesse caso, ou a pessoa se abre e cria um pequeno vislumbre de esperança para que vocês comecem a se relacionar de forma mais saudável ou encerram o relacionamento de forma sincera e cuidadosa ou, no mínimo, você dificultará que ela continue a confundi-la.

- Diante de qualquer tipo de manipulação, é muito útil manter a calma e ficar de cabeça fria, ou seja, não perder a calma nem dar informações demais. Isso interromperá o ciclo de manipulação, pois a outra pessoa não terá muito o que censurar em relação a você e não poderá culpá-la por nada.

- Não flexibilize seus limites saudáveis, principalmente os inegociáveis. Seja consistente em suas palavras e ações para que se sinta protegida. Sei que, às vezes, será tentador removê-los para evitar conflitos, mas garanto que, em um relacionamento tóxico, qualquer coisa pode desencadear um conflito, portanto, proteja-se com limites.

- Se alguém tentar fazer *gaslight* para continuar controlando você, tente responder assim: "Eu sei exatamente o que vivi e o que quero fazer", "Não vou continuar essa conversa, pois percebo que você vê uma realidade muito diferente da minha e tenho certeza de que minhas memórias não me enganam", "Acho que você está tentando me invalidar e não vou permitir", "Só eu sei o que sinto".

Como deixar ir alguém que só a ama por ser boazinha.

No fundo, você sabe disso. Sei que é doloroso, sei que dói. Mas, lá no fundo, você tem consciência de quais relacionamentos não lhe trazem nada e, o que é pior, só a sugam. No fundo, você sabe quem está ou não sendo justo com você, talvez porque não saiba como, talvez porque não queira saber. No fundo, sabe muito bem quem só a ama se você for boazinha, e eu sei que isso é difícil, mas a culpa não é sua, e sim de quem só sabe se relacionar assim.

E como deixar essas pessoas irem embora? Bem, como eu sempre digo nas consultas, "deixando-as ir". Sei que parece uma resposta boba, mas a realidade é que, nesse caso, não há muito o que pensar ou analisar, basta fazer, o que eu sei que geralmente é a parte mais difícil, mas, como execução, garanto que é o mais fácil. Mesmo assim, quero deixar aqui alguns aspectos que deve ter em mente ao deixar ir as pessoas que você sabe que precisa.

- Pergunte a si mesma o que lhe prende a elas. Pode ser o sexo, a necessidade de "salvá-la", a dor, o hábito, o peso de tudo o que passaram juntas, o tempo que compartilharam etc. Sei que essas coisas podem ser muito importantes para você, mas pergunte a si mesma: são mais importantes do que a sua liberdade, mais importantes do que poder ser quem você realmente é, mais importantes do que poder baixar a guarda e pedir, errar, ficar com raiva e sentir o que quiser sentir?

- Lembre-se de que a dor de deixar alguém que a magoa é temporária, mas a libertação é permanente. Até agora, você superou 100% dos seus momentos de dor, e alguns deles você nem se lembra, mas você ainda carrega a paz deixada por muitas decisões que você teve dificuldade de tomar.

- O que você ganha ao deixar essa pessoa? Pense em todas as coisas negativas que ela lhe traz, por exemplo, estar sempre de mau humor, precisar tomar cuidado o tempo todo com o que você diz e faz, sentir muita responsabilidade pelo bem-estar dela e muita culpa quando não consegue que ela esteja tão bem quanto você gostaria etc. O que você ganhará se se libertar de tudo isso?

- Quais qualidades você quer que as pessoas em sua vida tenham a partir de agora? E, lembre-se, não se trata de fazer uma lista rígida de características que qualquer pessoa que queira entrar em sua vida precisa obrigatoriamente ter, mas de pensar em conceitos que talvez não tenha levado em conta até agora em seus vínculos e que são essenciais para que você se sinta segura em seus relacionamentos. Exemplos disso podem ser sinceridade, empatia, comunicação fluida, respeito, responsabilidade afetiva etc. Sei que parece bobagem, mas a realidade é que quase nunca pensamos nesse tipo de coisa e simplesmente nos relacionamos com quem quer que cruze o nosso caminho.

- Para esse processo de rompimento, busque apoio nas pessoas que a amam como você é, dê a si mesma tempo para sentir e tomar essas decisões no ritmo que puder e precisar, então aplique tudo o que foi dito neste capítulo para cuidar de si mesma, se sentir segura e protegida com você mesma.

Caso ainda tenha dúvidas a respeito de quem você deve deixar ir, aqui estão mais algumas pistas:

- Os que exigem, mas nunca lhe dão nada;
- Aqueles que dizem que sempre estarão com você, mas na prática não é bem assim;
- Os que fazem você duvidar de si mesma;
- Aquele que faz você sentir que é errado ser do jeito que você é;
- A pessoa que só está bem com você quando você é quem ela espera que você seja;
- Aquela que a faz viver em um mar contínuo de medo, dúvida, exaustão e raiva.

Minha querida, você merece ter ao seu lado aqueles que não esperam de você mais do que você pode dar; pessoas que não esperam que seja perfeita, e sim humana; que não esperam que coloque os problemas deles à frente da sua paz; que não esperam que assuma o lugar deles... e sim que seja você mesma.

E mandar à merda quem merece é como encerramos essa jornada que começamos lembrando da criança que você foi e aprendendo a segurar a mão dela a partir de hoje, transmitindo a ela que nunca foi culpada de nada, que apenas aprendeu a viver da melhor forma possível e que, graças a tudo isso, ela se tornou a pessoa que você é hoje, talvez uma boazinha, mas que agora sabe que pode viver dizendo não, conhece seu valor, confia que sabe cuidar de si mesma, se diverte, comete erros e, acima de tudo, tem a grande certeza de que veio a este mundo para aproveitar a vida ao máximo, sem culpa e sem medo.

Da mulher livre que sou para a criança boazinha que fui

Depois de tudo o que passamos juntas nessa jornada, não queria ir embora sem dizer mais algumas palavras, encerrar este livro com conselhos ou orientações, que sei que são muito úteis, mas preciso me despedir de você não como psicóloga, e sim como pessoa. Como alguém que foi uma criança boazinha e uma boa garota adulta por muito tempo, que às vezes ainda é, mas que na maior parte do tempo é uma adulta livre e confiante que segura a mão da criança quando ela precisa e diz: "Estou aqui e agora estou no comando".

Estou contando isso porque me incomoda muito que, às vezes, os psicólogos, intencionalmente ou não, e ainda mais nos chamados livros de autoajuda, entrem em sua casa como se soubessem como fazer tudo perfeitamente ou como se estivessem acima do certo e do errado e esperassem que você também estivesse. Não espero que você se pareça comigo ou faça coisas como eu, porque não sou um ser de luz, nem espero que pense em mim como alguém que sempre sabe tudo, porque não sei, porque tive e ainda tenho as mesmas dúvidas que você, dores parecidas, medos semelhantes e erros tão humanos quanto os seus.

Justamente por isso, quero me abrir um pouco mais ao me despedir, pedindo que me fale sobre você e sugerindo que também encerre essa jornada conectando-se com a criança e a adolescente que você foi, mostrando a ela o quanto a ama e o quanto pode cuidar dela hoje. É por isso que quero deixar aqui a carta que escrevi para aquelas versões passadas de mim em um dia como este, quando eu tinha 29 anos, caso sirva de referência e inspiração para você escrever a sua. Acho que vai chorar um pouco quando escrever, mas depois terá uma sensação parecida com tirar os sapatos quando chega em casa depois de um dia inteiro de caminhada, você vai ver.

Querida criança boazinha que eu fui,

Sei que você sabe tão bem quanto eu o que é sofrer, perder, ter muito medo, ficar com raiva do mundo, duvidar constantemente de quem você é e do seu valor. Você não merecia saber disso tão cedo ou da maneira como aprendeu. Desde o momento em que decidiu que sua brincadeira favorita era cuidar de seus bebês de plástico porque era a única coisa em que você era boa, até a última e enésima vez em que perdoou um parceiro, amiga ou membro da família por tratá-la como um tapete. Sempre sufocada, sem saber como pedir ar.

Você teve muita sorte com as pessoas que lhe serviram de referência, mas muito azar quando presumiu que eles só a amariam se você atendesse às altas expectativas que tinham a seu respeito, acreditando que poderia fazê-lo. Também foi muito azarada com muitas outras coisas desagradáveis que teve de engolir e que lhe foram enfiadas goela abaixo. Enquanto isso, você achava que só precisava ser boazinha – não reclamar, não ficar com raiva, não falhar, não sofrer, não rir, não atrapalhar, não cair, não desistir, não se destacar, não odiar, não desviar, nem gritar – para sentir que ainda não estava se afogando.

Mas, às vezes, não se afogar não significa encontrar um salva-vidas, e sim nadar em seu próprio ritmo, em sua própria direção, parar, voltar, seguir o fluxo, seguir em frente. E para aprender a nadar, você teve que aprender a ser. A ser sem contemplação. Ser, parecendo ruim aos olhos dos outros. Ser ainda que estando errada. Ser, libertando-se das expectativas. Ser, permitindo-se viver sua imperfeição. Ser nadando contra a maré. Ser.

E já se foram os dias em que eu me sentia culpada por coisas que os outros não assumiam, em que eu pedia desculpas por estar ocupando espaço neste mundo, em que eu sentia que o amor por mim estava condicionado a como eu era e não a quem eu era. E pude nadar e voar. E ser quem você sempre sonhou que eu seria, mesmo sem saber. Com meus erros, meus fracassos, minhas vitórias, minhas conquistas, meus medos e meus sonhos. E comigo no comando, porque ninguém pode nadar na minha vida melhor do que eu.

Ninguém pode nadar na sua vida melhor do que você, não se esqueça disso. Aproveite sua viagem.

Agradecimentos

A gradecer é uma das coisas que mais gosto de fazer no mundo, porque sinto que isso dá tanto aos outros quanto a mim; é um daqueles atos que não é um sacrifício ou uma perda, e sim uma multiplicação do que você recebe, porque quando se agradece, de certa forma está reafirmando a sorte que tem por alguém ter feito algo por você ou estar com você.

Quando penso em agradecer, acho que a primeira pessoa que sempre me vem à mente é minha mãe. Ela é a causa, e muitas vezes a razão, de minha existência. O vínculo mais especial que já tive e que será realmente eterno. Já faz muitos anos que minha mãe não sorri para mim, não conversa comigo, não caminha comigo ou não vivencia meus sucessos e fracassos. Mas não porque ela não queira, mas porque ela não pode fazer a coisa mais importante que nós, humanos, fazemos para viver e que muitas vezes não damos valor: lembrar. Mas eu me lembro dela, todos os dias. E, embora eu fale dela no passado, porque sua linda alma infelizmente me deixou muito antes do que nós, humanos, achamos que "previmos", ela está sempre presente e cada coisa que faço eu dedico a ela e agradeço ao mesmo tempo. Mãe, apesar de ser cética, sei que um dia, não sei em que lugar ou dimensão do tempo, nossas almas se sentarão juntas e começaremos a contar uma para a outra tudo o que não conseguimos contar ultimamente. E olharemos nos olhos uma da outra com aquele sorriso de alguém que está esperando por algo há muito tempo e agora está bem na sua frente. É isso que eu gosto de imaginar.

Agradeço também ao meu pai, que, embora nem sempre me diga isso, percebo que me olha com olhos orgulhosos e não preciso de mais nada. Porque eu também olho para ele assim, como duas pessoas que nunca esperaram que as nuvens se dissipassem e agora estão surpresas ao ver que o sol sempre encontra uma maneira de se mostrar novamente e, mesmo que nunca brilhe como antes, pelo menos está lá. Te amo muito, papai.

Outra pessoa para quem um agradecimento é um eufemismo é Rubén. Uma das primeiras pessoas que viu além da Marta boazinha em mim e me fez ver que a Marta livre era muito mais legal, embora sempre consiga abraçar a nós duas, porque ambas coexistem em mim. Obrigada por ser a melhor definição de bondade e liberdade reais que existe e por tornar possível que eu também seja. Obrigada também a Arra, cuja luz é a melhor definição de lar que já conheci na vida.

Obrigada a Yaiza, a pessoa mais brilhante que já conheci; mal posso esperar para que seu brilho continue a me deslumbrar à medida que você cresce. Obrigada, vovó, por me dar tantas lembranças que me fazem morrer de rir, essa é a melhor herança que alguém pode lhe dar em cada dia que passam juntas. Obrigada, família. Obrigada, Dorita, por sempre ter um momento para me perguntar como estou e por querer ficar e ouvir a resposta, algo tão simples, porém realmente a coisa mais valiosa na vida, por isso, obrigada.

Obrigada Andrea G., Andrea M., Andrés, Cassie, Clara, Dilsah, Inés, Jara, Jacobo, Jessie, Lorena, Noelia D., Noelia L., María, Sara A., Sara G., Soraya, Tania, Yoli… por serem aquilo que sabemos ser constante, de uma forma ou de outra, mesmo que a vida nunca pare de mudar. Detesto citar nomes porque odeio esquecer pessoas importantes, e isso sempre acontece, mas eu queria que houvesse um espaço especial para cada um de vocês aqui, porque assim as teria também dentro de mim.

Agradeço à minha prima Rocío, que cuidou da criança que eu era melhor do que ninguém.

Obrigada à Sandra, ao Matías e ao resto da família, por me ensinarem que nunca é tarde demais para alguém fazer você sentir que pode ter outra família.

Obrigada à minha editora, Carolina, por seu trabalho, mas, acima de tudo, por cuidar tão bem de mim e do meu sonho de escrever. Obrigada a todas e a cada uma das pessoas que tornaram possível que este livro esteja com vocês hoje e que, por sua vez, tornaram possível que eu o escrevesse. Sou eternamente grata por essas oportunidades de continuar riscando sonhos da lista à medida que se tornam realidades.

Agradeço à minhas pacientes, porque, sem eles, não só este livro não seria possível, como também todo o aprendizado que me proporcionam todos os dias. Admiro cada uma de vocês.

Obrigada a minhas colegas psicólogas, como Silvia, Celia, Lorena, Andrea e muitas outras. Ter vocês do outro lado da tela é uma brisa de ar fresco nesta difícil (mas bela) profissão.

E, é claro, obrigada a vocês, que deram uma chance a este livro, porque também a deram a mim, uma pessoa com sonhos que se realizam todos os dias graças à confiança de pessoas como vocês. Muito obrigada.

Bibliografia

Bacete, Ritxar, **Nuevos hombres buenos: La masculinidad en la era del feminismo**. Península, 2017.

Bauman, Zygmunt, **Amor líquido: sobre a fragilidade dos laços**. Zahar, 2004.

Beck, Aaron T., **Teoria cognitiva da depressão**. Artmed, 2012.

Bourbeau, Lise, **As cinco feridas emocionais: Como superar os sentimentos que impedem a sua felicidade.** Sextante, 2020.

Bucay, Jorge, **El elefante encadenado.** Serres, 2008.

Cadoche, Élisabeth, e Anne de Montarlot, **El síndrome de la impostora: ¿por qué las mujeres siguen sin creer en ellas mismas?.** Península, 2021.

Cazurro, Beatriz, **Los niños que fuimos, los padres que somos: cómo acercarnos a nuestra infancia para conectar mejor con nuestros hijos e hijas.** Planeta, 2022.

Clance, Pauline, **The Impostor Phenomenon: Overcoming the fear that haunts your success.** Peachtree Pub Ltd, 1985.

Cloninger, Susan, **Teorias da personalidade.** Martins Fontes. 2019.

Edwards, Gill, **El triángulo dramático de Karpman.** Gaia, 2011

Engel, Beverly, **The Nice Girl Syndrome: Stop Being Manipulated and Abused-and Start Standing Up for Yourself.** Wiley, 2008.

Ehrhardt, Ute, **Meninas boazinhas vão para o céu, as más vão à luta.** Objetiva, 1996.

Feldman, Lisa, **Sete Lições e Meia sobre o Cérebro.** Temas e Debates, 2022.

Frankel, Lois P., **Mulheres Ousadas Chegam Mais Longe. 101 Erros Que Atrapalham Sua Carreira.** Gente, 2005.

Gascón, Lorena, **Querido cerebro, ¿qué coño quieres de mí?.** Ediciones Martínez Roca, 2023.

Goleman, Daniel, **Inteligência emocional: a teoria revolucionária que redefine o que é ser inteligente.** Objetiva, 1996.

Liberman, David, **Del cuerpo al símbolo: sobreadaptacion y enfermedad psicoso-mática**. Anank, 1993.

Linden, David, **El cerebro accidental: La evolución de la mente y el origen de los sentimientos.** Paidós, 2010.

Mann, Sandi, **A síndrome do impostor: Como entender e superar essa insegurança.** Vozes Nobilis, 2021.

Martínez Novoa, Marta, **Que sea amor del bueno**. Zenith, 2022.

Piñuel, Iñaki, **Amor zero.** La esfera de los libros, 2015.

Sau, Victoria, **Diccionario ideológico feminista.** Icaria, 2000.

Seligman, Martin, **Indefensión.** Debate, 1991.

Van der Kolk, Bessel, **O corpo guarda as marcas: cérebro, mente e corpo na cura do trauma.** Sextante, 2020.

LEIA TAMBÉM

Michael Hyatt

MINDSET DO FOCO

Aprenda a eliminar as distrações e alcance mais
resultados com menos esforço

Faro
Editorial

Best-seller na Espanha!

A VIDA COMEÇA A CADA DIA

366 reflexões para viver melhor

ANNE IGARTIBURU

Faro Editorial

CAMPANHA

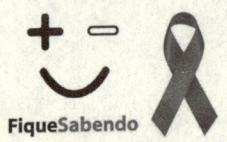

Há um grande número de pessoas vivendo com HIV e hepatites virais que não se trata. Gratuito e sigiloso, fazer o teste de HIV e hepatite é mais rápido do que ler um livro. FAÇA O TESTE. NÃO FIQUE NA DÚVIDA!

ESTA OBRA FOI IMPRESSA EM JUNHO DE 2025